Männer-Geschichten zum Rotwerden

Über die wichtigste Sache der Welt

Herausgegeben von
Sabine Blau

Piper München Zürich

Von Sabine Blau herausgegeben, liegt in der Serie Piper außerdem vor:
Geschichten zum Rotwerden (2980)

Originalausgabe
März 2002
© für diese Ausgabe:
2002 Piper Verlag GmbH, München
Umschlag: Büro Hamburg
Isabel Bünermann, Meike Teubner
Umschlagfoto: Michael Ehrhart
Gesamtherstellung: Clausen & Bosse, Leck
Printed in Germany ISBN 3-492-23497-6

www.piper.de

Inhalt

FRANK GOOSEN
Heiß und fettig

Ich weiß noch genau, wann ich sie das erste Mal sah. Ich war allein, ich war heimatlos, und mein Herz hungerte. Ich war verfallen und schmächtig, die letzten Begegnungen mit dem anderen Geschlecht hatten mir nicht gutgetan, meine Kraft war verbraucht. Es war ein heißer Mittwoch mitten in einem viel zu heißen Mai. Schon seit Mitte April hielt sich das gute Wetter, die Sonne lachte sich kaputt, und viel zu viele Männer liefen in Bermudashorts herum. Das Wetter verlangte eher nach einem leichten Salat mit nur einem Hauch einer fast nicht spürbaren Vinaigrette, verlangte nach dünnen Tomatenscheiben mit einer Ahnung von Mozzarella, dazu vielleicht einen gewichtslosen Weißwein und schwebendes, weißes Brot.

Und doch: Zum ersten Mal seit Monaten gelüstete mich nach schwerer Kost, nach einer Currywurst mit einer doppelten Portion Pommes frites und doppelt Mayo. Eine geheimnisvolle Macht mußte mir diese Lust eingegeben haben, denn diese Lust besiegelte mein Schicksal.

Ich ging zum Imbiß an der Ecke. Es war kein Lokal, wie man es sich gerne vorstellt, wenn einer in München oder in Stuttgart vom Ruhrgebiet erzählt, keine charmant proletarische Essenausgabe für hart arbeitende Menschen, sondern mehr ein heruntergekommenes Loch mit fast blinden Fenstern, klebrigem Fußboden und einem mit unzähligen Brandspuren übersäten Tresen. War es draußen auf der Straße schon warm, kam man sich hier drin vor, als hätten zweihundert Lungenkranke drei Wochen hier gelebt, ohne daß ein Luftaustausch stattgefunden hätte.

Auf dem Grill lagen nahe am Verkohlen dahinvegetierende Bratwürste, die sowieso nicht mehr nach Schwein aussahen, aber auch nicht mehr nach Wurst. An der Wand hing ein Spielautomat mit eingeschlagener Scheibe.

Mir wollte schon wieder der Appetit vergehen, da kam plötzlich *sie* aus dem hinteren Bereich, wischte sich die Hände am ehemals weißen Kittel ab und blies sich eine Strähne aus dem Gesicht, die nicht oben blieb, worauf sie sie ein weiteres Mal zur Stirn hinaufblies, und erst als die Strähne ihr wieder vor dem rechten Auge hing, nahm sie die Hand zur Hilfe und verstaute sie hinter dem Ohr.

Sie war kräftig. Schon ihr Hals und ihr Nacken waren muskulös. Nur ihr Haar war fein, hell und lang, nach hinten gekämmt und im Nacken von einem schlichten schwarzen Gummi zusammengehalten, bis auf die eine widerspenstige Strähne, die sich nicht einordnen wollte. Die Hand, welche so herrisch die Strähne auf ihren Platz verwiesen hatte, war groß, und die Finger waren lang und die Nägel nicht lackiert.

Der Kittel! Ich hätte nie gedacht, daß es diese Dinger auch maßgeschneidert gibt. Ihr Kittel mußte eigens für sie hergestellt worden sein. So ein perfekter Sitz, ihre Rundungen betonend, den kleinen Bauch jedoch verflachend, während aus den Achselöffnungen zwei gebräunte Arme wuchsen, deren Bizeps auf regelmäßiges Training schließen ließ. Die zwei Knöpfe direkt unter dem Dekolleté standen offen.

Sie stemmte die Hände in die Seiten und fragte mich, was ich wolle, und dabei wölbten sich die beiden Kittelteile nach vorn. Sie trug nichts unter ihrer fleckigen Arbeitskleidung, jedenfalls nicht oben herum, und als sie sich bückte, um mit einer Art Schaufel und ihren Fingern die gefrorenen Fritten aus dem Karton unter dem Bratwurstgrill zu heben, war auch nicht die Ahnung eines Slips zu erkennen.

Heute erzähle ich gern, es seien ihre hohen Wangenknochen gewesen, das Ebenmaß ihres Nasenrückens, ihre großen Augen – eins grün, eins grau –, die mich für sie eingenommen hätten. Aber ich muß gestehen, es war wohl doch das Nichts unter dem Kittel.

Ich zwang mich, die geborstene Scheibe des Spielautomaten einer genauen Prüfung zu unterziehen, um nicht ständig *sie* anstarren zu müssen. Doch als sie mir den Rücken zuwandte, um die Fritten im heißen Fett zu schütteln, als ob das den Fritiervorgang beschleunigen könnte, und als sie mit einer erregend flüssigen Bewegung die zehn Bratwürste auf dem Grill wendete, eine davon mit der Metallzange packte und in die kleine Häckselmaschine steckte, da vermaß ich ihre Schultern und ihr Kreuz und, ich muß es gestehen, ihren Hintern. Unter dem Kittel zeigten sich Waden, die jeden Wettbewerb gewonnen hätten. Sie waren perfekt. Ich war hingerissen. Ich war verliebt in das Pommes Girl.

Der Qualität meiner Ernährung war diese neue Leidenschaft nicht eben zuträglich. Fast jeden Tag wurde ich jetzt im Imbiß an der Ecke vorstellig. Aus gesundheitlichen Gründen war ich fast erleichtert, wenn nicht *sie* hinterm Tresen stand. Dann ging ich nämlich wieder nach Hause und aß Obst. Doch an drei Tagen in der Woche, immer von fünf bis neun, hatte sie Dienst.

Es war eine für die frühe Jahreszeit ungewöhnlich lange Hitzewelle. Zwischendurch machte das Wetter ein oder zwei Tage schlapp, dann war es wieder voll da. Einmal, da saß sie auf einem Barhocker vor dem Imbiß und hielt ihr helles, breites, fast slawisches Gesicht in die Sonne, die Beine übereinandergeschlagen, so daß die Kittelschöße hochrutschten, fast bis zur Hüfte, und man ihre festen, kräftigen Oberschenkel sehen konnte. Es war kaum auszuhalten.

Ich sandte Signale aus, bestellte unterschiedliche Gerichte, um ihr zu zeigen, daß ich ein phantasievoller Typ war, der die Abwechslung liebte. Und immer bestellte ich »mit allem«, Pommes mit Mayo *und* Ketchup, Gyros mit Zwiebeln *und* Zaziki und den Hot dog mit extra viel Zwiebeln und doppelt Remoulade, um ihr klarzumachen: Ich bin der leidenschaftliche, lustbetonte Typ, der alles will, Risiko ist mein zweiter Vorname.

Ich hatte Tagträume.

Wo ich ging und stand, dachte ich an Pommes, Brat- und Currywurst, und immer noch eine Scheibe Toast dazu. Die feinsten kulinarischen Genüsse kamen mir jetzt fad und uninteressant vor, und nach einigen Wochen fing ich an, mir an den Tagen, wenn sie nicht im Imbiß war, zu Hause Fritten im Backofen zuzubereiten und Bratwürste in der Pfanne.

Ich wollte sie. Ich mußte sie haben. Zwischen Gyrosstab und Currywursthäckselmaschine wollte ich über sie herfallen, mit meinen Händen persönlich den Sitz ihres Kittels überprüfen, ich wollte ihr Currysauce vom ganzen Oberkörper lecken, Mayonnaise aus dem Bauchnabel und Senf von den Zehen. Ich wollte, daß sie nach der Arbeit gleich zu mir kam, ohne sich zu waschen, ohne zu duschen, in einer heißen, feuchten Nacht, damit ich mein Gesicht versenken konnte in ihren nach sämigem Fett duftenden Haaren.

Ich wollte den entschlossenen Griff ihrer kräftigen Hände spüren, herrisch, als sei ich nur Ware, nur ein weiteres armes Würstchen, das auf dem Grill ihrer Leidenschaft verbrennt. Ich wollte mich anrichten für sie, als herzhaftes Bifteki mit einem Schlag Krautsalat, ich wollte den Arbeitsschweiß auf ihrem Nasenrücken sehen, den konzentrierten, routinierten Blick, wenn sie mich zum Mitnehmen oder zum Hieressen zubereitete.

Unser Liebemachen würde sein wie ihre Speisen: schnell zubereitet, heiß und fettig, und wenn sie fertig war mit mir, wollte ich sie betrachten, wie sie ihr Haar ordnete, es im Nacken mit einem einfachen schwarzen Gummi zusammenband, bis auf die eine Strähne, die ihr so oft vors Auge fiel, bis sie wieder diese wunderbare Bewegung mit der Hand und mit dem starken Arm ausführte.

10

Ich wollte sehen, wie sie in ihren Kittel, ihre Robe, schlüpfte und die beiden oberen ebenso wie die beiden unteren Knöpfe offenstehen ließ, mit einem Lächeln, weil sie genau wußte, was sie da tat. Und dann wollte ich ihr nachblicken, wie sie durch meine Wohnung ging, während sich bei jedem Schritt der fleckige Stoff an den Stellen spannte, wo er das sollte.

April und Mai gingen dahin. Juni und Juli kamen und machten da weiter, wo ihre Vorgänger aufgehört hatten. Die Nächte waren so heiß wie die Tage, und ich nahm zehn Kilo zu. Unsere Gespräche blieben belanglos, beschränkt auf die Bestellung und unergiebige Bemerkungen über das Wetter. Im August zählte ich die Schweißperlen auf ihrer Stirn, wenn ich glaubte, daß sie es nicht merkte.

Dann kam der September. Der Sommer ging zu Ende, doch es kühlte nicht ab. Die Hitze steckte in den Mauern und den Wänden, in den Scheiben und in den Menschen und im Asphalt der Straße. Ich wog jetzt zwanzig Kilo mehr als noch im März.

Und eines Tages änderte sich etwas.

Es war abends, kurz vor neun, ich war der letzte Kunde, sie bereitete schon alles zum Schließen vor. Ich hatte es nicht früher geschafft und schon gefürchtet, sie zu verpassen. Sie schien sich zu freuen, mich zu sehen, gehörte ich nun doch zur Stammkundschaft. Ich hatte Durst und bestellte eine Fanta. Als sie sich bückte, um die Dose aus dem Kühlschrank zu nehmen, war da eine bisher nicht gekannte Linie unterm Kittel.

Sie trug einen Slip! Und noch bevor ich sagen konnte, daß mir der Sinn nach einem halben Hähnchen und einer Portion Djuvec-Reis stand, beugte sie sich weiter als nötig vor und schenkte mir ein Lächeln, das mir verwegener vorkam als die professionelle Freundlichkeit, die bisher der Grundton unseres Umgangs gewesen war.

Und ich sah, wie ihr Kittel sich weiter teilte als üblich, und ich sah einen roten Spitzen-BH, der ihre festen Brüste umschloß. Ich weiß nicht mehr, ob ich meine Bestellung tatsächlich aufsagte oder ob sie schon meine Gedanken las. Ich sah nur noch, wie sie ein Hähnchen vom großen Grillspieß zog, es auf dem groben Holzbrett, von dem es fast heruntergerollt wäre, mit ihrer ganzen und großen rechten Hand festhielt, mit der Linken zur Geflügelschere griff, die Schere sich spreizen ließ und den einen Teil dem Hähnchen in den Hintern steckte.

Sie sah mich an und lächelte wieder, und genau in dem Moment, als sie zum Schneiden ansetzte, fiel wieder diese Strähne in ihr Gesicht, aber diesmal blies sie die nicht stirnwärts, sondern ließ sie, wo sie war, und begann zu schneiden, teilte unbarmherzig das Brustbein des Tieres, und ich sah die Muskeln in ihrem Unterarm arbeiten, und dann sah ich noch, wie sie sich eine Schweißperle von der Oberlippe leckte, in einer unverschämt langsamen Zungenbewegung. Ich war unfähig, mich zu bewegen.

Dann sah sie mich wieder an, mit gesenktem Kopf ein wenig aufwärts blickend, doch statt das halbe Hähnchen aufzuspießen und in die mit Aluminium ausgeschlagene Warmhaltetüte zu verstauen, nahm sie es in die Hand und trug es, den Blick noch immer in meinen Augen verankert, um den Tresen herum, ging zu der offenstehenden Tür und warf sie mit einer kurzen, geschickten Bewegung ihres Hinterteils ins Schloß. Mit der freien Hand wischte sie über den Lichtschalter daneben und löschte das Licht. Von der Straße kam das Licht der Straßenlaternen herein, und dann und wann fingerten Autoscheinwerfer durch den Raum.

Sie trug das tote Tier vor ihrer Brust wie eine heilige Gabe, und als sie endlich vor mir stand, zog sie mit den Fingern der freien Hand die goldgelbe Fettpelle ab und hielt sie vor mich, so daß ich danach schnappen konnte wie ein gehorsamer Pudel nach seiner Belohnung fürs Männchenmachen.

Und ich machte Männchen, ich gehorchte, und sie steckte mir die zarte Haut in den Mund, und ich ließ sie in die Backentaschen wandern, ließ den Geschmack meine Zungenränder umspielen, schluckte sie herunter und leckte noch von ihren Fingern.

Sie lachte und küßte mich, und wieder wanderte Licht durch den Raum.

Sie küßte mich und sagte: »Jetzt bist du richtig, jetzt bist du bereit!«

Und während ich ihr den Vogel abnahm und mein Gesicht darin vergrub, ließ sie ihren Kittel fallen und sagte:

»Im Frühling warst du noch so dünn und schwach, jetzt bist du gut und bereit und richtig für mich!«

Und dann öffnete sie ihr Haar für mich und schüttelte den Kopf, daß ihr die Haare um die Ohren flogen. Sie nahm mir den Vogel ab und biß hinein, teilte die Speise mit mir. Ich beugte mich vor und biß gleichzeitig mit ihr hinein, und dann nahm ich ihr Haar und sog seinen Duft ein, der genau so war, wie ich es erhofft hatte. Ich ging auf die Knie und roch an ihren Schenkeln, und alles war so, wie es sein sollte.

Ihre Haut bedeckte eine dünne, feine Schicht aus Gesottenem, sie schmeckte wunderbar, selbst an den Knien. Wie eine Amazonenkönigin bedeutete sie mir aufzustehen, und ich gehorchte. Sie zog mich aus und nahm mich auf den Arm, trug mich hinter den Tresen und legte mich auf das grobe Holzbrett. Ich sah die Saucenkelle in ihrer Hand. Sie kletterte zu mir hoch, ließ sich nieder und sagte:

»Vorsicht! Heiß und fettig!«

Und ich wußte, es war soweit, ich war am Ziel, ich war zu Hause, ich würde nie wieder Hunger leiden müssen, wonach auch immer.

URS RICHLE
Nichts, nichts, ich sag ja gar nichts

Ich lag im Bett und schwitzte. Hörte das Klingeln, die Stimmen draußen, dann die Klinke meiner Zimmertür. Im Licht, das vom Flur hereinfiel, sah ich kurz ihre Silhouette. Sie setzte sich neben mich auf den Boden, schaute mich einen Augenblick einfach nur an und sagte dann irgend etwas, an das ich mich nicht erinnern kann. Sie war groß und blond, trug eine Brille, die sie jetzt behutsam zur Seite legte. Ihr Nacken war starr, aber ihr Bauch weich und warm. Sie hieß Helena.

Der Raum war rammelvoll gewesen am Abend zuvor. Die alte Stereoanlage hämmerte Rhythmen durch die rauchgeschwängerte Luft. Henri, mit dem ich die Wohnung teilte, hatte die Badewanne mit Bierflaschen gefüllt, ich den Kühlschrank mit Weißwein, den Schreibtisch mit Rotwein. Die Leute drängten sich im Flur, in der Küche, im Bad. Wir hatten Toaste vorbereitet und Salate. Gegen halb elf war alles ratzeputz aufgegessen. In der Badewanne lagen noch ein paar Flaschen Bier, der Weißwein hielt länger.

Olaf hatte Helena mitgebracht und tanzte mit ihr. Er war kleiner als sie, hatte eine Hand auf ihrem Hintern, die andere an ihrem Rücken. Das Wohnzimmer hatte sich in eine Tanzfläche verwandelt. In meinem Schlafzimmer lagen zwei eng umschlungen auf der Matratze und wälzten sich von einer Seite auf die andere. Ich stellte mich ins Wohnzimmer und schaute den Tanzenden zu. Olaf kam zu mir und brachte mir eine Flasche Bier.

»Das ist Helena«, sagte er und schob die große Blonde vor sich her zu mir.

»Hallo«, sagte ich.

»Du hast viele Freunde«, sagte Helena.

»Wenn's was zu essen gibt …«, sagte ich und prostete ihr zu.

Sie stieß ihre Bierflasche an meine und nahm einen Schluck. Henri warf eine neue CD ein, und wir bewegten unsere Körper zur Musik. Noch immer trafen Leute ein und brachten Nachschub. Die Biere in der Badewanne waren inzwischen leer getrunken. Ein Mädchen, das ich nicht kannte, kühlte ihre erhitzten Waden im Wasser. Greg und Bernd standen um sie herum und versuchten, sie zu überreden, ein Bad zu nehmen. Olaf kam aus der Küche und brachte mir ein frisches Bier. Er war wirklich besorgt um mich.

Wir tanzten wieder. Helena bewegte sich neben mir und streifte hin und wieder meine Hand, meinen Rücken oder zufällig meinen Oberschenkel. Plötzlich griff ich nach ihr und schwang sie ziemlich unkontrolliert vor mir her, bis wir vor Lachen auseinanderfielen. Olaf stand an der Wand, schaute zu uns und kippte das Bier in sich hinein.

Viel mehr war nicht passiert an dem Abend. Nach und nach lichtete sich das Gedränge, und wir standen in dem von Bier- und Weinflaschen, Plastikgeschirr und leeren Schüsseln übersäten Wohnzimmer. Henri begann aufzuräumen. Ich und Olaf setzten uns auf die beiden Lehnstühle, die meinem Mitbewohner gehörten. Helena hatte es sich auf einem kleinen Kissen in der Ecke bequem gemacht.

»Wollt ihr noch was trinken?« fragte ich und hoffte, Olaf würde abwinken.

»Ich hol mal Wasser«, sagte Helena und stand auf.

»Ich bin verdammt müde«, sagte Olaf und rutschte tiefer in den Lehnstuhl.

Helena kam mit einem Glas Wasser zurück, nahm einen Schluck und reichte mir das halbvolle Glas.

»Danke«, sagte ich und schlug die Beine übereinander. Ich hätte im Sitzen einschlafen können.

»Wollt ihr sonst noch was?« fragte ich und riß mich ein wenig hoch.

»Ich bin verdammt müde«, sagte Olaf wieder und sank noch einige Zentimeter tiefer in den Stuhl hinein.

»Wenn ich jetzt an den ganzen Weg bis nach Hause denke...«, sagte Helena und setzte sich wieder in die Ecke auf ihr Kissen.

»Ich hab nur eine Matratze«, sagte ich, »aber wenn du nicht zu Fuß nach Hause laufen willst, dann kannst du hier schlafen.«

Olaf öffnete die Augen.

»Ich bin wirklich verdammt müde«, sagte er und ließ sich nun vom Lehnstuhl auf den Boden gleiten.

»Ich hab nur eine Matratze, aber du kannst natürlich auch hier schlafen«, sagte ich und bereute sofort, was ich gesagt hatte.

»Ich hab einen verdammt weiten Weg«, sagte Helena und ließ ihren Kopf auf das Kissen niedersinken.

»Aber ihr könnt euch hier nicht einfach so auf den Boden legen«, sagte ich, »ich hab drüben eine Matratze.«

»Das ist doch was«, sagte Olaf, »es wird ja sowieso bald hell, und dann nehmen wir die U-Bahn.«

Ich half den beiden auf und brachte sie ins Schlafzimmer hinüber. Henri steckte ein paar Flaschen in einen Abfallsack und schaute mich vorwurfsvoll an.

»Ich kümmere mich morgen darum, okay?« sagte ich und wußte, daß das zu spät sein würde.

Die Matratze war einszwanzig breit, mehr hatte ich nicht zu bieten.

»Wer geht in die Mitte?« fragte Helena und schaute uns beide an.

Olaf war ein guter Freund von mir, aber ich hatte keine Lust, die restliche Nacht seine Alkoholfahne im Gesicht zu haben. Ich sah ihm an, daß er Helena auf seiner Seite haben wollte. Sie war es schließlich, die niedersank und sich mitten auf die Matratze bettete. Brav legten wir uns Helena je zur Seite auf die beiden kleinen Reststreifen der Matratze, und ich machte das Licht aus. Ich bemerkte noch, wie Helena sich leicht zu mir umdrehte, spürte ihren Atem an meinem Nacken wie eine Liebkosung und fiel in ein sich drehendes Loch.

Ein paar Stunden später, Henri hatte aufgeräumt und war weg, hatte mir aber den ganzen Abwasch überlassen, schluckte ich zwei Tabletten und hoffte, der Druck in meinem Kopf würde bald nachlassen. Dann spülte ich drei Tassen und kochte Kaffee für Helena und Olaf, die sich nun Rücken an Rücken die Matratze teilten. Der Kaffeegeruch mußte sie aufgeweckt haben. Verschlafen und wortlos standen sie im Türrahmen der Küche. Helena bot ihre Hilfe beim Abwasch an, aber ich lehnte ab. Olaf entdeckte ein halbvolles Bier auf der Spüle und zog dieses dem Kaffee vor.

Ich hatte ein paar Stunden anstrengende Arbeit hinter mir, als ich mich am späten Nachmittag wieder ins Bett fallen lassen konnte. Ich hörte noch das Klingeln und Henris Stimme. In meinem Kopf spürte ich endlich eine leichte Entspannung und war gerade knapp eingeschlafen, als Helena mein Zimmer betrat, mich einen Augenblick lang fixierte und sich dann auszog.

Sie murmelte irgend etwas, was wie nach einer Entschuldigung klang, und kroch zu mir unter die Decke. Ich wußte, daß ich ebenso groß war wie sie, aber in diesem Augenblick fühlte ich mich klein wie ein Zwerg. Irgend etwas Starres fühlte ich um ihre Schultern, aber als sie meine Hand nahm und diese zwischen ihre brennenden Schenkel schob, kümmerte ich mich nicht mehr darum. In ihrer Jakkentasche fand sie eine kleine Dose, in der sie, wie sie sagte, ein Präservativ bei sich hatte, das sie jetzt hervorholte.

Ich schwitzte, dachte an den vielen Alkohol und die Tabletten und fühlte mich lahm wie eine Fliege unter der künstlichen Sonne. Ihre Hand arbeitete vergebens zwischen meinen Beinen. Ich versuchte mich zu entspannen,

17

mich gehen zu lassen, mich dieser unverhofften Erscheinung hinzugeben, vergeblich. Plötzlich setzte sie sich auf und schaute mich an, als hätte ich sie verraten. Ich fühlte mich schlecht und leer und klein. Dann drehte sie sich um, suchte ihre Kleidungsstücke zusammen und zog sich an.

»Entschuldige«, sagte sie und stand, bereits ganz angezogen, über mir.

»Entschuldige«, stammelte sie noch einmal und war schon draußen.

Ich schlug die Decke zurück, spürte den Schweiß auf meiner Haut und fror. Ich roch an der rechten Hand, die zwischen ihren Beinen gewesen war, und es war, als hätte sie ein Pfand dagelassen. Am Boden neben der Matratze lag noch das aufgerissene Präservativ. Es war alles so schnell gegangen, daß ich kurz glaubte, geträumt zu haben. Ich zog mich an und trank in der Küche ein Glas Wasser. Henri, der bereits wieder über den Physikbüchern saß, kam aus seinem Zimmer geschlappt und grinste.

»Was gibt's da zu grinsen?« sagte ich.

»Nichts, nichts, ich sag ja gar nichts«, sagte er und verzog sich in sein Zimmer.

Draußen war es dunkel geworden. Ich marschierte die Straße hinunter, atmete die frische Luft und spürte die Kopfschmerzen wieder hochsteigen. Olaf wohnte nur zwei U-Bahn-Stationen weit entfernt, die ich zu Fuß zurücklegte. Auch er hatte sich am späten Nachmittag hingelegt, um den Rausch auszuschlafen. In der Unterhose und mit verklebten Augen kam er an die Tür.

»Mensch, du, was machst du denn hier, warum holst du mich aus dem Tiefschlaf?« sagte er verärgert, ließ die Tür offen stehen und verschwand in der Wohnung.

Ich folgte ihm in die Küche. Das war wohl das einzige Mal in meinem Leben, daß ich Olaf ein Glas Wasser trinken sah.

»Was willst du?« fragte er und sah das Glas in seiner Hand angeekelt an.

18

»Die Adresse von Helena.«

»Ach, komm, laß das, das gibt's doch nicht! Um diese Zeit? Bist du verrückt geworden? Mach dir keine Hoffnungen.«

Olaf sagte noch ein paar andere solche Sätze, während er den Namen der Straße und die Nummer auf einen kleinen Zettel kritzelte.

»Ist es wegen vergangener Nacht bei dir? Hat dir was nicht gepaßt? Aber hör mal, wir können ein andermal quatschen.«

Damit schob er mich zur Wohnungstür hinaus.

»Vergiß es!« rief er mir noch hinterher. »Vergiß diese ganze Geschichte!«

Dann schlug er die Tür zu.

Helena wohnte am anderen Ende der Stadt. Das Schaukeln der U-Bahn machte meinen Kopf nicht leichter. Das Haus lag in einer stillen Seitenstraße. Plakate und bemalte Tafeln bezichtigten den Kapitalismus des Mordes. Ein Telefonmast war zu einem Totempfahl gehauen und bemalt und neben das große Eingangsportal gepflanzt worden. Durch ein paar wenige erleuchtete Fenster fiel Licht in den Innenhof.

Ich betrat eine offenstehende Tür und gelangte in einen großen Raum. An einem Tisch saß eine Gruppe von Leuten beim Essen. Ich fragte nach Helena und wurde in den dritten Stock verwiesen. Das Treppenhaus glich einem Gemisch aus Gewächshaus und Müllhalde. Alte ausgetretene Stufen führten durch üppiges Gestrüpp an Gerümpel und Müll vorbei. Lianen und Efeu hingen von den Wänden und von der Decke herunter und zogen sich durch das Geländer und durch alte verrostete Fahrräder. Und während ich durch diese im Dunkeln wuchernde Vegetation die Treppe hochstieg, überlegte ich, was ich ihr sagen wollte.

Schon auf dem Weg hierher hatte ich mir irgendeine Bemerkung, eine Ausrede oder irgendeinen dummen Scherz überlegt, kam aber auf keine überzeugende Formulierung.

Es war einfach nicht möglich, daß sie diese Sache auf sich bezog oder mich gar falsch einschätzte. Bloß von ihrem Pfand, das sie mir hinterlassen hatte, wollte ich nichts sagen. Ich roch an meiner rechten Hand und stellte fest, daß es bereits an Halbwertszeit verloren hatte.

Ich nahm zwei Stufen auf einmal, schob einen Ast Efeu zur Seite und stellte mir vor, wie sie da sitzen würde, auf dem Bettrand oder am Boden wie zuvor bei mir. Und ich stellte mir vor, wie ich auf sie zuginge, sah sie nackt in ihrem Bett liegen, auf dem Bauch, den Kopf in ihre Arme vergraben. Ich wollte über ihren Körper streichen, eine ganze Stunde lang. Die ganze Nacht, nahm ich mir vor, würde ich mich um sie kümmern, sie verwöhnen, sie einschläfern, hypnotisieren.

Ich hatte den dritten Stock erreicht, als ich beschloß, einfach reinzugehen, ohne ein Wort zu sagen, sie auszuziehen und auf den Boden zu legen, um sie dann mit einem dieser Efeuzweige bis zum Äußersten zu treiben. Ich brach einen der Äste ab, die mir von den oberen Stockwerken ins Gesicht hingen. Ein Requisit, das ich danach unter Verschluß bringen werde, dachte ich.

Alle Wohnungstüren standen offen. Die Beschreibung, die ich unten erhalten hatte, führte mich durch die mittlere Tür in einen engen Flur, von dem wiederum vier Türen abgingen. Helena sollte im zweiten Zimmer wohnen. Ob sie da war, konnte mir niemand sagen. Ich klopfte und wartete. Ich klopfte noch einmal und rief ihren Namen. Dann hörte ich sie drinnen leise antworten. Ich öffnete die Tür.

Helena lag auf einer kleinen Holztribüne, die mitten im Raum stand. Kisten und Koffer lagen herum, Kleider über den ganzen Raum verstreut. Eine kleine Lampe brannte vorne beim Fenster und beleuchtete einen von Nähutensilien übersäten Arbeitstisch. Ich sah ihr müdes, erstauntes Gesicht. Ich schloß die Tür hinter mir und ging auf sie zu. Gerade wollte ich ansetzen, um ihr zu erklären, was passiert war, in was für einem Zustand sie mich angetroffen hatte, als ich unter ihrem wilden, blonden Haar einen zweiten Kopf, ein stoppelbärtiges Kinn, zwei helle, listige Augen erblickte.

»Was gibt's?« fragte sie.

Ich weiß nicht, wie lange ich da so mit dem Laub in der Hand gestanden habe.

»Was willst du?« erschreckte mich der Typ unter ihr.

»Entschuldige«, sagte ich dann.

»Entschuldige«, wiederholte ich noch einmal leicht stammelnd, dann kehrte ich um und verließ das Zimmer, das Treppenhaus, die Straße.

Als ich nach Hause kam, schlappte Henri wieder von seinem Zimmer in die Küche und zurück und grinste.

»Was gibt's zu grinsen?« fragte ich.

»Nichts, nichts«, sagte er, »ich sag ja gar nichts.«

HANS MICHAELSEN
Der Sommer mit ihr

Ich sah sie zum ersten Mal an meinem Geburtstag. Meine Mutter hatte gerade angerufen und gratuliert und gefragt, wie es denn um meine Prüfungsvorbereitungen stehe, in diesem unterdrückt besorgten Ton, der mich immer ganz verrückt machte. Ich hatte mich großartig und überlegen gegeben und gesagt, ich würde die Prüfung ohne weiteres bestehen, das sei sicher, alles stehe zum besten, und sie hatte beruhigt wieder aufgelegt. Es verblüffte mich immer noch, daß sie es nicht merkte, wenn ich sie belog. Ich war Anfang Zwanzig, und fast die Hälfte meines bisherigen Lebens lang hatte ich geglaubt, sie wüßte einfach alles und könne mir auf den Grund meiner Seele sehen.

Ich trat ans Fenster und starrte blicklos hinaus. Um die Prüfung stand es schlecht, um mich stand es noch schlechter. Meine Freundin Sibylle hatte mich verlassen, nicht einfach so, das wäre schlimm genug gewesen, sondern wegen eines anderen, und dieser andere war Sportstudent mit breiten Schultern und einem kantigen Gesicht. Ich war schmalschultrig und weichgesichtig, und wenn mich etwas ganz und gar um mein Selbstbewußtsein brachte, dann waren es Männer mit breiten Schultern und kantigen Gesichtern.

Ich hatte mir Hanteln gekauft, um meine Schultern zu trainieren, und biß die Zähne aufeinander, sooft ich konnte, um meine Kiefermuskeln zu stärken, aber was half das, Sibylle war für mich verloren, und eine andere Frau, für die es sich vielleicht gelohnt hätte, wollte ich nicht, ich wollte nur Sibylle, und das mit der Prüfung war auch schon egal, wozu sollte ich sie bestehen und das Studium absolvieren und einen Beruf ergreifen, wenn ich Sibylle nicht hatte, wozu sollte ich überhaupt leben, wenn ich Sibylle nicht hatte.

Ich legte die Stirn an die Fensterscheibe. Ich könnte ebensogut gleich sterben, mich hinlegen und sterben, das wäre vielleicht überhaupt das beste.

Und dann sah ich sie.

Sie stand auf der Dachterrasse des gegenüberliegenden Hauses und zog sich aus, gemächlich und genüßlich, wie es schien, Stück für Stück legte sie die Kleidungsstücke ab und faltete sie sorgsam zusammen, bis sie ganz nackt dastand. Sie warf den Kopf nach vorne, drehte die langen schwarzen Haare zusammen und steckte sie fest. Dann strich sie mit den Händen über ihren Körper, über Busen, Bauch, Oberschenkel und Po, als wollte sie sich versichern, daß alles noch da sei, und legte sich auf die Sonnenliege, nein, sie legte sich nicht darauf, sie drapierte sich darauf, es dauerte eine Weile, bis sie es wirklich bequem hatte, und ich sah ihr atemlos und mit klopfendem Herzen zu.

Ich stellte den Kaffeebecher auf die Fensterbank, aber ich verfehlte das Brett, und der heiße Kaffee ergoß sich über meine nackten Füße. Ich tauchte hinunter und wischte mir die Füße ab und hätte mich nicht gewundert, wenn sie verschwunden gewesen wäre wie eine Fata Morgana, als ich wieder hochkam, aber sie war noch da, sie lag da und strich schon wieder über ihren Körper, sie schien ihn zu mögen, kein Wunder, er war schön, zart und bräunlich wie der einer Indianerprinzessin, mit kleinen runden Brüsten und einem kleinen runden Po. Mir wurde heiß, und mein Mund war ganz trocken. Es war gut, daß ich keinen Kaffeebecher mehr in der Hand hatte, ich hätte ihn wieder fallen gelassen.

Lange stand ich so und hielt sie mit den Augen fest, damit sie nicht verschwand. Aber dann fiel mir etwas ein. Ich schob den Küchentisch ans Fenster, holte meine Bücher aus dem anderen Zimmer und setze mich so hin, daß ich sie genau im Blick hatte, wenn ich vom Buch aufsah. Denn vielleicht war es nicht nötig und auch gar nicht zu ertragen, sie die ganze Zeit anzustarren, vielleicht war es ganz gut, wenn ich zwischendurch mal in die Bücher sah. Das Angenehme mit dem Nützlichen verbinden, nannte meine Mutter das, obwohl ihr gerade diese Kombination wohl nicht so besonders gefallen hätte.

Von nun an hatte ich kein Problem mehr damit, mich auf die Prüfung vorzubereiten.

Wenn sie um halb zehn auf der Terrasse erschien, hatte ich schon eine ganze Weile am Küchentisch gesessen und gelernt, voller Vorfreude auf ihr Kommen und darauf, ihr beim Ausziehen zuzusehen. Wenn sie um zwölf wieder hineinging, war ich müde vom Lernen, wenn auch nicht satt von ihrem Anblick. Ich machte mir etwas zu essen, ging einkaufen und freute mich auf den Nachmittag.

Um drei kam sie wieder. Sie lag nicht nur mit geschlossenen Augen in der Sonne und strich hin und wieder zärtlich über ihren Körper, sie schob die Liege auch oft in den Schatten und schrieb oder las oder lackierte ihre Fingernägel oder trocknete ihre frisch gewaschenen Haare, und ich liebte alles, was sie tat, aber am meisten liebte ich es, wenn sie strickte, wenn sie dasaß, nackt und schön, und an einem langen gestreiften Ding strickte, das vermutlich ein Schal werden sollte.

Um sechs legten sich die Schatten auf die Dachterrasse, und sie verschwand im Haus. Ich schob die Bücher beiseite, arbeitete ein wenig mit den Hanteln und trainierte meine Kiefermuskeln – ich wußte nicht genau, warum ich es tat, sie konnte mich ja nicht sehen, aber es schien mir doch wieder lohnend zu sein –, aß etwas und sah ein bißchen fern. Die Abende waren warm und hell, es war die Zeit für Biergärten und Badeseen, Freunde riefen an und fragten, ob ich nicht mitkommen wolle, aber was sollte ich in Biergärten und Badeseen? Ich ging um zehn zu Bett, löschte das Licht und wartete, daß sie kam.

Ich mußte nie lange warten. Sie schlang ihre Arme um mich, ich spürte ihre Lippen und schmeckte den Geschmack von Mandeln in ihrem Mund und roch den Duft ihres Haares und den Geruch ihres Körpers, der bald nicht mehr kühl und glatt war, sondern feucht und heiß. Sie war zugleich zart und kräftig, ihr Körper war ganz leicht in meinen Armen, fast ohne Gewicht, wenn sie auf mir saß, ihr Seufzen und Stöhnen klang sanft und leise, aber dann spürte ich wieder den festen Druck ihrer Hände auf meinem Rücken und den ihrer Beine um meine Hüften. Sie blieb bei mir, bis es hell wurde, dann verschwand sie, und ich schlief noch zwei, drei Stunden, tief und fest, ein süßer Schlummer, wie es im Märchen heißt, aus dem ich erfrischt erwachte und mich auf den Tag freute.

Es war ein heißer verzauberter Sommer, dieser Sommer mit ihr. Jeden Morgen schien die Sonne, manchmal waren Straßen und Wege noch feucht, weil es in der Nacht geregnet hatte, aber dann stand die Sonne wieder am Himmel, und sie kam auf die Terrasse und zog sich aus, und der Zauber war wieder da, und ich schwamm in einem Meer zeitlosen Glücks, in dem es keine Vergangenheit gab und keine Zukunft, nur die Gegenwart, und wenn ich mir etwas hätte wünschen dürfen, hätte ich mir wahrscheinlich gewünscht, daß sich daran nie etwas ändern sollte.

Aber eines Morgens änderte sich etwas.

Sie kam später als sonst, ich stand schon unruhig wartend am Küchenfenster, und als sie endlich auftauchte, machte sie sich daran, die Liege zu verschieben und den Sonnenschirm. Ich wäre am liebsten hinübergestürzt, um ihr zu helfen – wie sollte sie, zart und schmal, wie sie war, den schweren Fuß des Schirms bewegen? Aber es ging, die Liege stand nun näher zu mir, ich würde sie noch viel besser sehen können.

Dann wandte sie sich um, in meine Richtung, sah hinauf zu meinem Fenster, mir direkt in die Augen, wie mir schien, und öffnete den Bademantel. Ich sah noch ihre Brüste mit den dunklen Spitzen und das dunkle Dreieck ihrer Scham, dann tauchte ich, glühend vor Schreck und Schuld, hinunter unter die Fensterbank. Sie hatte mich gesehen!

Es dauerte eine Weile, bis ich es wagte, den Kopf zu heben und vorsichtig hinauszuschauen, und da lag sie, wie immer, zart, bräunlich, schön, und beschattete zuweilen die Augen und sah hinauf zu meinem Fenster, als warte sie auf etwas. Es dauerte eine weitere Weile, bis ich begriff. Sie wußte längst, daß ich da war, sie hatte es gemerkt, und sie schien nichts dagegen zu haben, im Gegenteil, sie hatte sich so hingelegt, daß ich sie besser sehen konnte, und bevor sie den Bademantel geöffnet hatte, hatte sie hinaufgeblickt zu mir, als wollte sie sagen: Schau du nur.

Nun wurden meine Tage noch schöner und meine Nächte noch aufregender. Nun erwartete ich sie morgens am Fenster, um ihr ganz offen dabei zuzusehen, wie sie sich auszog und dann hinaufsah zu mir und lächelte, und mir wurde wieder glühend heiß, aber nicht vor Schuld und Schreck. Sie anzusehen und zu wissen, daß sie es wollte, daß sie darauf wartete, daß sie es genoß, war noch viel lustvoller, als es heimlich zu tun. Dabei entsteht die Lust des Voyeurs doch aus der Heimlichkeit, oder? War ich kein richtiger Voyeur, oder gab es verschiedene Sorten davon? Egal. Ich genoß meine Lust dort am Küchenfenster und wechselte zwischen Lust und Lernen hin und her in einer noch viel intensiveren Kombination des Angenehmen und Nützlichen, bis sie sich abends wieder anzog und noch einmal hinaufsah und ihr kleines Lächeln lächelte und im Haus verschwand und ich anfangen konnte, mich auf die Nacht zu freuen.

Da sie nun wußte, daß es mich gab, und so gar nichts dagegen hatte, wurde ich kühn und begann zu überlegen, ob ich nicht wechseln sollte von der Ferne zur Nähe, vom Traum zur Wirklichkeit. Sollte ich nicht versuchen, sie kennenzulernen? Ich arbeitete noch mehr mit den Hanteln und stärkte meine Kiefermuskeln und dachte angestrengt darüber nach.

Was sollte ich zum Beispiel sagen, wenn sie die Tür öffnete? »Ich bin der Mann von gegenüber und wollte Sie gern kennenlernen«? War das gut? Aber wenn jemand anders an die Tür kam? Sie wohnte doch bestimmt nicht allein in dem Haus mit der großen Dachterrasse, womöglich lebte sie mit ihren Eltern dort, wie sollte ich denen erklären, woher ich sie kannte? Ach, ich kannte sie ja gar nicht wirklich, oder sagen wir lieber, ich kannte sie und kannte sie auch nicht.

Als ich schließlich hinüberging und an der Tür des Hauses mit der Dachterrasse klingelte, war mir vor Aufregung fast schlecht.

Eine Frau öffnete: »Ja, bitte?«

Sie war es nicht. Sie war auch schlank und dunkelhaarig, aber viel älter. Sie war bestimmt die Mutter.

»Ich wollte – ich meine ... Könnte ich bitte Ihre Tochter sprechen?«

»Meine Tochter?«

Ich nickte.

»Aber ich habe keine Tochter.«

Sind Sie sicher, dachte ich, sehen Sie doch mal nach, ich habe sie vorhin noch gesehen, oben auf dem Dach.

Sie musterte mich neugierig.

»Wie kommen Sie denn darauf?«

Wie gut, daß ich mir für solche Fälle eine Geschichte ausgedacht hatte.

»Ich ... im Schwimmbad«, sagte ich. »Ich habe sie im Schwimmbad kennengelernt. Sie hat mir diese Adresse gegeben. Sie hat gesagt, sie wohnt hier.«

Sie schüttelte den Kopf. Im Haus polterte jemand die Treppe herunter und tauchte neben ihr auf, ein kräftiger Mann mit rotem ärgerlichem Gesicht, eine Reisetasche in der Hand.

»Und? Was wollen Sie?« fragte er.

»Er fragt nach einem jungen Mädchen, das hier wohnen soll«, sagte sie.

27

»Ein junges Mädchen? Hier gibt's keine jungen Mädchen, weiß Gott nicht«, sagte er und sah sie dabei an, mit
einem grausamen Blick.

Ihr Gesicht nahm den Ausdruck eines Menschen an, der
so tut, als ob ihn nichts mehr berühren würde. Er drängte
sich an mir vorbei, und dann hörte man Autotüren schlagen und das Aufheulen eines Motors.

»Das ist mein Mann«, sagte sie, immer noch mit unbe-
wegtem Gesicht. »Das heißt, wir leben getrennt. Er wohnt
nicht hier, er kommt nur manchmal vorbei, um etwas zu
holen.«

Sie wandte sich mir wieder zu und musterte mich ausführlich.

»Sind Sie nicht der Mann von gegenüber?« fragte sie
schließlich. »Der aus der Dachwohnung?«

Na, also, dachte ich, ihre Tochter muß ihr davon erzählt
haben, wie sollte sie sonst von mir wissen? So langsam war
ich. Sie lächelte, ein Lächeln, das mir irgendwie bekannt
vorkam, und da begriff ich endlich.

Sie war es: zart und zierlich, mit bräunlicher Haut und
langen schwarzen Haaren, am Hinterkopf zusammenge-
steckt. Die Falten um ihre Augen und den Mund hatte ich
auf die Entfernung nicht erkennen können.

Ich starrte sie an. Ich hatte mit allen möglichen Schwie-
rigkeiten gerechnet, die sich mir in den Weg legen könnten,
aber nicht damit. Heute kann ich die Komik erkennen, die
darin liegt, wenn ein Mann feststellt, daß die Frau seiner
Träume ungefähr im Alter seiner Mutter ist, aber damals
fand ich es nicht komisch. Ich war erschrocken, enttäuscht
und wußte nicht, was ich tun sollte. Sie lächelte immer
noch.

Wir standen da und sahen uns an, sie hatte große grün-
braune Augen, ein spitzes Kinn und einen kleinen, mit rosa
Lippenstift bemalten Mund, und ich sah Unsicherheit in
ihrem Lächeln, aber auch etwas anderes, etwas Herausfor-
derndes, Mutiges, das mich beeindruckte und erregte, und

dann war etwas von dem Zauber wieder da, den sie für mich gehabt hatte, oben auf ihrem Dach, aus der Ferne, in meinen Träumen und meinen Nächten, es war vielleicht nicht derselbe Zauber, er war anders, hier war sie ja nun ganz nah und ganz wirklich, aber ein Zauber war es, und jedenfalls war es gleichgültig, wie alt sie war.

Ihr Lächeln wurde heller, als spürte sie, was in mir vorging, sie trat auf mich zu, hob mir die Hände entgegen und sagte: »Kommen Sie doch rein.«

Da stand die Frau meiner Träume, lächelnd, mit ausgestreckten Händen und einladenden Worten, und was tat ich? Ich bekam es mit der Angst zu tun, die Angst überwältigte mich geradezu, ich murmelte etwas Albernes wie »Ich glaube, ich muß jetzt gehen« und machte kehrt und floh.

Auf der Straße fing ich an zu laufen, ich lief, bis ich keuchend auf meinem Küchenstuhl saß, verwirrt, erhitzt, beschämt.

Am anderen Morgen war sie wieder auf der Terrasse, aber sie trug einen Bikini, sie trug ab jetzt immer einen, und ich stand versteckt hinter der Dachschräge und beobachtete sie scheu. Wir hatten unsere Unschuld verloren, nun, da wir uns kannten, und wir hätten sie nur wiedergewinnen können, wenn wir uns wirklich kennengelernt hätten. Sie schien mich dazu aufzufordern, sie sah zuweilen vorsichtig hinauf zu meinem Fenster, sie lächelte sogar ein wenig, und wenn ich sie so sah, dachte ich, heute abend komme ich hinüber, bestimmt. Oder spätestens morgen.

Ende August brach die Hitze. Der September kam und mit ihm ein früher Herbst mit Regen und Kälte, und nun konnte ich sie nicht einmal mehr auf dem Dach sehen. Und jeden Tag sagte ich mir, heute gehe ich hinüber, heute nachmittag, spätestens morgen. Doch ich tat es nie, und mit der Zeit fing ich an, mir einzureden, daß es sowieso keinen Sinn hatte. Würde sie überhaupt noch wissen, wer ich war? Und was sollte ich sagen, wenn sie mich fragte, was ich wollte? Daß ich sie ausziehen wollte, ihren Körper fühlen, ihre Brüste, ihren Bauch, ihren Po, daß ich mit ihr schlafen wollte, ihre Bewegungen, ihre Hände, ihren Atem spüren, ihre leisen Laute hören wollte? Du bist doch verrückt, sagte ich mir, sie lacht dich aus und schmeißt dich raus. Mach dich bloß nicht lächerlich!

Im Grunde wußte ich, daß das nicht stimmte, daß sie auf mich wartete, daß sie dasselbe wollte wie ich, nur direkter und unbefangener, so unbefangen, wie sie sich vor mir ausgezogen hatte, so direkt, wie sie mich angesehen hatte in ihrer Diele, und vielleicht war das der Grund, warum ich nicht ging, weil ich Angst hatte vor ihrer Direktheit und Unbefangenheit.

Oder? Oder gibt es magische Momente, die man nutzen muß, denn wenn man sie verstreichen läßt, dann kann man sie nicht mehr nachholen? War der Moment, als sie mir die Hände entgegenstreckte, so einer gewesen, und ich hatte ihn versäumt?

Die Prüfung habe ich damals bestanden. Aber sie habe ich nie wiedergesehen. Manchmal wünschte ich heute noch, es wäre umgekehrt gewesen.

AXEL SCHOCK
Die Anfänger

Wohin bloß damit? Sie einfach ganz lässig irgendwo neben dem Bett herumliegen lassen? Für jeden sofort sicht- und greifbar? Oder wäre das wiederum zu offensichtlich? Aber wenn er dann erst danach fragen müßte, wäre ja auch blöd.

Man weiß ja selbst, wie schwer man sich manchmal tut – gerade in solchen Situationen! Und wie stimmungstötend das sein kann – mitten in größter Leidenschaft nach Kondomen zu fragen. Und dann auch noch vor Fremden.

Na ja, wirklich fremd ist uns Stefan eigentlich nicht. Aber daß wir ihn richtig kennen, kann man auch nicht unbedingt sagen. Fünfzehn Minuten Autofahrt nachts um halb vier, Marc und ich ziemlich betrunken, Stefan etwas wortkarg. Da erfährt man nicht unbedingt viel voneinander. Die Hauseinweihungsfeier war eine im wahrsten Sinne rauschhafte Party gewesen. Die Renovierung hätten die Gastgeber besser nach dem Fest legen sollen.

Dort war uns Stefan erst nicht weiter aufgefallen. Kein Wunder, ging es doch zu wie beim Sommerschlußverkauf. Überall drängelten sich die Leute, Stehparty selbst vor der Gefriertruhe im Keller. Da begnügten Marc und ich uns mit dem lauschigen Garten, wo wir uns mit Freunden festgequatscht hatten. Und als wir zum Heimweg aufbrechen wollten, bot Stefan überraschenderweise an, uns in seinem Auto zurück in die Stadt zu nehmen.

Die Stimmung während der Fahrt durch die tiefdunkle Nacht war merkwürdig. Die Müdigkeit brach über uns herein, der Alkohol machte sich bemerkbar, und ich nahm mir vor, nie mehr gleichzeitig Bowle und Bier zu trinken.

Andererseits herrschte eine seltsame Mischung von Spannung und Anspannung im Wagen.

Ein, zwei kokette Bemerkungen aus Stefans Mund knallten wie Donnerschläge, und wir waren wieder hellwach. Was war das? Sagt erst kaum ein Wort und dann diese – ja, was war das eigentlich? – Anmache! So wie mich Marc anblickte, hatte er das genauso verstanden: Anmache! Dezente Komplimente, die aber so geschickt gesetzt waren, daß sie zwar eindeutig waren, aber nicht aufdringlich. Dabei drehte Stefan sich immer leicht mit dem Kopf zur Rückbank, wo wir erst schlaff ineinandergesunken und jetzt stocksteif und kerzengerade dasaßen. Wie unter Starkstrom.

Das war vor zwei Wochen. Und jetzt, an einem verregneten Sonntag, muß ich mich mit der Frage herumplagen, wo man für einen versauten Nachmittag zu dritt am besten die Kondome plaziert.

»Versauter Nachmittag« war übrigens eine Formulierung aus einer der E-Mails, die Marc geschrieben hatte. Er konnte so etwas einfach besser. Ich tue mich da immer ein wenig schwer, den idealen Mittelweg zwischen lüsterngeilen Direktheiten und leicht ironischer Brechung zu finden. Am Ende klingt das bei mir immer wie bei einem Verwaltungsbeamten nach fünfundzwanzig Dienstjahren, der glaubt, besonders locker und lustig zu sein, wenn er sich am Telefon von einem Kollegen mit den Worten »Tschö mit ö« verabschiedet.

Um drei will Stefan nun also da sein und seinen versauten Nachmittag haben. Und ich steh immer noch herum mit den Kondomen in der Hand.

»Und wenn wir die vielleicht gar nicht brauchen?«

Marc antwortet nicht.

»Erstens wissen wir ja nicht, ob er es *wirklich* so gemeint hat, zweitens, ob es dazu kommt und dann, na ja, ob wir dann wirklich gleich beim ersten Mal miteinander vögeln.«

Wieder keine Reaktion. Marc kramt im Badezimmer herum, und eigentlich weiß ich, daß er mich gar nicht hören kann. Im Grunde spreche ich nur mit mir selbst.

»Beim ersten Mal«, hatte ich eben gesagt.

Ich denke also schon an eine Fortsetzung. Wird das jetzt etwa so eine Dreierkiste? Das Pärchen und ihr Liebhaber? Drei Männer und ihre süßversauten Sonntagnachmittage?

»Ich hab mal noch 'ne Rolle Klopapier ins Bad gelegt und 'ne Ersatzbürste aus dem Schrank geholt. Vielleicht will er sich ja mal die Zähne putzen. Oder was meinst du?«

Marc ist aus dem Badezimmer gekommen und verschwindet in Richtung Küche. Schon höre ich, wie die Kühlschranktüre klackt und Flaschen klappern.

»Er wird ja wohl nicht gleich einziehen wollen, oder?«

Kaum habe ich es ausgesprochen, erschreckt mich mein eigener Tonfall. Der war nicht locker, sondern ziemlich verkrampft. Und mit einem Mal überkommt es mich gleich richtig. Ob ich wohl aus dem Mund rieche? Der Atemtest mit vorgehaltener Hand überzeugt mich nicht völlig. Jetzt Mundwasser nehmen, das riecht so klinisch, wie würde das wohl wirken! Knoblauch kann es nicht sein. Darauf hatten wir extra seit zwei Tagen verzichtet.

Und den Fischauflauf auch verschoben. Nach Fisch, das hatten wir leidlich in den letzten acht Jahren im Selbstversuch getestet, stinkt der Schwanz schon nach ein paar Stunden. Es gibt Tausende frauenfeindliche Fischwitze, aber daß Männer manchmal im Schritt wie gammliger Kabeljau riechen, das konnte das Patriarchat über Jahrtausende geheimhalten.

Daß nach Spargelgenuß der Urin spargelig riecht, das hatte mir meine selige Großmutter Katharina mit den dicken stützstrumpfbewehrten Wasserbeinen bereits im Vorschulalter erklärt, das mit dem Fisch aber sagt einem keiner. Das ist ein deutliches Anzeichen: Ich bin nervös.

In einer knappen halben Stunde kommt hier ein Mann mit eindeutigen Absichten in unsere Wohnung, und ich denke an die Elefantentreter von Oma Kathi. Keine Panik jetzt. Wir haben es doch selber so gewollt, Marc und ich. Hatten es im Lauf der letzten Woche groß und breit, vor allem lang diskutiert. Eine halbe Nacht lang lagen wir gestern wach, redeten uns erst geil, wie klasse das wohl werden würde, bis wir rund drei, vier Stunden später ziemlich ernüchtert auf der Bettkante saßen und gar nicht mehr so sexabenteuerlustig waren.

Zuerst war da die Sache mit dem Speck. Ich weiß ja, ich hätte da auch mal was dagegen unternehmen können. Immer nahm ich mir vor, vielleicht regelmäßig zu joggen und die Crème fraîche aus der Küche zu verbannen. Aber nun ist der Bauch eben da. Ein schwuler Mann, das sagen uns heterosexuelle Illustrierte und homosexuelle Klischees, sollte um den Bauchnabel herum ein Waschbrett haben, aber niemals Fettreserven. Also einziehen. Aber kann man entspannten Sex haben, wenn man ständig daran denken muß, den Bauch einzuziehen? Das war die erste Verunsicherung, aber noch relativ harmlos.

Nicht auszudenken, was wäre, wenn er nur auf einen von uns beiden stehen würde! Dann läge der dritte wie bestellt und nicht abgeholt an den Rand des Liebeslagers gedrängt und könnte Däumchen drehen. Und was, wenn einer von uns beiden mit Stefan einfach nichts anfangen könnte, ihn einfach nicht antörnend fände? Müßte er sich abmühen und durch die Nummer quälen?

Und dann war da noch das Totschlagthema.

»Aber wenn sich einer von uns in den verliebt?«

Darauf hatte ich mit einem entsetzten Schweigen reagiert.

»Kann doch passieren, oder?«

So wie Marc das sagte, klang es, als ob er sich verlieben könnte. Hatte er sich vielleicht schon ein bißchen in Stefan verguckt? Wenn ich mich nicht täuschte, dann hat Stefan im Auto eigentlich immer nur Marc angeschaut. Und wer hatte die meisten E-Mails beantwortet: Marc! Andererseits: In seinen E-Mails hatte Stefan immer geschrieben: »Hallo, lieber Sven und lieber Marc.«

Mein Vorname stand jedes Mal an erster Stelle, obgleich Marc im Alphabet vor mir rangiert. Das war, rein formal, nicht ganz korrekt. Vielleicht will Stefan mir weismachen, er würde als erstes immer an mich denken, weil er sich heimlich und hintenrum nur für Marc interessiert ...

Daß ich zur Eifersucht neige, ist mir bekannt. Aber welche Phantasien ich in den Gesprächen mit Marc entwickelte, war eine Spitzenleistung. In weniger als drei Minuten sah ich mich schon meine Koffer packen und als verlassener Ehemann in regennasser Nacht im Rinnstein sitzen, während in der ehemals gemeinsamen Wohnung der Neue und mein Ex die Laken vollsauen würden.

Bis ich von diesem Trip wieder heruntergekommen war, bedurfte es in dieser nächtlichen Strategiediskussion eine satte Stunde harter Beruhigungsarbeit für Marc, inklusive beruhigendem Nackenkraulen.

Jetzt aber, in meinem Zustand innerer Aufgekratztheit, wo in jedem Moment Stefan vor der Tür stehen kann, ist mir mit beschwichtigendem Reden und Nackenkraulen nicht zu helfen. In meinem Hirn rattert die Denkmaschine und wirbelt wie die Waschmaschine die ganze gedankliche Schmutzwäsche einfach nur durcheinander. Abpumpen! Man müßte diesen Gedanken- und Bedenkensumpf einfach abpumpen können.

Aber schon schießt ein ganz neuer Spaßverderber durch meine Gehirnwindungen und läßt mich in den Sessel plumpsen. Die Autofahrt nach der Party, das war vor zwei Wochen und eben eine Autofahrt. Da saß Stefan angezogen auf dem Fahrersitz vor uns. Jetzt gleich wird er nackt und wahrscheinlich spitz wie Nachbars Lumpi neben uns liegen und Action, Leidenschaft und Ekstase erwarten. Vielleicht ist er ja eher ein Typ zum Reden und nicht zum Vögeln? Dann sitzen wir da, womöglich halb nackt, und fangen aus Verlegenheit an, übers Wetter und Urlaubspläne zu reden.

Was, wenn wir uns das Knistern einfach nur hübsch ausgemalt haben, aber später gar nichts knistert, sondern allenfalls so stumpf scheuert und quietscht wie Kreide auf Schultafeln?

Wir können ihn schließlich nicht gleich nach Hause schicken, immerhin ist er extra wegen uns eine ganze Autostunde gefahren.

»Also, du, wir haben nachher leider noch einen Termin. War nett, dein Besuch. Vielleicht trifft man sich ja mal wieder.«

Das ginge nun wirklich nicht, und außerdem bekäme ich es gar nicht über die Lippen. Ob man dann einfach zusammen nett essen geht?

Da sitze ich also und mache mir die umständlichsten Gedanken, nur weil Marc und ich mal mit einem dritten Mann ins Bett wollen.

Gelten Schwule nicht landläufig als hemmungslose Sexmonster? Und wir stellen uns an wie die letzten Provinz-Homoerotiker, die eben gerade entdeckt haben, daß es neben einsamer Onanie auch noch anderen Spaß gibt. Das Hauptproblem steht uns ohnehin noch bevor. Was im Bett anzustellen wäre, wüßten wir schon. Marc und ich sind ein eingespieltes Team, jeder hat so seine besonderen Fähigkeiten, und wir würden Stefan ganz sicherlich auf seine Kosten kommen lassen.

Bloß, wie fängt man das an?

Darüber hatten wir am längsten gegrübelt und waren trotz diverser Planspiele zu keinem befriedigenden Ergebnis gekommen, sondern lediglich zu dem Schluß: Dafür sind wir einfach zu blöd. Erst drei Sätze Small talk und dann der erlösende Satz?

»Dann wollen wir mal zum Eigentlichen kommen!« Gerade so, als würde die Hausdame sagen: »Es ist serviert. Darf ich zur Tafel bitten?!«

In den Pornos sieht das immer so einfach aus. Da gehen sich zwei in der Umkleidekabine des Sportstudios an die

Wäsche, und wie zufällig platzt der Trainer herein. Die schauen nicht einmal groß auf, geschweige denn, daß sie erschreckt wären, sondern machen nun einfach zu dritt weiter. Oder sie werden von einem Jäger im Wald überrascht, der läßt die Flinte fallen und packt die andere Waffe aus. Oder ein Postbote steht an der Wohnungstür, wahlweise der Pizzabote, Klempner oder Einbrecher. Alle Berufsgruppen treiben es in den Pornos unbekümmert in Konstellationen jenseits des Zweierpacks.

Inzwischen kriegt man diese Sexphantasien frei Haus geliefert, und jetzt das: Wir sind zu blöd dazu!

Vielleicht weil ich Beamter mittlerer Laufbahn bin? Gab es jemals einen Porno, in dem ein Sachbearbeiter der Finanzaufsichtsbehörde sich gerade über den Abteilungsleiter gebeugt hatte und plötzlich ein Hausbote hereinplatzt und die Hose rutschen läßt? Muß man, um spontane Dreier schieben zu können, vielleicht selbständig oder freiberuflich sein? Bloß um Himmelswillen kein Staatsdiener!

Da sitze ich in meinen Sessel gesunken, die dämlichen Kondome immer noch in meiner Hand, und mittlerweile sind mir auch die Gesichtszüge entglitten. Daß der Gedanke an Sex so viel Frust mit sich bringen kann! Nicht nur, daß mein Selbstbewußtsein längst in den Gully geflossen ist, jetzt zweifle ich sogar an meinem Beruf und der kompletten Lebensplanung. Und dies nur, weil gleich ein Typ vorbeikommt, um überschüssige Hormone und Körperflüssigkeiten abzubauen!

Und dann klingelt es an der Tür. Einmal. Ich schieße aus dem Sessel hoch und stehe stocksteif da mit aufgerissenen Augen. Es klingelt zum zweiten Mal. Und ich stehe immer noch bewegungslos. Marcs Blick hat etwas Fragendes. Ich muß bescheuert aussehen.

Ganz anders Stefans Strahlen über beide Backen, als ihm Marc die Türe öffnet.

»Hallo, ihr beiden Hübschen.«

Stefan kommt hereingerauscht, schmeißt Marc mit viel

Elan seine Arme auf den Rücken und drückt ihm einen Kuß auf den Mund, kommt mit unvermindertem Strahlen auf mich zu und packt mir bei der Umarmung kurz, aber paßgenau auf die Arschbacken.

»Wie geht's? Gute Fahrt gehabt?« will ich sagen, verkneife mir diese Floskeln und weiß nicht mehr weiter im Text.

Blackout. Hänger. Keine Souffleuse in Reichweite. Und eine Hand von Stefan immer noch auf meinem Hintern.

Mittlerweile hat er mit der anderen Marc an seine andere Seite herangezogen und auch ihn fest im Griff. Ich schaue Marc an, dessen Blick zwar etwas Überraschung verrät, aber schon dieses gewisse Leuchten hat.

In diesem Moment durchzuckt mich ein Gedanke: »Wo hab ich jetzt eigentlich die Kondome gelassen?«

Das klare Denken wird mit einem Mal dadurch beeinträchtigt, daß sich Stefans fleischige Lippen feucht auf meinem Mund festsaugen. Und während seine Zunge meinen Rachenraum durchfährt, gehe ich im Geist noch mal die Wohnung ab, wo die verdammten Dinger liegen könnten. Ich würde sie schon rechtzeitig finden. Als mir dann Marc auch noch am Ohrläppchen knabbert, gebe ich mich geschlagen und schalte einfach das Hirn aus.

JÜRGEN ALBERTS
Zum fröhlichen Gipfel

»Wir haben eine Abmachung«, sagte Georg, als er in schneller Fahrt die letzte Haarnadelkurve nahm. Sie hatten den dichten Wald verlassen und fuhren durch ein steil ansteigendes Wiesenstück.

»Abmachungen sind dazu da, gebrochen zu werden«, erwiderte Nancy, »erinnerst du dich? Das war immer eins deiner goldenen Worte.«

Das Bergheim lag ein wenig abseits des Dorfes, gleich hinter der Grenze zu Österreich. Schwere Felssteine lasteten auf den gewellten Dächern. Begegnungsstätte »Zum fröhlichen Gipfel e.V.« stand in rostigen Lettern über dem Eingang.

Georg und Nancy hatten in dem Heim ihre erste gemeinsame Nacht verbracht. Inzwischen waren sie einige Male in dieses Naturstein-Idyll zurückgekehrt. Erotik liebt Erinnerung, war ein weiteres der Georgschen *golden words*, wobei er nie preisgab, ob er Nancy mit Erotik oder mit Erinnerung in Verbindung brachte.

»Wann sollen wir es ihnen mitteilen?« fragte Nancy.

Sie fuhr mit ihrem Zeigefinger über seine Lippen. Georg reagierte umgehend und küßte ihre Fingerkuppen.

»Je später, desto besser«, antwortete er.

Abrupt mußte er auf dem Parkplatz abbremsen. Beinahe hätte er den Citroën übersehen. Es war ihm gar nicht recht, daß sie nicht die ersten Gäste zu sein schienen. Noch weniger mochte er es, als er Birte hinter dem Steuer eines altersschwachen Franzosen entdeckte. Aber Birte war immer zu früh gekommen, daran konnte Georg sich gut erinnern. Ich bin die Birte aus Karlsruh, hatte sie gehaucht, du kannst mich ruhig überall anlangen.

Nancy beobachtete Georg, der mit wenig Erfolg versuchte, nicht auf die Anwesenheit von Birte zu reagieren. Erst dann schaute sie zu Birte hinüber. Ihr gelang ein makelloses Lächeln.

»Steht diese Försterliesel auf deiner Liste?« zischelte sie Georg zu.

»Bitte sich mit Kommentaren zurückzuhalten. Jedenfalls vorerst«, gab er indigniert von sich.

Kaum hatte Georg den Motor abgestellt, tauchte Birte neben dem Seitenfenster auf.

»Ich bin ein bißchen zu früh gekommen«, sie schwenkte ihr Trachtenhütchen. »Kennst mich ja. Ist sie das?«

»Wer?« fragte Nancy.

»Ja, das ist sie«, ging Georg dazwischen.

»Ich bin die Birte aus Karlsruh, ich glaube, mir sollte us duze.«

»Nancy«, sagte Nancy knapplippig.

»Komme noch mehr Leut?« wollte Birte wissen.

»Abwarten«, rief Georg, ein wenig zu heiter.

Sie luden die Koffer aus dem geräumigen Gepäckraum ihres Allradwagens und marschierten zum Eingang.

Birte plapperte unentwegt. Stau auf der Autobahn, zwei Beinaheunfälle, eine tote Katze, der Wetterbericht habe Sturmböen vorhergesagt, die ganze Nacht habe sie vor Aufregung nicht schlafen können. Schon zwei Stunden vor dem Weckerläuten sei sie aufgewacht.

»Von Sturmböen hab ich nichts gehört. Gibt es denn regional unterschiedliche Wetterberichte, Georg?«

»Nö, soviel ich weiß, nicht. Das Wetter wird immer noch in Offenbach gemacht.«

Georg mußte es wissen, er war seit Jahren beim Hessischen Fernsehen, hatte als Kabelhilfe angefangen, sich dann zum Aufnahmeleiter, später zum Produktionschef hochgearbeitet.

Das Wort Offenbach löste bei Birte einen weiteren An-
fall von Logorrhöe aus. One-night-stand, Techno-Party,
Ex-GI, Mehrfach-Orgasmen, sie habe den Kerl noch zwei
Tage lang in sich gespürt.

»Als wär er komplett in mich hineinkroche.«

Nancy blieb einen Schritt zurück. Wie so ein Trachtenhütchen täuschen konnte. Oder war diese Karlsruherin nur
eine Maulhure? Das konnte ja zauberhaft werden.

Martin, ein blonder Hüne mit gezwirbeltem Schnauz-
bart, erwartete sie an der Rezeption. Er begrüßte die alten
Freunde und beäugte dann Birte.

»Ich muß schon sagen, Schorsch«, er zuckte mit dem
rechten Augenlid, »da flattert uns ja ein süßer Fratz ins
Haus.«

»Sind wir allein?« raunte Georg ihm zu.

»Wie du befohlen hast, Schorsch. Der Gipfel gehört an
diesem Wochenende euch ganz allein.«

Martin hatte die Formulare schon weitgehend ausgefüllt. Nur Birte mußte sich mit voller Adresse und Paßnum-
mer eintragen. Meldepflicht, entschuldigte sich der Leiter
der Begegnungsstätte, der eine Prise aus der Tabakdose
nahm. Es hieß, früher habe er stets etwas Kokain unter den
Schnupftabak gemischt.

»Hallo, Nancy«, rief eine helle Männerstimme, »bin ich
hier richtig?«

Der stämmige Westfale legte beide Hände um ihre Taille
und küßte sie in den Nacken.

»Jemand was dagegen?« sagte er und schaute die anderen an.

»Das muß dein Georg sein!«

Der Westfale streckte seine rechte Hand aus, während er
mit seinem linken Arm immer noch Nancy fest umschlungen hielt.

»Gut kombiniert und ganz ohne Hilfe«, mokierte sich
der Angesprochene.

Georg betrachtete die westfälische Mettwurst mit gelassener Neugier. Bin gespannt, ob der heute nacht mit Nancy davonreiten will.

»Ich bin die Birte aus Karlsruh«, drängte sich die Trachtenhütlerin dazwischen, »kannst mich ruhig anlange.«

Augenblicklich ließ der Mann Nancy los und stellte sich mit einem übertriebenen Diener vor: »Fritz Plettenberg, Im und Ex. Am liebsten aber als Missionar, wenn mir die Anzüglichkeit gestattet ist.«

»Steht der auf deiner Liste?« flüsterte Georg Nancy zu.

»Und wie der steht«, antwortete sie, ohne auch nur ein bißchen die Stimme zu senken.

»Ihr habt das Hochzeiterzimmer, Schorsch, wie immer. Die anderen können sich aussuchen, wo sie schlafen wollen. Freie Auswahl.«

Nancy nahm Martin zur Seite: »Wir hatten uns das so gedacht, daß die Mädels links vom Haupthaus und die Jungs rechts untergebracht werden.«

»Wie du befiehlst, mein Nancy-Schatz. Ihr seid die Hauptmieter.«

Martin drückte Birte und Fritz die Schlüssel in die Hand und zeigte ihnen auf einem Lageplan, wie sie zu ihren Zimmern gelangten.

»Wann trifft die Band ein?« fragte Georg.

»Die Dorfkapelle baut gegen sechse die Anlage auf. Die Musi spielt ab siebene.«

»Aber nicht nur Ländler und Polka, Martin«, mischte sich Nancy ein.

»Wie abgemacht. Auf euer Zeichen spielen die Kerle Oldies bis zum Morgengrauen. Ihr wolltet doch den kleinen Schock, oder?«

»Ja sicher«, kam es von den beiden. Fast synchron.

Als nächster traf Giorgio ein. Ein hochaufgeschossener Mailänder, dessen Haaransatz künstlich meliert war, rötliche Strähnchen in den angegrauten Schläfen.

»*Ciao bella. La donna è mobile, ma tu sei sempre in gamba*«, er sang seine Begrüßung.

Dann küßte er Nancy auf Stirn, Nase, Lippen und Kinn. So hatte Giorgio immer alle seine Freundinnen begrüßt. Georg würdigte er keines Blickes.

»Ist das dein berühmter Italiener?« wollte er wissen.

Georg hatte sich lange gewundert, was eine deutsche Hörfunksprecherin in Italien zu tun hatte, bis Nancy ihm eines Tages gestanden hatte, daß sie sich in einen Mailänder namens Giorgio verliebt habe. Die Beziehung hatte immerhin drei Jahre gedauert.

»Darf ich vorstellen? Mein deutscher Georg, mein italienischer Giorgio«, sagte Nancy.

Wieder gelang ihr ein Lächeln, das in Frankreich mit einer Medaille prämiiert worden wäre.

Die Männer konnten unterschiedlicher nicht sein. Der Italiener überragte den Deutschen um doppelte Hauptes-länge, trug schwarze Cowboystiefel zu einem englischen Tweedanzug, während sein deutscher Widerpart den Fransenlook der späten sechziger Jahre bevorzugte. Die buntgemusterte Seidenkrawatte und die Mokassins gaben ihm das Aussehen eines führenden Ensemblemitglieds bei den Bad Segeberger Festspielen.

»Wo schlafen wir?« fragte Giorgio in gebrochenem Deutsch.

»Du schläfst im Jungentrakt«, antwortete Nancy.

»Schade. *Peccato, molto peccato.*«

Als der Italiener die Rezeption verlassen hatte, tauchte Martin an der rückwärtigen Tür auf. Er trug ein Tablett mit drei Enzianschnäpsen.

»Auf ein fröhliches Treffen im Gipfel!«

Es schien nicht die erste Lage von dem Gesöff zu sein, die er sich an diesem Tag genehmigt hatte. Enzian war Medizin und zwar für jede Krankheit. Auch für den Liebeswahn.

»Der kommt aus der Wurzn und geht in de Wurzn!« sagte Martin, bevor er den Inhalt des Glases hinuntergurgelte.

Georg kippte den Schwarzgebrannten: »Ich wußte gar

nicht, daß dein Italiener den Turm von Pisa überragt. Hast du noch mehr so lange Herrschaften mit Gardemaß zu bieten?«

»Abwarten«, sagte Nancy.

Friederike, Ferdi und Philipp waren die nächsten Ankömmlinge. Die beiden Frauen hatten sich auf dem kurzen Weg vom Parkplatz bis zur Rezeption schon bekannt gemacht, während Philipp sich ein wenig im Hintergrund hielt. Erst als er Nancy entdeckte, blieb er stehen und musterte sie eine Zeitlang.

»Du hast dich ziemlich verändert, Nancy. Beinahe hätte ich dich nicht wiedererkannt.«

»Ich wußte sofort, wer du bist«, antwortete Nancy, die bei der flüchtigen Umarmung mitbekam, wie Ferdi ihrem Georg die Ohrmuschel ausschleckte.

Geht ganz schön ran, die Kleine. Friederike stellte sich selbst vor. Sie wollte wissen, wann die Wanderung denn losginge. Sie müsse sich noch umziehen.

»Welche Wanderung?« fragte Philipp.

»Die Gratwanderung«, erwiderte Georg.

»Sehr komisch«, kam es von Ferdi, die nun das andere Ohr umzüngelte.

Erst als sie Georg freigegeben hatte, bekam Friederike eine Chance, sich für die Einladung zu bedanken.

»Daß du dich noch an mich erinnert hast? Die zwei Nächte im Bayerischen Hof scheinen dir ja einiges bedeutet zu haben. Du warst so ausgehungert, daß ich schon dachte, ich müßte noch ein paar Kolleginnen aufs Zimmer bitten.«

Während sie das sagte, schaute sie die beiden anderen Frauen herausfordernd an.

»Georg gibt sich immer ausgehungert. Das ist seine Masche«, wiegelte Nancy ab.

»Bei mir wird er immer satt«, kam es von Ferdi.

Inzwischen hatte Philipp sein Formular ausgefüllt, nicht ohne sich zu versichern, daß er tatsächlich eingeladen sei und nur die Extras auf seine Rechnung gingen.

Zufällig hatte Georg in Erfahrung gebracht, daß dieser Scheuling ein paar hundert Mietwohnungen in Hamburg und zwanzig Häuser in Berlin besaß. Aber eine Übernachtung im Bergheim ...

Im Hochzeiterzimmer kam es zu einer kleinen Verstimmung. Kaum waren sie allein, wollte Nancy wissen, was es mit dieser Münchener Hotelmieze auf sich gehabt habe.

»Hast du es doch mit Nutten getrieben? Du hast immer geprahlt, du hättest nie in deinem Leben für Sex bezahlen müssen.«

Georg verteidigte sich, diese Friederike hätte sich doch bloß wichtig machen wollen. Sie sei Angestellte im Bayerischen Hof, wahrscheinlich an der Bar.

»Die hat mich halt sofort erregt, als ich mir ein Bier bestellt habe.«

Nancy ließ nicht locker: »Hast du sie nach dem Verkehr bezahlt oder nicht? Das ist die Frage.«

Sie bekam keine Antwort darauf, so sehr sie auch bohrte.

Georg sprach wieder dem Enzian zu, den er inzwischen mit Namen anredete. Nancy brezelte sich im Bad auf, als gehe es darum, einen südamerikanischen Oberst zu betören.

»Du hast dich doch längst entschieden«, rief Georg durch die geöffnete Badezimmertür.

»Das wüßte ich aber«, kam es von Nancy zurück.

»Dieser Italiener ist ein echter Würgknochen.«

»Da steht er diesem Zungenwunder von Ferdi nicht nach.«

Nancy kam nackt aus dem Bad.

»Hör auf zu saufen, Georg, sonst erlebst du das Fest gar nicht erst. Wie damals ...«

Georg hatte ein Fest tatsächlich nicht erlebt, seine eigene Hochzeitsfete. Mit jedem der ankommenden Gäste hatte er einen polnischen Büffelgras-Wodka eingepfiffen und war dann bei seiner improvisierten Rede vom Stuhl gestürzt. Als das Martinshorn über ihm kreischte, hatte der Notarzt ihm zugeraunt, Heiraten sei die größte Katastrophe, die einem Mann im Leben passieren könne.

»Es war eine Scheißidee.«

»Ach, jetzt plötzlich«, erwiderte Nancy. »Ich wäre sowieso lieber nach Kuba gefahren und hätte das schöne Geld in Strand und Drinks angelegt.«

Georg öffnete seinen Hosenlatz, holte sein halb steifes Glied hervor.

»Hättest du was dagegen?« fragte er.

»Ich bin doch nicht die Geliebte von Lucio Dalla«, erwiderte Nancy, die den fehlenden Rest der Georgschen Erektion in Minutenschnelle bewältigte. Gemeinsam sangen sie ein paar Takte aus »*Disperato erotico stomp*«, dem Dalla-Lied, das die RAI jahrelang aus dem Programm verbannt hatte. »*Da il tuo sesso al gabinetto* – gib deinen Saft ins Klo«, hatte die Freundin dem Liedermacher geraten. Und dabei stand dieser *cantautore* schon immer auf Jungs.

Nancy hatte es sich auf Georgs Schoß bequem gemacht und ritt mit ihm über die Voralpen, die Alpen und landete am Schluß auf einer Bergspitze in den Dolomiten.

Als sie einigermaßen belustigt auf dem Holzboden zu liegen kamen, sagte Georg: »Wir werden die einzigen sein, die schon vor der Party gevögelt haben.«

Nancy kehrte ins Bad zurück: »Nun muß ich mit der Maquillage von vorne anfangen. Aber eine Vögelei in Ehren ...«

Schon sang sie wieder.

Georg holte einen Zettel hervor, den er sorgfältig in seinem Brillenetui versteckt hatte. Er memorierte die Namen: Birte, Ferdi, Isabella, Christiane I, Christiane II, Christiane III, kam die nicht aus Kiel, Friederike, Elly, Monika, auch da galt es, zwei auseinanderzuhalten ... Ich muß auf diesen Giorgio aufpassen, der wird nicht lange zögern, sondern schnell zupacken. Wie geschmacklos, sich einen Mann mit gleichem Vornamen ins Bett zu holen.

Auch Nancy dachte in diesem Augenblick an den Italiener, während sie ihre Kriegsbemalung in Rot und Schwarz auftrug. Giorgio hatte sie in Höhen getrieben, von denen Georg nicht mal wußte, auf welcher Landkarte er sie suchen sollte. Es würde nicht einfach sein, sich Giorgio für den Rest der Nacht zu reservieren. Ein kurzes Zögern ihrerseits, und er würde auf die nächste Blüte flattern. Wenn sie an diese Friederike dachte …

Der kleine Tanzsaal des Bergheims »Zum fröhlichen Gipfel« war mit Girlanden in allen Farben des Regenbogens geschmückt. Es gab rote Grotten, blaue Bergseen, gelbe Wiesen und grüne Schatten. Nach und nach fanden sich die Gäste ein. Eine Trauergesellschaft. Alle Mädels in Schwarz, meist großzügig dekolletierte Kleider aus Seide, Samt und anderen Sensationen. Alle Jungs in Ein-, Zwei- oder Dreireihern, mit und ohne Westen, aber Hauptsache sie waren schwarz. Mut zur Farbe zeigten sie nur bei Bindern oder schwungvollen Fliegen, einer trug ein Hawaii- hemd unterm Smoking. Äußerst gewagt.

Das Büfett war regional: Käse von der Alm und Wurst aus der Schlachterei Herz, scharfer Rettich geringelt, Radieschen, geschnittener Fenchel und Kartoffelsalat, aus dem eine hochgewachsene Möhre ragte und an dessen Ende zwei dicke Tomaten lagerten. Obatzter mit grobem Bauernbrot. Laugenbrezeln und Frischkäse.

Die Dorfkapelle war in voller Tracht erschienen und spielte auch so.

Amüsiert beobachteten Nancy und Georg die Gäste, die so ausgehungert schienen, daß kaum ein Platz am Büfett zu ergattern war. Manche schienen sich dort festfressen zu wollen. Ihre Unsicherheit konnten sie nicht überspielen.

»Dies Geduddele ist ja abartisch«, zischelte eine dick- liche Frau aus Frankfurt, deren Namen Georg erst nach längerem Suchen auf seiner Liste gefunden hatte.

»Das ist Musik aus dieser Region«, erwiderte Georg. »Waren wir nicht immer dafür, solche Traditionen nicht plattwalzen zu lassen?«

»Da wird des heut aber zu keim Tänzsche komme«, fuhr die Hessin fort.

»Das wolle mir erst mal abwarte«, reagierte Nancy.

Sie sah, wie sich ein paar Herren in einer Ecke des Saales versammelten. Wahrscheinlich versuchten sie den Grund für die Einladung zu erraten. Nancy war sich sicher, daß sie einander nicht kannten. Obwohl zwei Kollegen aus dem SFB darunter waren, die sich seit Jahren aus dem Weg gingen. Auch im Hörspiel gab es tiefe Feindschaften.

Georg beobachtete Giorgio, der heftig mit Ferdi flirtete. Schon hatte er sich ausführlich abknutschen lassen. Dabei wanderte seine rechte Hand in ihren Ausschnitt. Wo war eigentlich Friederike? Die hatte ihm am Telefon gesagt, sie könne noch ein paar Mädels einschleusen, damit Georg bei der anstehenden Konkurrenz nicht das Nachsehen habe. Hauptsache, es kam zu keinem Ungleichgewicht.

Eine Stunde später war das Büfett fast gänzlich geleert. Die Musi hatte eine Pause gemacht und stellte den CD-Player an: heimatliche Klänge aus Tirol. Die ersten Enzianleichen waren zu beklagen, nicht nur bei den Burschen.

Nancy sah, daß der Westfale sein Smokinghemd geöffnet hatte, damit eine von Georgs Gespielinnen seinen Oberkörper bewundern konnte.

»So einen Waschbrettbauch wie der da drüben hatte ich früher auch«, sagte er voller Stolz, »aber den hab ich mir wegoperieren lassen. War ja eklig.«

Mit langsamen Schritten gingen Nancy und Georg zur Bühne. Sie nahmen die drei Treppenstufen, äußerst ausgelassen, und ließen sich ziemlich viel Zeit, bis sie das Mikro erreichten. Georg klopfte auf das altmodische Gerät, fand den kleinen Schalter auf der Unterseite. Er nahm Nancy bei der Hand.

»Meine Damen ...«

»Meine Knaben«, ergänzte Nancy.

»Es ist jetzt Zeit zu einer offiziellen Begrüßung.«

»Wir haben uns gedacht, daß ihr erst mal Aufstellung

nehmt. Meine Herren, ich bitte Sie auf die linke Seite des Saales …«

»Meine Mädchen, ihr bitte nach rechts. Ganz wie es die gestrenge Hausordnung verlangt.«

Von allen Seiten vernahmen sie Gekicher. Wie auf dem Pausenhof einer Grundschule. Manche schubsten, andere gackerten. Zwei torkelten.

»Eure nächste Aufgabe wird sein, kurz mal durchzuzählen«, begann Georg mit einer neuerlichen Ansage.

»Wie durchzählen?« scholl es von unten herauf.

Ein Mann aus Augsburg, der schon häufiger mit den Zahlen ins Trudeln geraten war. Zuletzt hatte er dafür zwei Jahre abbrummen müssen.

»Durchzählen bedeutet im Deutschen«, belehrte ihn der Gastgeber, »die Anzahl der eingetroffenen Exemplare festzustellen, getrennt nach den Geschlechtern.«

»Und die Zwitter«, tucholskyte eine helle Stimme aus Berlin.

»Zwitter waren nicht eingeladen.«

Nach dreimaligem Zählen stand fest, rechts standen dreiundzwanzig Damen und links fünfundzwanzig Herren.

Nancy schaute mitleidig zu Georg: »Soll nicht erfüllt, mein Lieber.«

Er versuchte ungeschickt, seine Niederlage zu überspielen: »Abwarten!«

Dabei hoffte er insgeheim, daß Friederikes Ersatztruppe bald eintreffen würde.

Georg räusperte sich, bevor er wieder ins Mikrophon sprach: »Ihr werdet euch gewiß gefragt haben, warum wir heute abend hier zusammenkommen.«

»Nö.«

»Nein, überhaupt nicht.«

»Wieso denn?«

»Nein, keineswegs.«

»Ja und?«

»*Non è importante. Noi siamo qui è basta.*«

Das waren die ersten Antworten, die die Gastgeber zu hören bekamen.

»Manche von euch werden es schon erraten haben, oder irre ich mich?«

Nancy schaute zu ihrer Männergruppe hinüber. Jetzt waren alle verstummt.

»Na, meine Damen?« fragte sie in die andere Richtung.

»Isch hob gern mitem Georg gfickt, und ich glaub die annere ebeso«, ließ sich Birte vernehmen.

Ein heftiges Raunen ging durch den Saal. Irritiert schauten manche zu Boden, andere musterten die Nächststehenden, wieder andere lachten schrill auf. Als hätte die Kesse aus Karlsruhe einen Fluch ausgesprochen.

»Nancy und ich haben uns gedacht, warum laden wir nicht all unsere Seitensprünge zu einem gemütlichen Abend in den Gipfel. Um es kurz zu machen, wir wollten euch endlich mal wiedersehen. Und zwar am besten kompakt.«

Nancy umfaßte das Mikrophon mit beiden Händen: »Manche von euch leben ja nicht nur in meinen Tagträumen ...«

»Hört, hört«, kam es von der Männerseite. Es schien keineswegs allen recht, was ihnen gerade mitgeteilt worden war. Wieso kam diese fette Westfalenwurst zu der Ehre eines Geschlechtsverkehrs mit der schönen Nancy? Und wie die dickliche Frankfurterin ins Bett von Georg, der doch immer die Ästhetik des Ewigweiblichen betont hatte?

Nun kam die Dorfkapelle auf die Bühne. Die Musikanten hatten die Trachten abgelegt und erschienen in schwarzen Lederklamotten. Sie intonierten als erstes einen alten Stones-Titel: »*I got nasty habits, I drink tea at three ...*«

Langsam lösten sich die Gäste aus der Starre und begannen zu tanzen. Es dauerte nur eine Weile, bis sich Männlein und Weiblein vermischt hatten. Georg und Nancy tanzten auf der Bühne. Wie gut, daß keine Zwitter erschienen waren.

»Hast du dich schon entschieden?« fragte Georg, als er Nancy für einen Augenblick an der Schulter festhalten konnte.

»Und du?«

»Wir hatten eine Abmachung, Nancy!«

»Ich weiß, Georg.«

Als die Dorfkapelle zu *Yesterday* überging, sangen alle Gäste lautstark mit.

Im Wechsel folgten Schmuse- und Rocktitel. Auch die Betrunkenen wurden wieder nüchtern.

Nancy traute ihren Augen kaum, als Giorgio nicht weit von der Bühne entfernt einer Dame aus dem Büstenhalter half. Diese Ferdi, das war ja nicht anders zu erwarten! Schon legten einige Männer die Jacken ab und dann die Hosen, sie schleuderten die Schuhe von sich. Fritz Plettenberg stand bereits im Freien, und vor ihm stand die westfälische Ausgabe eines Pimmels.

Birte hatte sich den Augsburger gegriffen, bearbeitete sein längliches Glied mit gezielter Übung, bevor sie es sich unter dem gerafften Rock einführte.

Georg war so irritiert, daß er beinah von der Bühne gestürzt wäre.

Er wollte sich das Mikrophon schnappen, aber Nancy hielt ihn zurück.

»Wir hatten eine Abmachung, Georg!«

»Okay, ich halte mich dran«, erwiderte er.

Wohin er auch blickte: Es war eine Orgie in allen Preislagen. Die meisten waren ins Duett verstrickt, aber schon gab es größere Formationen: die flotte Triole, das erotische Quartett und als Krönung das griffige Sextett – ein Stoßgelage im Rhythmus der Musik.

»Dürfen wir auch mitmachen?« fragte der Bassist, der vor lauter Erregung aus dem Takt gekommen war.

»Nichts da, wir haben euch fürs Spielen bezahlt«, antwortete Georg barsch.

Vergeblich hoffte er darauf, daß Nancy ihn entkleidete.

Aber sie war viel zu sehr mit Zuschauen beschäftigt. Ab und zu ließ sie die linke Hand in ihren Ausschnitt gleiten. Georg hätte beinah sein Hosentürl aufgesprengt. Das Glied schnellte hervor, als er den ersten Knopf geöffnet hatte.

Der Bassist besah sich den Schwengel: »Dürfte ich den denn wenigstens später mal durchkauen?«

Nancy war mit einem Satz von der Bühne herunter und warf sich ins Getümmel.

Blackbird spielte die Band, als die erste Girlande zu Boden ging und ein inniges Liebespiel romantisch dekorierte. Georg suchte Nancy, konnte sie aber in dem Gewühl nicht mehr ausfindig machen.

Er hatte seinen kleinen Georg nur kurz berührt, schon war es ihm gekommen. Er brauchte eine Atempause, die nutzte er, sich vollständig zu entkleiden und sich mit Hilfe der Enzianflasche wieder in Fahrt zu bringen.

»Ist da noch Leben drin?« fragte Ferdi und spielte mit ihrem linken Zeigefinger an Georgs Zipfel.

»Aber immer«, erwiderte der Gastgeber. »Nach kurzer Pause setzen wir das Programm fort.«

Dann entdeckte er Nancy, die wie ein Riesenrad von sieben Männern bewohnt wurde. Alle drei Öffnungen waren in Betrieb, ebenso Hände und Füße. Doch Ferdi lenkte ihn ab, und er blickte eine Zeitlang nur noch in die dunkle Höhle ihrer Lust.

Nancy hatte es aufgegeben mitzuzählen. Multiple Orgasmen waren doch kein Mythos. Schade, daß Giorgio nicht zu dem Septett gehörte. Aber was nicht war, das konnte ja noch kommen ...

In diesem Augenblick ging die Türe auf, und zwei Polizisten betraten den Saal. Hinter ihnen drei Münchnerinnen auf Freiersfüßen. Friederikes Ersatzreserve.

»Simma hier richtig, die Flitscherln suchen scho seit aner Stund in der Gegend umenand, weil sie den Namen der Hüttn nimmer parat ghabt hätten geworden lassen ...«

Der Uniformierte kam mit der Satzkonstruktion ins

Schleudern, als er gewahr wurde, was er da mit eigenen Augen zu sehen bekam.

Der andere zückte die Trillerpfeife und ließ einen derben Hundeton erklingen.

»Laß des, Burschi, die tun nix Widriges. Pack mer's?«

Georg, der nach dem Pfiff aus Ferdis buschigem Dreieck auftauchte, bekam gerade noch mit, wie die Gesetzeshüter im Gänsemarsch abzogen. Die drei Huren legten bereits Arbeitskleidung an. Sie hatten ein paar Handschellen und indische Peitschen im Gepäck.

Noch hatte die Orgie ihren Höhepunkt nicht erreicht.

Zwei Tage später kehrten Nancy und Georg in ihr Bauernhaus im Taunus zurück. Die Nachbarn hatten es sich nicht nehmen lassen, den Giebel mit Alufolie zu bedecken. Eine silberne Fünfundzwanzig zierte das Wagenrad im First.

»Wärst du immer noch statt dessen lieber nach Kuba gefahren?« fragte Georg.

»Das eine tun und das andere nicht lassen, das war immer eins meiner goldenen Worte«, antwortete Nancy.

Nach der Abfahrt vom Bergheim »Zum fröhlichen Gipfel« hatte sie ihren Mann um mindestens eine Woche Generalpause gebeten.

Aber nun sagte sie: »Ich könnt schon wieder.«

»Auf einmal weniger soll es nicht ankommen«, erwiderte Georg und langte sie an.

HERMANN SCHULZ
Die Teestunde

Ein junger Mann, noch verstrickt in der Ratlosigkeit seiner kaum zwanzig Lebensjahre, unternahm ängstlich, aber immerhin auf eigene Faust eine Reise in den Vorderen Orient. Schon bald verlor er durch einen Betrug sein weniges Geld. Mit mehr Welterfahrung, so warf er sich vor, hätte er den Verlust verhindern können. Er schwor, sich nie wieder in Situationen zu begeben, denen er nicht gewachsen war.

Im Libanon erkrankte er und hauste einige Tage lang in den von Meereswellen ausgewaschenen Höhlen am Strand von Beirut, ernährte sich von trockenem Brot und Früchten, genoß die Sonne und wartete auf seine Genesung.

Als er wieder einigermaßen sicher auf den Beinen war, begab er sich per Anhalter auf den Weg in die Türkei, wo er Freunde wußte und hoffen konnte, Hilfe in seiner bedrängten Lage zu finden. In Aleppo machte er sich, da kein Auto in Sicht war und obwohl schon der Abend dämmerte, zu Fuß zur türkischen Grenzstation auf, die er vier Monate früher in Gegenrichtung schon einmal passiert hatte. Er erinnerte sich der Mahnungen der türkischen Zollbeamten, doch in der Türkei zu bleiben: Hier sei er bei zivilisierten Menschen. Bei den Arabern dagegen würde es ihm schlecht ergehen, und niemand dürfe sein Schicksal ohne Not herausfordern!

Im Morgengrauen, nach einem Fußmarsch durch Nacht und Steinwüste, erreichte er die Grenzstation. Die Beamten erkannten ihn sofort wieder, beklagten sein erbarmungswürdiges Aussehen, erinnerten ihn an die erteilten Mahnungen und erklärten, er müsse zunächst einmal zu Kräften kommen. Sie wiesen ihm einen Raum zu, der als Lager für einige Säcke Datteln benutzt wurde, und schlugen dort ein Klappbett auf. Der junge Mann schlief bis zum Abend, als ihn Musik weckte. Die Grenzer hatten einen langen Tisch gedeckt, ihre Frauen und Kinder herbeigerufen, und es begann ein Fest zur Feier der Rückkehr des unbelehrbaren Deutschen, entkommen den Händen der gefährlichen Araber.

Nach drei Tagen war der Reisende auch nach ihrer Meinung ausreichend genesen und konnte weiterziehen, um nach Ankara zu seinen Freunden zu gelangen. Die Grenzer verpflichteten einen durchreisenden Personenwagen, ihn mindestens bis zur Hafenstadt Iskenderun mitzunehmen. Vor der Abreise füllten sie ihm die Taschen mit Brot, Käse und Datteln, aber sie versorgten ihn auch mit guten Ratschlägen für die Weiterfahrt.

In dem Personenwagen reisten, wie sich bald herausstellte, ein Libanese, der auf dem Weg nach Paris war, und ein Türke, der den Urlaub in seiner Heimatstadt Istanbul verbringen wollte. Der junge Deutsche konnte ihre Gespräche nicht verfolgen, die sie auf türkisch und manchmal arabisch führten. Er saß auf dem Rücksitz und las ein Reclamheft. Er war literaturbegeistert, und auf dieser Reise führte er Lektüren mit sich, die bequem in der Hosentasche unterzubringen waren.

In Iskenderun angelangt, fragten ihn die beiden Männer, wo er zu bleiben gedenke, es sei nun fast Abend, man werde hier übernachten. Sie errieten aus seinem ratlosen Gesicht, daß er über kein Geld verfügte, und boten ihm an, ihr Hotelzimmer mit ihm zu teilen. Bedrückt, weil er ihnen noch mehr Umstände machte, aber froh, ein Dach über dem Kopf zu haben, nahm er das Angebot an. Seine Gastgeber baten den Hotelier, eine zusätzliche Pritsche aufzustellen, und luden ihn ein, mit ihnen zu Abend zu essen.

Es setzte ihm zu, daß er ihnen und so vielen Menschen auf seiner Reise die Hilfe kaum jemals würde entgelten können. Er würde, so schwor er sich, später einmal die Welt durch seine Großzügigkeit in Erstaunen versetzen.

Nach dem Essen in einem Restaurant unter Weinlaub und Sternenhimmel ließen die beiden Reisenden eine Pferdedroschke vorfahren. Sie waren in Gespräche vertieft, von denen der junge Deutsche nur Bruchstücke, nicht aber den Zusammenhang verstand.

Die Droschke hielt auf einem staubigen Platz am Rand der Stadt. Es war trotz der vorgerückten Stunde immer noch sehr heiß. Der Stadtteil war nur gering beleuchtet, Männer aller Altersgruppen und verwahrloste Hunde strichen zwischen Bars und Teestuben umher. Vor dem Tor eines größeren Gebäudes stand eine Traube von Männern vor einem Guckloch aus Maschendraht. Die beiden Orientalen forderten ihren Gast auf mitzukommen und drängelten sich durch die Menge. Sie betraten nach einem kurzen Wortwechsel mit einem gewaltigen Türsteher einen saalartigen Raum.

Gedämpfte Helligkeit umfing sie. An den Wänden standen gepolsterte Bänke mit Sitzkissen sowie kleine Tischchen für Teetassen und Aschenbecher. Die Lampen waren mit Perlen und Papiergirlanden geschmückt. Mindestens zwanzig Frauen befanden sich in diesem seltsamen Salon, bekleidet nur mit Büstenhaltern, Höschen, hochhackigen Schuhen und seidenen Tüchern um die Schultern. Einige saßen allein und pflegten ihre Fingernägel, andere vergnügten sich mit leise gesummten Liedern. Wieder andere waren in Gesellschaft von Männern und unterhielten sich mit gedämpften Stimmen und gurrendem Gelächter.

Der Libanese fragte den Deutschen höflich, ob er mit einer der Frauen in die hinteren Räume gehen wolle, er sei selbstverständlich eingeladen. Er zögerte, errötete, lehnte dann aber dankend ab, er sei krank gewesen und noch nicht wieder ganz gesund. Sie sollten sich bitte nicht aufhalten lassen, er würde hier – und er wies auf einen alleinstehenden Stuhl – auf sie warten. Er habe zu lesen dabei, sie sollten sich am besten gar nicht um ihn kümmern. Er setzte sich, zog Kleists Penthesilea aus der Tasche und las, während seine Freunde mit den von ihnen bevorzugten Damen im Dunkel hinter einem Vorhang verschwanden.

Hin und wieder trat freundlich lockend eine der Frauen an ihn heran, um ihm Angebote zu machen. Er lehnte mit höflich leidendem Gesicht ab, akzeptierte aber dankbar den Tee, den sie ihm brachten, und las weiter in seinem Heftchen. Er konnte sich aber nicht ununterbrochen in seine Lektüre vertiefen, so daß er einige Details im Raum, zum Beispiel eine große Wandtafel, durchaus wahrnahm. Dort waren die Herrlichkeiten der angebotenen Liebeskunst wie auf einer Speisekarte mit den jeweiligen Preisen aufgeführt. Er verstand nicht alle türkischen Vokabeln, die da benutzt wurden, aber doch so viel, daß er mit Bedauern seiner eigenen, gemessen an solchem Reichtum eher anspruchslosen Liebeserfahrungen gedachte.

Die Liste schloß mit der lakonischen Bemerkung, Studenten und Soldaten hätten nur halbe Preise zu bezahlen. Unterschrift: Der Bürgermeister.

Dann veränderte sich auf unerwartete Weise die Welt um ihn herum, und er verlor die Kontrolle über sich.

Über seinem Stuhl, nur einen Meter über seinem Kopf, war ein kleines Bord, ein Holzbrettchen, angebracht, auf dem ein Radio stand. Es hatte, wie in dieser Weltgegend nicht anders zu erwarten, türkische und arabische Musik gespielt. Nachdem seit ihrer Ankunft vielleicht fünfzehn Minuten vergangen waren, unterbrach ein Radiosprecher das Programm, und, an diesem Ort völlig unerwartet, sang Freddy Quinn das Lied »Die Gitarre und das Meer«.

Da war es um seine Fassung geschehen. Er hatte seit Monaten kein deutsches Wort mehr vernommen. Er war krank und einsam gewesen, durchaus Gefahren ausgesetzt und immer abhängig von der Freundlichkeit fremder Menschen. Durch das so deutsche Lied brach ein Damm in seinem Inneren. Heimweh überflutete ihn. Er schlug die

Hände vor das Gesicht und weinte. Da vereinten sich in ihm der Schmerz der Einsamkeit mit dem musikalischen Glück dieser heimatlichen Begegnung, so als würde ihm hier an diesem verlassenen Ort die Sehnsucht in ihrer stärksten vernehmbaren Sprache begegnen.

Die Frauen waren aufmerksam geworden, hatten ihre Tätigkeiten und Gespräche unterbrochen und umstanden ratlos den jungen Mann, der mit zuckenden Schultern so schutzlos weinte, was das Mitgefühl aller Menschen hervorrufen mußte. Eine von ihnen strich ihm zuerst sanft und vorsichtig übers Haar. Als er es geschehen ließ, kniete sie neben ihm und zog seinen Kopf an ihre Brust, wobei ihr Büstenhalter verrutschte. Nun näherten sich auch die anderen, umarmten ihn, streichelten Hände, Gesicht, Schultern und wo immer sie ihn erreichen konnten und redeten tröstend auf ihn ein. Es war, als würden sie ihre Zärtlichkeit nur zu gern verschwenden. Die geübten Hände der freundlichen Damen hatten längst Wege durch Hemdöffnung und Gürtel zu Brust und anderen Orten gefunden.

Als der Libanese und der Türke aus den hinteren Räumen zurückkamen, war das Fest der Tröstung noch in vollem Gange. Sie erkannten unter dem Knäuel von Frauenkörpern kaum ihren Gefährten, der hier eine Gunst genoß, die mit Geld kaum zu kaufen war. Sie sahen es mit einer Mischung aus Anerkennung und Wohlwollen. Vielleicht sind nur die Neidlosigkeit und Großherzigkeit der Menschen des Orients hierzu fähig.

Als die Zeit gekommen war zu gehen, geleiteten ihn die Damen unter Küssen und Herzen zur Tür und wollten gar nicht von ihm lassen. Schließlich aber traten die beiden Männer und der junge Deutsche, der noch ganz benommen war, ins Licht der Laternen auf die Straße.

»Du hast eine große Stunde erlebt, mein Freund«, sagte der Libanese, »Allah meint es gut mit dir! Was für eine Kraft muß in dir stecken, daß du so viele Herzen gewinnen kannst! Aber du hast«, er machte mit der Hand eine Bewegung nach unten, »in all der Unordnung wohl – deinen Tee vergossen. Oder?«

Der junge Mann starrte, nur langsam begreifend, auf die Stelle seiner Hose, die man beim Schneider »den Schritt« nennt.

»Natürlich ist das Tee«, mischte sich der Türke ein. »Welcher Tee hat einen solchen eigenartigen Geruch?«

Er blickte nachdenklich in den Abendhimmel.

»Natürlich! Jetzt bin ich ganz sicher! Es ist Jasmin-Tee.«

Die beiden Orientalen grinsten sich an und winkten einer Pferdedroschke.

BURKHARD SPINNEN
Flying Dutchman

Recknagel machte ein Kreuz auf der Liste. Das war das siebte Reisebüro, also das vorletzte. Das letzte lag außerhalb, in einem kleinen Ort, den man kürzlich eingemeindet hatte. Recknagel faltete die Liste zusammen und steckte sie in die Seitentasche seines Jacketts. Aus der Innentasche zog er eine Kopie des Artikels; es war die, auf der er die Fotos abgedeckt hatte, damit er überall darin lesen könnte: Die Ausbildung macht Simone großen Spaß. »Es ist toll, jeden Tag mit fernen Ländern zu tun zu haben«, sagt die angehende Reisekauffrau. »Da kommt man manchmal richtig ins Träumen.«

Recknagel saß auf einer Bank am runden Platz in der Fußgängerzone. Früher hatte hier eine Ausfallstraße begonnen, jetzt war die Mitte des Platzes abgesenkt und gepflastert, am tiefsten Punkt quoll Wasser durch braun verfärbte Eisengitter. Seit einer Viertelstunde hatte niemand das Reisebüro betreten, und niemand war herausgekommen. Flaue Zeiten. Recknagel überlegte kurz: Ende Mai, da waren die Sommerurlaube längst gebucht, und für Last-minute war es entschieden zu früh. Außerdem war es schon kurz vor halb sechs. Er sah noch einmal in den Text.

Das hübsche Mädchen von nebenan. Familie, Beruf, Hobbys, welche Art von Männern sie mag und so weiter. Dazu sechs Fotos in verschiedenen Formaten. Recknagel schloß die Augen: Drei drinnen, vermutlich in ihrem Zimmer. Eines im Wald. Eines vor blauem Grund, wahrscheinlich im Studio. Und das eine am See. Links ein paar Bäume, vorne der Sand, das grünliche Wasser. Das konnte überall sein. Doch sie saß auf einem Boot. Sie saß vorn auf dem Bug, auf dem gelben, ausgeblichenen Holz, mit übereinandergeschlagenen Beinen, und neben ihrem rechten Fuß stand in goldenen Buchstaben der Name: INGE.

Recknagel sah auf. Im linken Schaufenster des Reisebüros ein kleiner roter Liegestuhl auf weißem Sand, daneben bunte Förmchen, eine kleine Schippe und ein paar aufgeschlagene Kataloge. Darüber ein Flugzeugmodell, mit Nylonfäden an die Decke geheftet. Ein junges Paar blieb kurz stehen und ging dann weiter.

Es war letzte Woche gewesen, in der Bahnhofsbuchhandlung. Recknagel hatte in der Illustrierten geblättert, und da war sie, seine INGE. Kein Zweifel möglich. Er selbst hatte den Namen mit Polsternägeln in die Bordwand geschlagen. Goldene Polsternägel mit halbrunden Köpfen. Elf Nägel in der Höhe, fünf in der Breite, das G ein Dreiviertelkreis mit einem Balken zur Mitte. Ob er das Schiff nicht gleich versenken wolle? hatten sie im Club gefragt. Statt es erst dermaßen zu löchern. Und im Grunde hatten sie recht. Doch als er dann die INGE zu Wasser ließ, da funkelten die runden Köpfe in der Sonne! Zugegeben, hieß es, das sei immerhin mal was Neues.

Jetzt ging die Tür zum Reisebüro. Ein Mann trat heraus in die Fußgängerzone und zündete sich eine Zigarette an. Den Kopf in den Nacken gelegt, zog er den Rauch ein. Recknagel lachte leise. Das griff jetzt um sich! Bald würden sie vielleicht auch das Rauchen auf offener Straße verbieten. Oder innerhalb geschlossener Ortschaften. Und alles den Menschen zuliebe, den Mitmenschen. Man muß nicht in die Ferne schweifen, viele Schönheiten wohnen auch gleich um die Ecke.

Vor fünf Jahren hatte Recknagel das Boot verkauft. Der Name könne bleiben, hatte der neue Besitzer gesagt. Schon, damit es keine Löcher gebe. Außerdem solle man Schiffe nicht umtaufen. Seitdem war Recknagel selten am

See. Das Boot lag noch immer am alten Steg. Im Club hieß es neuerdings, der neue Besitzer habe die Lust verloren. Gelegentlich kämen seine Kinder mit ihren Freunden. Allerdings zur reinen Gaudi, mit Sport habe das nichts mehr zu tun.

Recknagel hatte die Illustrierte gekauft, zusammen mit einer Tageszeitung und einem Fachblatt fürs Segeln. Später hatte er alle Passagen, in denen etwas Konkretes stand, mit einem gelben Marker angestrichen. Auf der Kopie schienen sie jetzt dunkler. Es waren nur drei Stellen. Vorname und Alter: Simone, 21. Beruf: angehende Reisekauffrau. Und dann noch, daß sie vor ein paar Jahren einen Unfall gehabt hatte und wie schwer sie hatte arbeiten müssen, um ihren Körper wieder fit zu machen. Der Rest war Gerede. Trotzdem war sich Recknagel sofort ganz sicher gewesen. Das reicht! hatte er gesagt. Das reicht allemal.

Der Mann drückte jetzt seine Zigarette an der Mauer aus und ging zurück ins Reisebüro. Recknagel wartete eine Minute, dann stand er auf und ging hinterher. Die Tür schlug an eine Glocke. Er sah sich um. Es waren vier Angestellte da: zwei Männer und zwei Frauen. Recknagel sagte einen Gruß. Wer denn für Bahnreisen zuständig sei?

»Ich«, sagte eine der Frauen.

Keine Frage, das war sie. Vor ihr, direkt neben dem Monitor, stand ein Namensschild: Simone Hinches. Recknagel nickte ihr zu. Wie ähnlich sie den Fotos sah!

»Wohin soll es denn gehen?« sagte sie.

Recknagel rückte einen Stuhl, dabei sah er sich um. Hier also! Und alle wußten es, das war vollkommen sicher. Vor genau zehn Tagen war die Illustrierte erschienen. Und es brauchte nur einer, der sie kannte, davon erfahren zu haben, schon war es in Windeseile herum.

»Nach Berlin«, sagte er.

»Und wann?«

Der zweite Mann telefonierte gerade, die andere Frau schrieb etwas in ein Formular, und der, der draußen geraucht hatte, war in ein Hinterzimmer gegangen. Reckna-gel beugte sich ein wenig vor.

»Am nächsten Dienstag«, sagte er.

Wann er da los müsse, um noch vor Mittag anzukom-men?

»Berlin, 27. Mai, vormittags«, sagte Simone.

»Ja, genau.«

Was mußte das für ein Tag gewesen sein! Sie kommt ins Büro – und alle wissen Bescheid. Die Männer haben die Il-lustrierte gekauft, am Vortag und irgendwo, wo sie keiner kennt. Unaufgeschlagen haben sie das Heft nach Hause ge-tragen, unter dem Jackett. Kein Wort haben sie gesagt und es sich aufgespart, für den Abend. Obwohl die Spannung kaum zu ertragen war!

»Mit dem ICE?« sagte Simone.

Recknagel nickte. Ihrer Vorliebe für zarte und verspielte Dessous opfert Simone gerne einen Teil ihres Verdienstes. Auf dem Foto oben links, gleich neben dem Titel, saß sie auf einem Hocker, den Oberkörper zur Seite gedreht, die Beine leicht gespreizt. In der rechten Hand hielt sie einen Spiegel, den Kopf hatte sie zurückgelegt, mit der linken stützte sie den Nacken. Ein Bett mit roter Tagesdecke ragte ins Bild, ein heller Schrank mit glatten Türen. Weiße Spitze auf brauner Haut. Wer bekommt da nicht Appetit?

Die zweite Frau stand jetzt auf und trug das Formular zu einem Fax-Gerät. Simone gab die Daten in den PC.

»Einen Moment noch«, sagte sie.

Auf dem Tisch lag ein Stapel mit Katalogen. Recknagel nahm einen und schlug ihn auf.

»Wie ist das eigentlich«, sagte er, »wenn man den gan-zen Tag mit fernen Ländern zu tun hat, kriegt man da nicht ziemliche Sehnsucht?«

»Klar«, sagte Simone. »Fünf Uhr siebenundvierzig.« Sie las vom Monitor ab, dabei kniff sie die Augen zusammen. »Einmal umsteigen.«

»Das ist aber früh.«

»Sie können im Zug frühstücken. Ab Duisburg. Und wo genau steigen Sie aus? Wannsee, Zoo oder Ostbahnhof?«

»Wenn ich es mir aussuchen dürfte, am See«, sagte Recknagel. Er legte den Katalog wieder zurück. »Sonne, Strand, das Wasser. Vielleicht muß man dafür gar nicht weit fahren.«

»Berlin Wannsee, zehn Uhr achtundfünfzig. Soll ich es ausdrucken?«

»Bitte«, sagte Recknagel.

Es dauerte ein paar Sekunden, dann griff sie unter den Verkaufstisch und reichte ihm ein im oberen Viertel eng bedrucktes Blatt. Recknagel faltete es zusammen.

»Wollen Sie buchen?«

»Danke«, sagte Recknagel.

Er müsse es sich noch überlegen. Ob denn die Auskunft umsonst sei?

»Natürlich. Und einen schönen Tag noch!«

Recknagel stand auf, grüßte und ging. Draußen auf der Straße wußte er nicht, wohin. Er setzte sich wieder auf die Bank am runden Platz.

Sport ist eine der schönsten Sachen der Welt. Auf dem Foto in der Mitte war Simone nackt. Sie saß auf dem Bett, ein Laken zwischen die Beine gezogen. Die Arme hielt sie über dem Bauch verschränkt, daß es ihre Brüste nach oben drückte. Die rechte Brustwarze war ein wenig größer als die linke. Simones Apartment ist ein gemütliches Nest. »Es ist klein«, sagt sie, »aber alles darin ist genau so, wie ich es möchte.«

Recknagel sah auf die Uhr. Es war kurz vor sechs. Wer weiß, dachte er, vielleicht hatten die Kollegen im Büro sogar gemeinsam beraten, wie man am besten mit der Sache umgehe. Lösung eins: Einer der Männer läßt sich ein Autogramm auf die Seite geben, alle lachen einmal herzlich, und dann wird nicht mehr darüber geredet. Oder noch besser, alles ganz offen: He, Simone, erzähl doch mal, wie das so war! Mensch, klasse sind die geworden, die Fotos! Und, gehst du jetzt zum Film? Im Moment hat Simone keinen Freund. Aber was nicht ist, kann ja noch werden, sagt unser schönes Mädchen von nebenan.

Die beiden Männer traten jetzt aus dem Reisebüro. Recknagel hörte sie miteinander reden. Auf die wartete zu Hause noch immer ein besonderer Schatz. Sechsmal die Auszubildende Simone Hinches. Dreimal in und neben ihrem Bett, einmal im Studio, zweimal in der Natur. Dreimal sah man dabei ihre beiden Brüste, zweimal den Po, einmal mit String, einmal ohne. Und einmal die obere Hälfte ihres Schamhaares, die untere sah man nicht. Das war auf dem Boot, da hatte sie ein Bein über das andere geschlagen. Natürlich träumt Simone von einer Karriere als Model. Aber die begeisterte Wassersportlerin bleibt realistisch. »Hauptsache, man hält sich in Form.«

Recknagel hatte das Foto am Boot eingescannt und in ein neues Grafik-Programm geladen, auf dem großen Monitor sah das gar nicht so schlecht aus. Mit der Maus hatte er ihr dann einen Bikini gemalt und dafür Farben durchprobiert, am Ende hatte er ihn wieder weggenommen. Wenn Männer sie mit Respekt behandeln, ist Simone einem kleinen Flirt nicht abgeneigt. Aber mit dummer Anmache kann man bei ihr nicht landen. »Dann bin ich eine richtige Kratzbürste«, sagt die zierliche Blondine.

Jetzt kam die andere Frau aus dem Reisebüro. Sie rief noch etwas hinein, dann ging sie. Mit ein paar Schritten war Recknagel in der Tür. Die Glocke schlug wieder an.

»Noch offen?« sagte er.

Simone stand vor den Tischen, in der Hand einen kleinen Rucksack.

»Oder wollten Sie gerade schließen?«

Sie schüttelte den Kopf. Ob er es sich überlegt habe?

»Was?«

»Berlin!« Sie hob die Schultern. »Am nächsten Dienstag.«

»Das haben Sie sich gemerkt?« sagte Recknagel.

Simone ging um die Tische herum und setzte sich vor ihren Monitor.

»Das dauert ein bißchen«, sagte sie. »Der muß erst wieder hochfahren.«

Recknagel setzte sich ihr gegenüber. Der PC machte ein paar piepsende Geräusche.

»Was für ein Unfall war das eigentlich?« sagte er.

Sie zog die Stirn in Falten.

»Der Unfall vor ein paar Jahren, nach dem Sie so viel Mühe hatten, wieder fit zu werden. Ein Sportunfall? Wasserski vielleicht?«

Der PC spielte eine kleine Melodie.

»Ich mache kein Wasserski«, sagte sie. »Der Unfall war mit dem Motorrad.«

»Und da sind gar keine Narben geblieben?«

»Nicht der Rede wert.«

Recknagel nahm etwas aus der Innentasche seines Jakketts und legte es auf den Tisch, Simone zog es zu sich und drehte es um. Es war ein Ausdruck von dem Foto am See, sie trug jetzt einen blauen Einteiler, hochgeschlossen und mit kleinen weißen Punkten.

»So«, sagte sie.

»Ja«, sagte Recknagel. »Das war nämlich mal mein Boot. Die INGE. Eine Flying Dutchman, sechs Meter lang, Tiefgang mit Schwert ein Meter zehn.« Er schüttelte den Kopf. »Im Grunde viel zu groß für den kleinen See.«

»Sie wollen nicht nach Berlin«, sagte Simone. »Was wollen Sie?«

Recknagel lehnte sich zurück.

»Was ich will? Vielleicht, Sie nach Hause bringen.«

»Mich nach Hause bringen!« Sie nickte. »Sehe ich aus, als wäre ich verrückt?«

»Ich bin harmlos«, sagte Recknagel.

»Ja.« Sie schob das Foto zurück. »Klar. Ein ganz harmloser Wichser.«

Recknagel lachte.

»Und die Herren Kollegen?«

Sie machte eine kleine Handbewegung.

»Sollen sie doch.«

Dann griff sie wieder nach dem Foto.

»Hübscher Badeanzug. Und was ist jetzt mit dem Boot?«

»Verkauft«, sagte Recknagel.

»Wegen Inge?«

Er schwieg.

»Wissen Sie was«, sagte Simone. »Ich habe seit zehn Minuten Feierabend, und gleich fährt mein Bus. Wenn Sie versprechen, keinen Unsinn zu machen, dürfen Sie mich zur Haltestelle bringen. Und dann vergessen wir die Sache. Einverstanden?«

Recknagel nickte. Sie schaltete den PC aus und stand auf. Dabei griff sie an ihre Hüfte. Sie stöhnte.

»Was ist?« sagte Recknagel.

»So ein Stich. Immer wenn ich lange gesessen habe. Oder wenn ich plötzlich aufstehe.«

Recknagel machte eine Geste, als wollte er sie stützen.

»Nicht«, sagte sie. »Das geht sofort wieder weg.«

Sie nahm ihren Rucksack, steckte das Foto hinein, und zusammen traten sie auf die Straße. Simone schloß das Reisebüro ab, dann zeigte sie auf den runden Platz. Da müsse sie lang. Sie gingen los; doch nach ein paar Schritten blieb Simone stehen und faßte Recknagel beim Arm.

»Wie heißt du?« sagte sie.

Recknagel lachte.

»Jürgen.«

»Und wie alt bist du?«

»Achtunddreißig.«

»Okay. Und jetzt ganz im Ernst. Wie fandst du die Fotos? Gut?«

»Nein«, sagte Recknagel. »Nicht gut.«

Sie biß sich auf die Unterlippe.

»Aber geil?«

Recknagel sah zu Boden.

»Ich weiß nicht«, sagte er.

Simone hob eine Faust und boxte ihn vor die Brust.

»Tu nicht so!« sagte sie laut. »Hier!« Sie schlug auf ihren Rucksack. »Du hast es dir damit gemacht. Du hast Anziehpüppchen mit mir gespielt. Und dabei hast du es dir gemacht. Also sag schon: Sind sie geil, die Fotos?«

Recknagel sah sich um. Ein paar Leute waren stehengeblieben und schauten zu ihnen her. Sie boxte ihn noch einmal, da griff er ihren Arm.

»Ich hab es nicht gemacht«, sagte er leise.

»Im Ernst? Lüg mich jetzt bloß nicht an!«

»Im Ernst.« Recknagel hob kurz die andere Hand. »Ich schwöre es. Ich schwöre es hoch und heilig.«

Sie schwieg, er hielt noch ihren Arm, und das Wasser plätscherte auf den rostigen Gittern.

»Gut«, sagte sie endlich. »Dann aber heute abend.«

Er ließ ihren Arm los.

»Was, heute abend?«

Sie sah auf ihre Armbanduhr.

»Ich habe Viertel nach sechs. Und du?«

»Viertel nach.«

»Dann tu es um zehn. Hörst du! Genau um zehn.«

»Nein«, sagte Recknagel. »Das kann ich nicht.«

»Wegen Inge?«

Recknagel schwieg.

»Vergiß sie!« Simone trat mit dem Fuß auf. »Um zehn. Verstanden?«

»Gut«, sagte Recknagel. »Um zehn.«

»Und danach rufst du mich an.« Sie tippte ihm mit dem Finger auf die Brust. »Ich stehe im Telefonbuch, mein Name kommt nur einmal vor.«

Sie buchstabierte ihn.

»Verstanden?« sagte sie. »Du läßt es dreimal klingeln, dann weiß ich Bescheid.«

»Und du nimmst nicht ab?« sagte Recknagel.

»Ich bin doch nicht verrückt!« Sie verdrehte die Augen. »Komm jetzt! Sonst ist mein Bus weg.«

Recknagel griff nach ihrer Hand.

»Laß das«, sagte sie.

Doch als er es noch einmal versuchte, ließ sie ihm ihre Hand; und so gingen sie zur Haltestelle. Sie waren kaum dort, da kam schon der Bus.

MICHAEL LÖSCH
Petra

Eigentlich war mir Petra egal. Ich liebte sie, weil ich sie nicht liebte, weil sie mich klar ließ wie kaltes Wasser. Sie vermochte mich aus der Lethargie zu holen, wenn ich in irgendeine Arbeit verkrallt war. Ich war immer bereit, ihr zu folgen, blindlings und stets mit allem einverstanden. Unter ihrem Kommando wurden unsere Freizeitunternehmungen Training, Ertüchtigung, Etappenlauf – ziemlich fern jeder Behaglichkeit. Wir schleppten uns zur Eröffnung eines italienischen Modegeschäfts in einer Innenstadtpassage, zur Einweihung einer Katakomben-Galerie am Stadtrand, zu einer Lesung in einer vom Aussterben bedrohten walisischen Mundart. Selbst eine esoterische Sportveranstaltung besuchten wir.

Dabei sprachen wir wenig, tauschten nur in fulminanten oder erschütternden Momenten beziehungsreiche Blicke, wähnten wir doch Zeugen zu sein von unwiederholbaren Vorkommnissen, ja Einzigartigkeiten, selbst wenn andere Anwesende noch so apathisch und gelangweilt Bier trinkend rumstanden und ihre Kippen versonnen auf dem Boden austraten.

Sie hatte mehrere Jahre im Ausland gelebt, sogar in Rio und im unvermeidlichen New York, war auch jetzt viel im Ausland, aber immer nur für einige Tage. Tage, von denen sie dann merkwürdig erholt und beruhigt zurückkehrte, so daß ich manchmal argwöhnte, sie habe sich in Neapel, Marseille oder Barcelona in irgendeinem Museum einsperren lassen und sich auf einer Museumsbank ausgeschlafen.

Für wie lange sie diesmal in der Stadt blieb, war unklar.

In ihr war eine Unruhe, ein geradezu kämpferischer Ausbruchswille, der sich zwar selten entlud, aber zweifelsfrei erkennen ließ, daß sie ihr Bündel binnen kurzem schnüren und schultern könne.

Natürlich gab es Männer in ihrem Leben, doch waren das Verbindungen von kurzer Dauer und von Anfang an instabil.

Wenn auch kleingewachsen, war sie ein hübsches Kind mit blasser, etwas müder Haut, einem leicht schiefen Mund, schwarzem Haar und blauen Augen, die alles mit festem Blick verfolgten, nie ihre Aufmerksamkeit verloren, auch für Sekunden nicht. Sie war eine gute Zuhörerin. Zuweilen machte sie mir Komplimente, und zwar von der Art, als sei sie meine Vorgesetzte, die mir, ihrem Mitarbeiter, die anstehenden Karriereschritte in langen, wohlklingenden Sätzen beschrieb.

War sie gelangweilt, gereizt oder gar wütend, konnte man spüren, daß in ihr ein geradezu faustgeballter Kriegswille schlummerte, der sich glücklicherweise nie oder so gut wie nie entlud. Und doch, sie war so etwas wie ein Napoleonide, aber einer mit nicht vorhersagbarer Fortüne. Nicht immer hatte sie Erfolg. Ich denke, es lag an ihrer aufbrausenden, oft zerstörerischen Energie, ihrem bonapartischen Temperament, dem die diplomatische Gabe fehlte.

Ich selber habe kaum Ärger mit ihr gehabt, aber eine Geschichte fällt mir ein, bei der auch wir eine Differenz hatten. Das war, als sie mich an einem windigen Novembertag eine Stunde an einer Straßenbahnhaltestelle hatte warten lassen. Und als ich später leise etwas Unmut äußerte, fuhr sie mich in knappen Sätzen an, sie könne schließlich nichts dafür, ohnehin habe sie nur Ärger, auf mich und meine Kleinmeierei habe sie gerade noch gewartet. Ob sie lieber gehen solle? Und sie machte schon einige Schritte zur anderen Straßenseite. Meine Gedanken gerieten in ein konfuses Karussell wie das Novemberlaub, das ich eine Stunde mit hochgestelltem Kragen beobachtet hatte.

Wenn sie jetzt geht, dachte ich damals, wird sie Tage brauchen, um sich zu entspannen, das wird ihr noch wochenlang nachhängen, und wenn ich dann endlich anrufe, muß ich zerknirscht sein, als hätte nicht ich, sondern sie auf mich an einem kalten Novembertag gewartet. Verständlich also, wenn ich nach unserer kleinen Differenz schnell einlenkte. Bei der Polizei heißt das Deeskalation.

Vor einiger Zeit besuchten wir eine Ausstellung, sie hieß »Kampf der Geschlechter«. Die Ausstellung war reich und mit Hingabe inszeniert, bunt und prächtig wie ein Kriegsgemälde. Eines der Bilder zeigte Salome als blonde Hünin, mit einem Ausdruck von schwerer Grippe um die Nase, den abgetrennten Kopf des begehrten Johannes auf einem flachen Teller. Die Täterin hielt das Gesicht abgewendet, als müsse sie niesen. Der Kopf des Täufers ruhte würdevoll und wohlkonserviert seit Jahrhunderten oder Jahrtausenden auf dem Teller. Anders konnte ich mir die braune Farbe und das ledrige bis zu mir nach Formalin riechende heilige Haupt nicht erklären.

Ganz zum Schluß hatte Petra das Bild eingehend betrachtet und wandte sich dann versöhnlich gestimmt zum Gehen. Ich trabte hinterher und schlug einen Cafébesuch vor. Ich kannte eines mit weichen Sesseln, die so tief waren, daß man gar nicht mehr aufstehen mochte.

Wir nahmen auf einer Chaiselongue nebeneinander Platz. Petra trug einen nicht zu kurzen, steifen und böse raschelnden Rock. Als sie in die Kissen glitt, entblößten sich ihre Knie, zwei große Schnittnarben wurden sichtbar.

»Vom Kick-Boxen«, antwortete sie auf meinen neugierigen Blick, »eine zu heftige Drehung und – zack! Beide Scheiben raus. Ein Jahr lang hab ich solche Schrauben in den Knien gehabt«, sie spreizte Daumen und Zeigefinger weit auseinander, »monatelang auf Krücken.«

Für eine zierliche Frau hatte sie nicht nur erstaunliche Narben wie Kriegsverletzungen, sondern auch männliche Knie, ebensolche Beine, imponierende Marmorformen, wie sie die Renaissance kennt. Und wie sie mir gewiß besser gestanden hätten.

Es war Petras Art, nicht stillhalten zu können. Sie erhob sich gleich wieder, um die Getränkekarte zu holen, die die alte Bedienung, sicher schon wohlverdiente Ruheständlerin, versäumt hatte, rechtzeitig auf den Tisch zu legen.

So kam es, daß Petra, als sie sich aus den Tiefen der Chaiselongue erhob, ihr Sitzfleisch genau in Höhe meines Gesichtes brachte, ich also nicht umhinkonnte, die runden Ausläufer ihrer Oberschenkel zu betrachten. Tat sie das absichtlich? Vermutlich nicht. Ich begnügte mich damit, ihre still strahlende Körperlichkeit mit einem leisen, leicht gierigen Hungergefühl zu erfassen und mich in ebenso lässiger wie eleganter Resignation zu üben.

Nein, keine Absicht, kein Tändeln. Auch in diesen Dingen war sie militärisch gerade. Sie erzählte auch nie etwas von Männern, wohingegen ich alles auftischte, was mir alle Vierteljahre übers Bettuch huschte, was sie übrigens herzlich wenig interessierte. Amouröse Angelegenheiten waren ihr, wenn ich das richtig sehe, nicht zuwider, aber auf eine altmodische Art eine separate Sache. Sie hatten nichts mit uns zu tun.

Wie dem auch sei, die unerwartete Nähe ihres Allerwertesten ließ mich ein Geheimnis vermuten, das sie verborgen gehalten und ich verschlafen, versäumt hatte. Nun aber war ich zum erstenmal elektrisiert. Diese Marmorfigur hatte einen Hintern, wie man ihn sich gar nicht wünschen kann, so rund und erhaben, fast irreal und höchstens bei den Schwarzen anzutreffen, aber die sind weit weg.

Es war natürlich nichts weiter als ihr Po. Ich hatte mir bisher keine Gedanken darüber gemacht, wie er gestaltet sein würde. Er hatte nichts Weiches, was einem wie mir entgegenkommt, der erst bei einer gewissen Mürbe zu Hause war, sich gehenlassen durfte. Nichts davon. Unter dem steifen Rock das militärisch gedrillte Fleisch, wie es bei Paraden zusammengekniffen wird.

Nicht umsonst nannte ich sie manchmal Peter. Was für Unterwäsche würde Peter tragen? Etwas aus Wachsleinen, von der rauhen Staatsvernunft diktiert? Nein, es raschelte anders, es raschelte nach rotem Slip, rosenblütig, spitzen- oder gar rüschenbesetzt und – daran war gar nicht zu denken – parfümiert. Nein, das bestimmt nicht. Ich rutschte hin und her auf der Chaiselongue und reckte mich nach der Zigarettenpackung auf dem Tisch.

»Rauchst du schon wieder!« kam ihre Stimme von oben. Und sie schob sich umständlich an mir vorbei, es schien mir wie sadistische Vorsicht.

»Brenn mir kein Loch in den Rock ..., und laß mich endlich durch.«

Ich zündete mir die Zigarette an und hielt sie weit weg, drückte meine Knie zur Seite, sie renkte und schwenkte hin und her, so dicht, so dicht ... Würde ich jetzt nur leise husten, der Rock würde sich bei aller Steifheit wie ein Segel blähen und heben. Im nächsten Moment nahm ich meine Zigarette in die linke Hand und fuhr ihr mit der rechten zwischen ihren Marmor. Bevor sie zuschlagen konnte, zuckte ich auch schon wieder zurück, so schnell, als hätte ich in Feuer gefaßt.

Ob ich einen in der Waffel hätte? Ein Blick, der selbst Zeus Achtung vor der Amazone geboten hätte.

»Die Hand, Pardon, sie hatte ihren eigenen Willen. Pardon.«

»Deine Hand ist eiskalt.«

»Nein, ich habe keine kalten Hände, du hast heiße Beine.«

Ich sagte nicht Schenkel, das kam mir unanständig vor. Sie verharrte. Jetzt mußte ich etwas tun. Etwas zwischen Frechheit und Anstand, zwischen Perfidie und Ritterlichkeit. Sie einfach auf meinen Schoß ziehen? Unmöglich. Zu plump. Die Stimmung paßte nicht, war irgendwie rechtwinklig, nicht rund oder weich oder beides. Was tat ich also?

Ich sagte: »Ich rauche nicht schon wieder, das ist heute meine dritte, und wir haben spätnachmittags.«

»Ja, aber gerade jetzt.«

Merkwürdig versonnen ihr Ton. Petra stand noch, als die Bedienung herantrat, die Karte überreichte und die Bestellung entgegennahm. Ich bestellte Pfefferminztee, Petra alkoholfreies Bier. Und ich rückte der Einfachheit halber an Petras Stelle, sie ließ sich ins Polster zurücksinken.

Jetzt hatte ich ein Problem, das keine Konturen und keinen genauen Inhalt hatte. Ich wollte weiter, aber wie? Auch sie wollte das. Bei ihr mußte ich ausgetretene Pfade meiden. Einfallsreichtum, Mann! Kreativität, Phantasie, Spiel. Auf Los geht's los!

Mich quälte die banale Sehnsucht nach dem, was meine Hand gefühlt hatte. Ob sie neben mir mit hochgezogenem Rock sitzen, ihr nacktes, vom Sitzen aufgeworfenes Fleisch zeigen würde? Oder ob ich unter dem Tisch ... nein, ganz und gar unmöglich.

Bilder stoben auf und verschwanden wieder wie abgeknallte Mohrhühner.

Fürs erste Pfefferminztee und alkoholfreies Bier.

Wir schwiegen. Ein Schweigen, getragen von gleichen Gedanken? Gleichen Unsicherheiten? Genießerisch oder leidend? Wenn sie von ihrem Bier nippte, wandte sie sich mir zu, sah halb ernst, halb schläfrig drein, wie ich es an ihr nicht kannte, mit einem Ausdruck alter Zufriedenheit, so alt, als hätte sie diese von einigen Tausend Generationen übernommen.

»Trink aus, Hansi, wir wollten noch zu dir.«

Ich blickte sie an mit erhobenen Augenbrauen und wirren Pupillen.

»Du wolltest mir noch die Italienkarte und den Stadtplan von Rom geben.«

»Ach ja, hatte ich vergessen, natürlich ...«

»Lang kann ich nicht bleiben, ich muß morgen früh raus, morgen hab ich meinen Flug.«

Unmöglich, jetzt aufzustehen. Ich trug eine Buntfalten-
hose und darunter Boxershorts, nichts Enges, was das Ge-
mächte eingekuscht gehalten hätte, nein, es hatte freien Aus-
lauf. Eine Jacke, die ich schützend darüber hätte legen können, fehlte mir. Es war heiß an diesem Tag. Ich saß fest und
drückte mein Becken weit zurück, um das Gezücht versteckt
zu halten. Ich betrachtete Petras Kinn, das wie eine Kom-
mandobrücke vorstand, lenkte meine Aufmerksamkeit erst
darauf, dann auf den Pfefferminztee, endlich gab ich etwas
Kluggehüsteltes über die schlechten Räumlichkeiten der
Ausstellung von mir ... und daß die Exponate, wenn auch
treffend, doch nur aus dem Fundus umliegender Museen
stammten. Das wirkte. Endlich kehrte Ruhe ein.
Ich schlug ein Taxi vor, dachte, die Trägheit, die sich
meiner Freundin bemächtigt hatte, konservieren zu sollen.
Im schützenden Fond würde sich vielleicht noch etwas ergeben, trotz meiner kalten Hände ...
Aber Petra sagte, sie wolle zu Fuß gehen.
Dann waren wir bei mir. Sie stand am Tisch und blätterte in dem Ausstellungskatalog, den ich mitgebracht
hatte, und gerade, als sie sinnend das Bild mit der halsab-
schneiderischen Judith und dem sterbenden, unschuldig
schlafenden Holofernes betrachtete, sagte ich, nein stammelte ich, nein, fuhr es mir heiser und heiß aus der Kehle,
wieder als könnte ich nichts dafür, als sei mir wieder die
Hand ausgerutscht, als wäre mir wieder die Selbstzensur
verloren und zum Teufel, formte errötend wie im Traum
mit trockener Kehle und rissigen Lippen meine Frage, so
brüchig und verschreckt und eigentlich von tiefer Hilflosig-
keit – ein gequält sich windender Ton ohne Energie, würgte
sich wie unter Folter hervor:
»Kann ich deinen Arsch sehen?«
Sie blätterte weiter.
Vermutlich hatte ich nichts gesagt, hatte das nur gedacht, heiser gurgelnd gedacht, trockenen Mundes gedacht, schmerzhaft schluckend mit fiebrigen Augen, blas-

sen Wangen und kalten Händen gedacht, nur gedacht, erahnt, erträumt.

Ich kam mir sehr allein vor. Ich war schwach. Ich hatte 38,8 Grad Fieber. Spitze, zittrige Knie, nicht ihre kräftigen vernarbten Kickbox-Knie, schwindsüchtige Gelenke, schwindsüchtiges Gewackel, und was in meinen Boxershorts los war, war noch schwindsüchtiger.

Was wollte ich? Eigentlich wollte ich allein sein, höchstens mit Freunden beim Kegeln oder einen Tierfilm mit Mama ansehen.

Sollte ich Petra beim Namen nennen? »Petra« rufen? Petra, hörst du mich, hier spricht der Hansi, hallo. Ich schwieg. Sie schwieg. Ich regte mich nicht, sie auch nicht.

Die Abendsonne schlug der Länge nach übers Parkett, wälzte sich wie eine läufige Katze auf dem Boden. Ich war sehr einsam.

»Meinen Arsch«, fragte sie nebenbei und blätterte vor und zurück und immer wieder zu Judith und Holofernes.

Ich nickte, was sie nicht sehen konnte, aber ich nickte heftig.

»Gefällt dir mein Arsch?«

»Nur sehen, bitte.«

Sie blickte auf das blutrünstige Bild, hatte aufgehört zu blättern, hielt still. Ihre Hand wanderte nach unten, sie hatte einen Silberring am Daumen, und wie ich feststellte, für das, was sie eben tat, eine zu große Hand. Als würde sich Judiths schwertführende Faust dieser Aufgabe bemächtigen. Sie zog hoch, ohne verführerisches Zögern, zog mit ihrer Linken dieses steife Textil umstandslos nach oben, das bis dahin nur die Bestimmung gehabt zu haben schien, glatt und korrekt von der Taille nach unten eine ordentliche Silhouette zu erzeugen.

»Höher«, sagte ich.

Sie zog am Saum, es sah albern aus, es klappte nicht.

»Hilf mir doch«, sagte sie.

»Ich habe kalte Hände.«

77

Sie raffte ungeduldig und ungeschickt, und endlich zeigte sich ihre eine Seite, kaum erkennbar im Gegenlicht der Sonne, nur das Weiß ihres Höschens lugte hervor, ein verwaschenes formloses Etwas, in die Furche hineinverschoben und da zu einem von oben nach unten führenden Zopf zusammengedrungen. Weißes Band auf schattiger, merkwürdig dunkler und dann auch wieder heller Haut. Ich trat näher.

»Zeig mehr.«

Jetzt nahm sie die andere Hand hinzu und zog die andere Seite hoch. Viel zu große Hände für das bißchen.

Ich wußte nicht weiter. Ich fürchtete, wenn ich jetzt stokken würde, würde sie ein Gefühl von Verfehlung bekommen, sich lächerlich fühlen, die Situation idiotisch finden. Ich mußte meine Scheu, meine kalten Hände, meine heisere Stimme, meine fiebrigen Augen ablegen. Nur wie? Ich immer noch knieweich, wenn auch einen Schritt näher.

»Kannst du den Rock noch höher ziehen, bitte.«

Sie tat es.

»Kannst du bitte auch ...«

Ich verstummte. Es war, als hätte ich noch nie etwas Ähnliches gesehen, als sei alles ein Versehen, ein großes Mißverständnis. Dann hatte ich die Vorstellung, daß ich ein zwölfjähriger Laufbursche sei, dem die Herrin eine ungewöhnliche Gefälligkeit erweist. Dann dachte ich, daß ich so etwas noch nie gespielt hatte und daß es auch nur möglich war zwischen zwei Menschen, die zufällig in der gleichen Stimmung waren, jetzt und eben einzigartig, unwiederholbar – sie und ich.

»Du hast den schönsten Arsch, ich wußte es, ich habe nie darüber nachgedacht, ich wußte es aber, ich glaube, ich habe davon geträumt, ich habe mich an diesen Traum erinnert ... Kannst du bitte auch ... Ich möchte mehr, ich finde das alles so wunderschön ...«

Sie zögerte, schien mich nicht zu verstehen. Das paßte zu ihr, sie war die letzte, die auch nur das leiseste Verständnis für die Dramaturgie eines erotischen Spiels hatte. Wieder Angst. Ich dachte, wie seltsam das alles ist, wie sehr man sich ausliefert, wie sehr sich beide ausliefern, wie sehr man diese Auslieferung scheut und wie sehr man sie sich wünscht.

Sie in dieser Stellung und halbnackt, ich aufrecht stehend, aber kaum fähig zu reden, blaß mit roten Flecken, entzündeten Augen und einem halboffenen Mund, wie er Schwachsinnigen zu Gesicht steht. Sie mußte meine Angst fühlen, daß es mir ernst war, daß ich in einer seltsam genießerischen Form verzweifelt war. Hätte ich Macht gehabt, eine Macht, wie ich sie aus Pornos kannte, hätte ich nur sagen müssen, du geile Fotze, komm her, jetzt besorg ich es dir, so wie du es immer schon haben wolltest ... Hätte ich damit alles zerstört? Ich glaube, ja, aber das ist eine Vermutung. Vielleicht hätte Petra auch diese Rolle angenommen, vielleicht wäre auch das als Spiel gelungen. Aber mir war nach einem unklaren Spiel, nach einer Gratwanderung zwischen zitterndem Spaß und ängstlicher Lust.

»Ich muß mehr sehen, bitte, versteh mich.«

Langsam zog sie, wieder nur mit der Linken, ihren Slip herab. Und mit ihrem Slip glitt der Rock nach.

Filmriß! Das ganze Bild, der ganze Bilderlauf von einem Augenblick auf den anderen zerstört. Ich heftete meinen Blick auf den kleinen weißen Textilfetzen auf dem Boden. Der lag da. Sinnlos, ohne Hinweis und Aufschluß, ohne Reiz, ein Zeichen der Bedeutungslosigkeit, ja noch weniger, nämlich der Stillosigkeit. Alles war wie ungeschehen. Ihr Rock war da, wo er immer war, glatt und streng bis über die Kniekehlen.

Was jetzt? Das hatte ich vorhin auch nicht gewußt, doch war ich bis dahin einer einflüsternden Regieanweisung gefolgt, die mich Schritt für Schritt angewiesen, nun aber unverständlicherweise im Stich gelassen hatte.

Aber Petra wußte weiter. Die Gestrenge sprang über ihren Schatten. Sie schien zu wissen, daß es kein Ziel auf diesem Weg gab, daß das Wegende wie ein versiegender Fluß verlief.

Alles lag in einem fremden Land, wo weder Erfahrung noch Wissen genützt hätten. Jetzt war sie es, die weiterzog. Hatte sie meine Lust entdeckt, die Lust meiner Augen? Oder zeigte sie sich nicht nur mir, sondern sich selbst auch? Betrachtete sie sich mit meinen Augen, und konnte sie erst durch deren Fiebrigkeit etwas Neues gefunden haben?

Ich war ins Stocken, sie vielleicht gerade dadurch in Bewegung geraten. Wenn das so war, dann war es ein Spiel, über dessen Verlauf, mochte er noch so unbestimmbar sein, Einigkeit herrschte, so als hülfe der eine dem anderen weiter in der stockenden Melodie.

Sie fingerte am Reißverschluß. Ihren Kopf gewendet, zeigte sie wieder das ernste Profil mit dem militärischen Kinn.

Der Reißverschluß öffnete sich lautlos, ohne das Surren, auf das ich gewartet hatte, der schwarze Stoff teilte sich nach zwei Seiten. Dann glitt der Rock nach unten. Ich hatte Mühe mit dem neuen Bild. Wenn sie ganz nackt gewesen wäre ... So aber teilte sie sich. Oben, ab der Hüfte, war sie bekleidet. Unten aber die eigenwilligen Rundungen ihrer Nacktheit. Wenn sie ihre Widersprüchlichkeit noch mehr hätte betonen wollen, dann hätte sie oben einen Rock getragen, von der Art einer Dressurreiterin oder einer Hosteß, einen dunkelblauen knitterfreien Uniformrock. Aber darunter das schattige Weiß ihres Hinterteils, jetzt nicht mal eigensinnig, sondern seltsam ausgeliefert, auslieferungswillig.

Sie trat einen Schritt zur Seite und kickte den Rock fort, tat dies mit ausgestrecktem Bein, in einer langsamen, bewußten Bewegung, bewußt, weil sie sich spätestens ab jetzt in einem Stadium absichtsvoller Grazie befand. Also zog sie ihr linkes Bein auch nicht an die gleiche Stelle zurück, sondern hielt auf halber Strecke inne, so daß sich die Bakken ihres Hinterteils öffneten. Mittig ihr Schamhaar, ein schüchternes vom Licht umsäumtes Nest, kleines Dickicht am Weg nach Rom.

Jetzt trat sie zurück. Das Parkett knackte – oder ihre kaputten Knie? Jetzt kam der Augenblick, der meine Kräfte beinahe überstieg. Welche meiner Kräfte am Rand ihrer Kapazität standen, wußte ich nicht, ich spürte nur, daß mich etwas überwältigte, ich glaube, es war die Genauigkeit ihrer Inszenierung, die Bestimmtheit, ja, Gefühllosigkeit, mit der sie das Erwartete, leidenschaftlich Erwartete tat. Diese Nüchternheit. Als hätte sie über lange Zeit unter dem Drill eines Choreographen gestanden, eines übellaunigen Lehrmeisters, der jeden Moment mit seinem »Halt! Halt!« grob dazwischenfahren konnte. War sie nicht immer von tiefem Initiativhunger gesteuert, tat sie nicht immer reflexhaft das, was sich ihr innegewordener Lehrmeister ausgerechnet hatte? Und jetzt hielt sie still!

War ich am Zug? Ich tat nichts. Ich starrte, leckte meine trockenen Lippen und atmete hörbar flach, um Unhörbarkeit bemüht.

Ich trat noch näher. Sie kam mir entgegen, indem sie einen weiteren Schritt nach hinten tat. Ich noch einen Schritt näher. Ihre rauhe wie frierende Haut, die zahllosen kleinen farblosen Härchen, winzige Kraterauswürfe, auch eine blattgroße Pigmentierung mit dunklen Punkten, auf der linken Hälfte, auf der des leicht abgewinkelten Beines, in ihrer Pobacke das vornehme Konkav, kaum erkennbar und dennoch so einprägsam, daß ich am liebsten mit der Hand darüber gefahren wäre, um zu prüfen, ob diese zartflache Innenwölbung überhaupt fühlbar ist.

Sie fuhr mit dem Fuß noch ein kleines Stück zur Seite, beugte sich über das Buch, als wolle sie eine undeutliche Textstelle lesen, und wölbte das Kreuz.

Ich öffnete leise meine Gürtelschnalle, ließ, so leise ich konnte, Hose und Unterhose auf den Boden gleiten, nicht weil ich unhörbar sein wollte, sondern weil ich fürchtete, dieser Stimmung ihre Konzentriertheit zu nehmen.

»Komm«, sagte sie, »aber langsam, ganz langsam, ich weiß nicht, ob ich das wirklich will.«

Ein Zustand aus Wollen und Weigern. Das paßte zu ihr. Ihre Scham ließ eine Öffnung eher vermuten als erkennen. Die Berührung mittels meiner Hände war tabu, nicht nur, weil sie kalt und verschwitzt, feucht und schmierig waren, sondern weil dadurch diese intime Distanz zugunsten einer profanen Privatheit zerstört worden wäre. Ich sah mich um, dachte an Handschuhe, in meiner Vorstellung aus weißer Seide. Wäre ich in der Küche, hätte ich vielleicht die Topflappen genommen. Nein, das nicht. Ich konnte sie nicht anfassen. Selbst mit den warmen, trockenen Händen eines Bäckers nicht. Auch das wäre eine Störung unserer heimlichen Harmonie gewesen.

Dann sagte sie: »Steck deinen Schwanz rein.«

Sie bog ihr Kreuz noch einmal durch. Sie beugte sich über den Tisch und stützte sich mit den Ellenbogen ab. Ich fuhr ihre Schamlippen entlang, ohne dazwischenzustoßen, ich wollte, daß sie geschmeidig würde.

»Ich warte noch ein wenig, bis mein Schwanz ganz naß ist. Ich will, daß es leicht geht.«

Ich tat dies aus Egoismus. Zu groß war meine Lust. Ich wußte, wenn sie jetzt nur noch ein wenig eng ist, der Widerstand ein nur geringer, dann komme ich sofort. Ich bog mich zurück, um zusehen zu können. Die dünne kaum glänzende Schicht auf meinem Schwanz.

Es paßte zu ihr, daß sie nicht rasiert war, sie war nicht der Typ dazu. Zu sehr hätte man so etwas aus ihrer Sicht als Bereitschafts-, als Brunftsignal ansehen können. Sie war die Frau, die wohl ein Deo, aber kein Parfüm benützte. Zwischen Deo und Parfüm lagen Welten.

»Das gefällt mir«, sagte sie tonlos, »mach schneller.«

Ich schwieg, war überhaupt still, atmete durch den Mund, um unhörbar zu bleiben.

Nach einer Weile meinte sie: »Das ist gut. Bleib dabei, ich sag dir, wenn ich dich drin haben will, ja?«

Langsam setzte sich milchiger, leicht schäumender Saft ab.

Ich hielt inne, drückte meine Eichel gegen ihre Öffnung.

»Ein wenig rein, nur ein wenig. Nein, warte.«

Sie schob sich vor und zurück, suchte meine Eichel, ich hielt mich so ruhig, wie ich konnte, dann stieß sie zu, pflockte sich auf, so daß ich mit einem Mal bis zum Heft in ihr drin war. Und nun wiegte sie sich hin und her und begann zu summen, summte ein Lied, ein Kinderlied oder ähnliches, drei, vier verschiedene Töne, keine Melodie im eigentlichen Sinn, auch ohne Rhythmus, dann griff sie nach dem Stift, der neben dem geöffneten Katalog auf dem Tisch lag, und begann am weißen Rand der Seite zu zeichnen. Schob sich vor, zurück und blieb stehen.

Eine völlige Ziellosigkeit schien sie zu steuern. Hin und wieder war ich draußen, dann schob sie sich wieder über mich, in kurzen Schüben, dann wieder im langsamen Drüber, manchmal war sie fühlbar, dann wieder nicht.

Ich blickte aus dem Fenster auf das gegenüberliegende Dach, das müde im Schatten döste. Sie wiegte sich in unregelmäßigen Gezeiten, schnell und kurzstreckig, dann wieder langsam und lang, dann schnell und lang, bis sie zu keuchen anfing, dann hielt sie inne. Stöpselte sich aus und suchte mit der Hand ihren Punkt, weiter vorne, bog sich und zitterte an einer bestimmten Stelle, zitterte und verharrte, dann blieb sie wieder ruhig, minutenlang. Mein Schwanz pochte in kleinen Impulsen gegen ihren Schritt, nichts geschah.

»Magst du zusehen«, fragte sie.

Ich schwieg, vielleicht nickte ich. Ich weiß es nicht. Sie zog den Stuhl zu ihrer Linken heran, legte den linken Fuß darauf. Ihre Hand mit dem Ring am Daumen fuhr ihre Spalte entlang, drückte ihre Lippen auseinander.

»Gefall ich dir?«

»Ja, sehr.«

Sie fuhr weiter nach hinten, nach oben. Es war, als cremte sie sich ein.

»Komm noch mal rein, langsam.«

Wieder trat ich heran, wieder das gleiche Spiel, nur daß sie offenbar noch stärker darauf achtete, daß nur mein Schwanz sie berührte und sonst nichts, auch daß mein Schambein sie nicht berührte. Wieder summte sie wie im Halbschlaf, und als ich ihre Bewegungen nicht mehr ertrug und leidenschaftlich erwiderte, fragte sie mich, ob ich zusehen wolle.

Nun schien sie es ziemlich eilig zu haben, sie streichelte sich nicht mehr ausfahrend, ihr Interesse hatte sich nach vorne verlagert.

»Kannst du was sehen?«

»Ich sehe dir zu, ja.«

»Du sollst sehen, wie ich es mir mache, ich besorg es mir jetzt, so wie ich es mag, ich mag jetzt nicht mehr, ich will weiter, ich brauch das jetzt, ach, ist das geil. Weiter wie vorhin, das war schön, Singen und Zeichnen, und du fickst mich langsam ... Aber ich kann nicht mehr, ich kann auch nicht mehr singen, ich will jetzt einfach weiter, aber ich will, daß du was siehst, ich mach es mir oft vor dem Spiegel, ich leg den Spiegel auf den Boden, komm, setz dich auf den Boden, oder warte, ach, ist das schön, endlich seh ich dein Gesicht, das ist schön, dein Gesicht genau da, wo ich sonst den Spiegel habe, warte, oh, ich kann nicht mehr warten, leg dich auf den Boden, schnell, auf den Rücken, mach schon, leg dich zwischen meine Beine, ich mach's mir, schau wie ich es mir mache, du kannst alles genau sehen, nicht wahr, so, oder ...«

Sie nahm die andere Hand zu Hilfe, zog ihre Lippen weit auseinander und umkreiste mit dem Mittelfinger der einen Hand jenen Punkt, den sie seit längerem massierte. Ich blickte nach oben und sah zu und litt, weil ich mir nichts mehr wünschte, als daß sie sich auf mich setzte, aber ihr war der Sinn nach eigener Fabrikation.

»Sag mir, wenn du kommst«, murmelte ich, »dann kommen wir zusammen.«

Aber sie schwieg, starrte mich wie krank an, stierte mit

offenem Mund, nie habe ich in ihrem Gesicht diesen fratzenhaften Ausdruck gesehen. Mit ihren schwarzen Locken und der kranken, übelwollenden Miene war sie eine fleischgewordene Meduse. Sie kam lautlos, ich merkte nur, wie sie Augen und Mund weiter und weiter aufriß und unaufhörlich Luft inhalierte.

Dann entspannten sich ihre Züge, die Bewegungen ihrer Hand wurden weitläufiger, zerstreuter, als wolle sie etwas glattstreichen oder eine schmerzhafte Stelle besänftigen. Jetzt hatte sie den Mund geschlossen und atmete langsam aus, was sie, wie mir schien, die äußerste Beherrschung kostete. Ich hatte noch einige Sekunden. Sie zog mit beiden Händen ihre Scham auseinander, ich stammelte etwas von mehr sehen, mehr zeigen, und sie nahm den Fuß vom Stuhl und beugte die Knie und zeigte mir das Rosa ihrer Quelle und die nasse, glatt anliegende schwarze Böschung. Ich kam mächtig, mein Puls sprengte mir den Kopf, ich biß die Zähne zusammen und gab keinen Laut von mir.

Als sie über mich hinwegtrat, ihren Rock und den Slip wortlos aufsammelte und im Bad verschwand, bemerkte ich, daß meine Hose noch an einem Bein wie eine vergessene Windel hing. Ich blieb so liegen. Sie kam aus dem Bad, zündete eine Zigarette an und steckte sie mir in den Mund. Sie sprach mich auf die Seidenblumen an, die ich auf meinem Tisch in einer durchsichtigen Flasche stecken hatte. Sie fand die Blumen und die Flasche häßlich.

Seither sind zwei Jahre vergangen. Nie gaben wir uns in dieser oder ähnlicher Weise wieder die Ehre, und gesprochen haben wir darüber auch nicht, nur der Ton unserer Gespräche ist vertrauter geworden, wir lachen auch öfter, ich denke, weil wir uns jetzt besser kennen und wir voreinander freier sind. Und zuweilen, wenn wir wieder eine Ausstellung besuchen, faßt sie mich an der Hand, und ich denke dann, daß ich kalte Hände habe. Und sie denkt wohl das gleiche.

RADEK KNAPP
Miß Polonia 2000 – ein sexistischer Bericht

Ein Schriftsteller wird im Lauf seiner Karriere zu unterschiedlichen Partys eingeladen. Während er etwas verloren am Bücherregal seinen Wein nippt, geht der Gastgeber von einem Gast zum andern und flüstert: »Siehst du den da am Bücherregal? Den in dem merkwürdig zugeknöpften Hemd und mit dem Glas Wein in der Hand. Das ist ein Schriftsteller!«

Je nachdem, wie die Reaktion ausfällt, fügt der Gastgeber hinzu: »Ein alter Freund von mir. Noch von der Schulbank. Hat schon damals ganz gute Aufsätze geschrieben.« Oder: »Mußte ich einladen. Hat gerade einen wichtigen Preis gekriegt.«

Selten, sogar sehr selten, um nicht zu sagen, einmal im Leben, bekommt man eine Einladung, die einen für alles entschädigt. Mir wurde dieses Privileg schon nach acht Jahren schriftstellerischer Karriere zuteil. Eines Tages flatterte in meinen Briefkasten ein länglicher Umschlag, aus dem ich die folgende Karte hervorzog:

Sehr geehrter Herr K. Wir freuen uns, Sie zur Miß Polonia Wahl 2000 einladen zu dürfen, wo wir für Sie einen Platz in der Jury vorgesehen haben. Die Siegerin fährt zu einem Finale nach Krakau. Neben Ihnen werden noch andere Prominente die Jury bilden.

Dann folgte eine Reihe von Namen, die mir so wenig sagten wie die Besatzungsliste der letzten Atlantismission, die im Rahmen der russisch-amerikanischen Freundschaft den

Mir-Astronauten kondensierte Nahrung brachte, weil diese im Universum zu verhungern drohten.

Ich reichte die Einladung beim Frühstück meiner Frau über den Tisch. Sie überflog sie, nicht ohne dabei zu vergessen, ihre Stirn in Falten zu legen und damit zu zeigen, daß sie noch nach zehn Jahren Ehe zu einer gewissen Eifersucht fähig war.

Aber dann siegte ein anderer Teil von ihr, den ich an ihr so schätze, und sie sagte, während sie Marmelade auf ihr Brot strich:

»Jetzt kannst du endlich zu so was gehen, ohne dich genieren zu müssen. Du bist ja offiziell eingeladen.«

»Ich weiß nicht, Schatz. Ist nur ein Gefühl, aber das könnte peinlich werden.«

»Du bist Schriftsteller. Für dich ist nichts peinlich.«

Ihre Verachtung meinem Beruf gegenüber war eine jener Eigenschaften, weswegen ich sie heiratete. Sie hat es darin inzwischen zu einer gewissen Meisterschaft gebracht. Seit auf der Rückseite meines letzten Werkes steht, daß es darin »witzig und pfiffig« zugeht, sagt meine Frau des öfteren zu mir: »Witzig Pfiffig, bring mir bitte das Salz« oder »Würde Witzig Pfiffig uns jetzt einen Tee machen, wenn er schon mal in der Küche ist?«

»Und du, kommst du mit?« fragte ich. »Schließlich bist du die Frau eines Schriftstellers.«

»Laß mal sehen«, sie überflog die Einladung genauer. »Tja, da habe ich meine Yogastunden.«

Ich knirschte mit den Zähnen. Bei der Anzahl Yogastunden, die sie nimmt, müßte sie schon längst in der Luft schweben können. Aber vielleicht liegt die Häufigkeit auch an ihrem indischen Lehrer, der angeblich die Augen eines indischen Gottes hat.

An einem nebeligen Dezemberabend fand ich mich am Rand der Stadt vor einem Lokal ein, das sehr verlassen aussah. Aber das sollte nichts heißen. Je verlassener ein Nachtlokal aussieht, desto mehr ist drin los. Und außerdem stand davor eine Tafel, auf die normalerweise der Oberkellner die Menüs mit weißer Kreide kritzelt. Darauf klebte jetzt ein Plakat, das eine Blondine im Bikini abbildete. Zwischen ihren Beinen stand:

Mißss Polonia Wahl 2000. Eintritt umsonst.

Jemand hatte tatsächlich »Mißss« geschrieben. Aber da dieses »Mißss« zwischen den langen Beinen der Blondine plaziert war, fiel es überhaupt nicht auf. Für einen Moment hatte ich die Vision, man würde jede Seite meines nächsten Buches mit solchen Beinen versehen. Da würde ich um einiges befreiter schreiben können.

Bevor ich ins Lokal trat, sah ich mich ein paarmal um. Es hätte ja noch eine verspätete Miß-Polonia-Kandidatin auftauchen können, der ich die Tür aufhalten und mich an meiner Frau rächen würde, indem ich zu der Kandidatin sage: »Gestatten, ich bin Ihr Juror, wollen Sie mit mir noch schnell einen heben gehen? Meine Frau betrügt mich wahrscheinlich gerade mit ihrem Yogalehrer.«

Aber natürlich saßen alle Kandidatinnen schon seit Stunden in einem speziell abgeschirmten Raum, der durch auserwählte Eunuchen bewacht wurde, und ließen sich schminken und taten Dinge, die eben Kandidatinnen vor einer Miß-Wahl tun.

Ich trat ein und ging eine Treppe hinunter, an deren Ende eine Garderobe war. Dort warteten drei Männer in weißen Hemden, von denen jeder Arnold Schwarzenegger ersetzen könnte, sollte dieser sich einmal zur Ruhe setzen.

Als ich sagte, ich sei zur Miß-Wahl da, stürzten sich alle drei gleichzeitig auf mich. Der erste zog mir so heftig die Jacke vom Leib, daß ich mir wünschte, trotz der Kälte nur im T-Shirt gekommen zu sein. Er murmelte »Feuerwehrvorschrift«. Der zweite drückte mir einen schlampig kopierten Zettel in die Hand, auf dem stand: »Meine Miß ist

Nr. ...« Und der dritte führte mich zu einer Tür, die er mit einer Geste öffnete, wie er sie sich wohl aus amerikanischen Filmen abgeschaut hatte, die in Las Vegas spielen.

»Heute kommst du auf deine Kosten, Kleiner«, raunte er, während er gierig über meine Schulter in den Raum lugte.

Ich stand in einem verrauchten Saal, in dem so viele Leute waren wie in meinen letzten fünfzehn Lesungen zusammengenommen. Sie nippten an ihren Drinks und waren in einer leicht aufgedrehten Stimmung, woraus ich schloß, daß hier bereits das herrschte, was man »Atmosphäre« nennt.

Sobald sich meine Augen an die schummrige Beleuchtung gewöhnt hatten, erblickte ich vorne eine Bühne und einen Laufsteg, an dem Stühle standen, die schon zum Großteil belegt waren. Das mußte die Jury sein. Und dort war mein Platz. Während ich mich durch die Menge kämpfte, machte ich ein wichtiges Gesicht, damit auch der größte Idiot begriff, daß ich hier nicht zum Privatvergnügen war. Als ich endlich am Laufsteg angekommen war, fühlte ich mich, als wäre ich ein paar Kilometer gegen den Strom geschwommen. Ich mußte erst zu Atem kommen.

Vor mir tauchte eine Dame in einem Abendkleid aus Samt und mit einem Riesendekolleté auf und beäugte mich mißtrauisch. Ich revanchierte mich, in dem ich die riesige Warze auf ihrer Nase betrachtete. Sie rang sich ein Lächeln ab.

»Ich bin sehr glücklich, daß Sie unsere Einladung angenommen haben, Herr Diplomingenieur«, sagte sie und senkte verschwörerisch die Stimme. »Sie sind einer unserer prominentesten Jurymitglieder.«

Für einen Moment kämpfte ich mit der Versuchung, den Abend als Diplomingenieur und »eines der prominentesten Jurymitglieder« zu verbringen. Aber was, wenn der echte Diplomingenieur erscheinen würde? Die Befürchtung vor dieser Blamage veranlaßte mich zu einer Richtigstellung.

»Ich bin nur der Autor.«

Ich wußte nicht, warum ich »nur« gesagt hatte, ich notierte mir das im Kopf, um es in der nächsten Stunde mit meinem Psychotherapeuten zu besprechen.

»Oh, ja!« rief sie aus und schielte auf die Liste in ihrer Hand. »Natürlich. Der Schriftsteller. Oh, ich fand Ihr Buch so lustig! Wirklich. Macht es Ihnen etwas aus, sich zwischen Herrn S. und Frau Wagner zu setzen?«

Sie zeigte auf einen leeren Stuhl zwischen einer stark verwirrten Oma und einem Mann, der etwa so um die fünfzig war und sich mit offener Handfläche die Nase massierte.

»Das ist ein berühmter Regisseur«, flüsterte sie, »und Frau Wagner kommt tatsächlich aus jener berühmten Wagner-Familie. Sie wissen, wen ich meine.«

Sie summte mir den Walkürenritt vor. Es hörte sich an, als würde sie ein Maschinengewehr nachahmen.

»Sie sind also in bester Gesellschaft. Nehmen Sie bitte Platz.«

Als ich mich setzte, hakte sie mich auf der Liste ab und sagte noch im Weggehen:

»Und bitte bleiben Sie sitzen. Wir haben nämlich ein Platzproblem, weil so viele Juroren gekommen sind. Und es gibt nur acht Kandidatinnen, weil vier in letzter Minute abgesprungen sind.«

»Oh«, sagte ich, »vielleicht sollten wir dann tauschen. Wir werden auf dem Steg laufen, und die Mädchen die Noten austeilen.«

Die Frau lächelte. Aber sobald sie sich umgedreht hatte, ersetzte sie ihr Lächeln durch einen Den-habe-ich-zum-letzten-Mal-eingeladen-Gesichtsaudruck. Wie ich das sehen konnte? Konnte ich natürlich nicht, aber ich spürte es. Es ist nun mal eine Gabe, auf die ich liebend gerne verzichten würde.

Diese Gabe funktioniert natürlich noch besser, wenn ich jemanden von der Seite oder ihm direkt ins Gesicht sehe. Ich kann dann in Menschen hineinsehen wie in einen Brunnen. Bis in seine Kindheit hinein und sogar noch weiter, bis auf den Boden gewissermaßen, was er im Schoß seiner Mutter gemacht hat.

Der Regisseur neben mir zum Beispiel war jemand, der mit Leib und Seele heterosexuell war und es als seine allererste Pflicht ansah, es jeder Frau innerhalb von fünf Sekunden klarzumachen. Seine Nase massierte er sich, wie Sportler sich vor dem Stabhochsprung oder einem ähnlichen Wahnsinn die Oberschenkel massieren. Es hätte mich nicht gewundert, wenn er sie noch ein bißchen eingeölt hätte, damit sie besser im Scheinwerferlicht rüberkam. Als er merkte, daß ich ihn anstarrte, drehte er sich zu mir und murmelte:

»Schön, daß Sie da sind.«

Dabei merkte er, daß ich keine Frau war, und somit war für den weiteren Abend keine Konversation aus seiner Richtung mehr zu erwarten. Dafür war Frau Wagner um so gesprächiger. Sie litt unter etwas, was man bei älteren Leuten einen akuten Informationsmangel nennt.

»Junger Mann«, sprach sie mich an, »wissen Sie, wie lange das gehen wird? Die haben mir nämlich gesagt, daß es ganz kurz dauert.«

»Schwer zu sagen. Zwei, drei Stunden.«

»Und wie werden wir dann nach Hause gebracht? Mit dem Taxi?«

»Das weiß ich leider nicht. Viele sind mit dem Auto da.«

Um das Gespräch auf andere Bahnen zu lenken, fragte ich:

»Und Sie sind tatsächlich aus dieser berühmten Musikerfamilie?«

Ich wollte den Walkürenritt vorsummen, aber ich ließ es dann doch besser, zumal der Grund hinfällig war.

»Nein«, antwortete sie. Und Sie, was machen Sie?«

»Ich bin Schriftsteller.«

»Aha! Und werden Sie über das hier eine Geschichte schreiben? Ich habe das Gefühl, Sie sollten es tun.«

In mir wuchs eher das Gefühl, wieder nach Hause gehen

zu wollen und auf meine Frau zu warten. Aber bevor mir irgendeine Ausrede einfallen konnte, begann der Abend. Und zwar auf jene unerwartete Art, wie Abende bei solchen Veranstaltungen nun mal beginnen.

Ein blonder Mann im Smoking trat mehr oder minder unbemerkt mit einem Mikrophon auf die Bühne. Er ließ den Blick über den Saal schweifen und rief ins Mikrophon, daß es alle von den Stühlen riß.

»HALLO, ALLERSEITS! ICH BIN CHRISTOPHER! ES IST MIR EINE EHRE, DEN HEUTIGEN ABEND ZU LEITEN! ES IST DIE ERSTE HISTORISCHE MISS-WAHL IN UNSERER STADT.«

Er senkte die Stimme auf Normallautstärke:

»Unsere Missen sind seit Stunden schon sehr aufgeregt. Um ihre Nervosität zu mildern, möchte ich am Anfang ein Lied singen. ES HEISST ›ZU DEN STERNEN‹!«

Ohne sich weiter mit Förmlichkeiten aufzuhalten, holte er tief Luft und schmetterte eine Arie los. Sein Mikrophon zitterte wie ein Lebewesen. Seine Stimme war irgendwo zwischen Tenor und Falsett steckengeblieben, was wahrscheinlich nicht viel dazu beitrug, in den Mädchen den Wunsch »Zu den Sternen« zu wecken. Nach einer solchen Arie hätte ich jedenfalls in meine Garderobe ein Loch gestemmt und mich im Bikini nach Hause geflüchtet.

Dafür entspannte sich das Publikum. Ein paar Bauarbeiter am Tisch hinter uns, die sich als Geschäftsleute verkleidet hatten, tauschten ihre Meinungen aus.

»Die Schwuchteln sind nun mal überall. Was willste dagegen machen?«

»Da bleibt ja mehr für uns übrig«, antwortete sein Kumpel, und sie brachen in Gelächter aus, das man allgemein als schmutzig bezeichnet.

Als das Lied zu Ende war, verneigte sich unser Ansager unter tosendem Applaus (am lautesten applaudierten die Bauarbeiter) und zeigte auf den Vorhang hinter seinem Rücken. Er schrie ins Mikrophon:

»UND NUN, MEINE DAMEN UND HERREN –
DER MOMENT, AUF DEN SOWOHL ALLE HINTER
WIE AUCH ALLE VOR DEM VORHANG SEHN-
LICHST WARTEN! APPLAUS BITTE!«

Da das Publikum noch gar nicht mit dem Applaus für
die Arie fertig war, mußte es mit dem Applaus für den Miß-
Auftritt gar nicht erst beginnen. Der Vorhang teilte sich
ruckweise in zwei ungleichmäßig drapierte kleinere Vor-
hänge. Man konnte förmlich die versteckten und hochauf-
geregten Helfer, die an den Leinen zogen, sehen.

Aus einem dreieckigen Spalt kam die erste Miß. Sie trug
hochaufgestecktes blondes Haar, hatte Jeans an, Stöckel-
schuhe und hielt in der Hand das Schildchen »1«. Ihr Lächeln schien zu sagen: »Ich weiß, wo ich bin, aber es war
stärker als ich.« Sie machte eine Runde, indem sie ihr
Schildchen zweimal in der Luft kreisen ließ, und blieb auf
einem Fleck stehen, wo jemand mit Kreide eine »1« auf
den Boden geschrieben hatte.

»APPLAUS FÜR DIE NR. 1!« brüllte der Ansager ihr
ins Ohr. Miß Nr. 1 hielt sich an ihrem Schildchen fest, und
ihre Wimpern zuckten ein paarmal. Ansonsten deutete
nichts darauf hin, daß sie gerade mindestens einen Herzin-
farkt bekommen hatte.

Aus dem Dreieck im Vorhang stakste Nr. 2 heraus. Sie
hatte ebenfalls Jeans an und hochgestecktes Haar. Ihr Lächeln hatte sie jedoch um einiges ausgebaut. Sie sagte damit klipp und klar, daß sie nur einer idiotischen Auslosung
verdanke, daß sie nicht das Schild Nr. 1 tragen darf.

»APPLAUS FÜR DIE NR. 2!« brüllte der Ansager, was
dazu führte, daß die Nr. 1, die das Schildchen Nr. 2 abbe-
kommen hatte, sofort auf den Fleck »2« zustürzte.

Die Nr. 3 war so klein, das alle sie für ein Mißverständ-
nis hielten. Es sah aus, als hätte sich ein Kind schnell ein
Schildchen geschnappt und den Moment genutzt, auf die
Bühne zu springen. Sie machte eine kleine Runde. Ihre
Beine gaben bei jedem Schritt nach, als ginge sie in tiefem

Morast. In ihrem Lächeln lag das sichere Wissen, daß sie heute nicht als Siegerin vom Platz gehen würde. Die Bestätigung kam vom Bauarbeitertisch.

»Jesus, die ist ja noch häßlicher als meine Alte.«

»Die ist sogar noch häßlicher als du.«

Burleskes Wiehern aus Arbeiterkehlen folgte.

Die Nr. 4 war genauso gekleidet wie die übrigen, so daß auch jeder in der letzten Reihe begriff, daß alle Mädchen Jeans tragen mußten. Nr. 4 schien darunter besonders zu leiden. Sie überspielte es durch kühle Verachtung des Publikums. Sie machte ihre Runde mit einem Lächeln, das Mona Lisa hätte Konkurrenz machen können, und stellte sich mehr oder minder teilnahmslos auf den Platz für die Nr. 4. Als der Ansager »Applaus« brüllte, fuhr sie sich mit der Hand durch das Haar. Die Frau war so kühl, daß sie bei der Minenentschärfung hätte arbeiten können.

Nr. 5 und Nr. 6 kamen fast gleichzeitig auf die Bühne. Sie machten keine Runde, sondern gingen in einer schlangenförmigen Bewegung auf ihre Plätze zu. Daß beide gleichzeitig erschienen waren, brachte den Ansager aus dem Konzept, so daß er vergaß, »Applaus« zu brüllen, was aber keiner vermißte.

Nr. 7 war höchstens fünfzehn. Dafür war sie ein Meter achtzig groß und stark anorektisch veranlagt. Spätestens beim Bikiniteil würde sie sich vom Bauarbeitertisch was anhören müssen.

Nr. 8 rundete elegant das Feld ab. Sie brauchte nicht weit zu gehen. Ihr Platz war gleich am Vorhang neben dem Ansager.

Nachdem Nr. 8 erschienen war, begann aus den Lautsprechern Michael Jacksons »Man in the Mirror« zu tönen. Der Ansager rief in die Musik hinein:

»DIE ERSTE RUNDE KANN BEGINNEN. DIE MÄDCHEN HABEN FÜR SIE EINE SPEZIELLE TANZEINLAGE EINSTUDIERT! BITTE SEHEN SIE GENAU HIN.«

Es dachte ohnehin niemand daran, woanders hinzuse-
hen. Die Mädchen begannen sich im Takt zu bewegen.
Auch der Ansager schwang ein bißchen mit. Nr. 1 bis Nr. 3
wackelten dabei mächtig mit den Hüften, Nr. 7 gab sich er-
denkliche Mühe, obwohl sie noch keine Hüften hatte. Die
Nr. 8 bewegte sich absichtlich gegen den Takt.

Der Regisseur beugte sich zu mir herüber und schrie in
den Lärm hinein:

»FÜR MICH SIEHT DIE EINE HÄLFTE WIE NUT-
TEN AUS, UND DIE ANDERE IST ES SCHON BE-
REITS!«

Das Pech wollte, daß im selben Augenblick Michael
Jackson Luft holte und für einen Moment eine Totenstille
herrschte. Der halbe Saal hatte das gehört. Drei der Mädchen verloren ihr Lächeln, eines schaute zu mir herüber,
weil es mich für den Täter hielt. Der Rest machte einfach
weiter. Aber nicht mehr so flott wie vorher.

Als Frau Wagner bemerkte, daß man während der Show
sich unterhalten durfte, steckte sie den Kopf zu uns und
meldete ihre Zweifel:

»Sie sehen wegen der Jeans irgendwie gleich aus.«

»Deshalb sind sie ja numeriert«, grinste der Regisseur, er
sprach nun deutlich leiser.

Die Mädchen wiegten sich noch eine Viertelstunde im
Takt von Michael Jacksons Liedern. Dazwischen tänzelte
eine nach der anderen hinaus auf den Laufsteg, machte
eine Art Kniebeuge mit gespreizten Beinen und kehrte erleichtert auf ihren Platz zurück.

Der Ansager stellte sie vor, Name, Alter und Sternzeichen – doch das alles ging im Musiklärm unter.

Allmählich begannen sich Publikum und Bühne aufein-
ander einzuspielen. Das Publikum bestellte lauthals mehr
Bier, und die Kandidatinnen wirkten selbstsicherer. Der
Ansager mäßigte seine Stimme, der Regisseur massierte
weiter genüßlich seine Nase, und Frau Wagner sah auf ihre
Armbanduhr, die schon während des Ersten Weltkriegs die

Zeit gemessen hatte. Danach verschwanden die Mädchen erleichtert hinter dem Vorhang, um dem »Unterhaltungsprogramm« zu weichen.

Es begann mit zwei Pärchen, die Aerobictanz vorführten. Sie besprangen sich von allen Seiten, wobei der Partner immer bemüht war, seine Partnerin möglichst hoch in die Luft zu werfen. Es sah aus, als würde sie gleich gegen die Decke knallen, die sehr niedrig hing. Als sie zu Ende waren und sich verbeugten, wirkten sie etwas benommen.

Als nächstes sprang ein junger dunkelhäutiger Mann in einem metallfarbenen Anzug auf die Bühne.

»Ich heiße Fabrizio!« rief er mit italienischem Akzent ins Mikrophon.

Er zeigte mit dem ausgestreckten Finger auf einen Tisch, den nur er im Dunkel des Raumes erkennen konnte, und rief:

»Das ist meine Miß Polonia! Ciao Mama!«

Damit gewann er die Herzen aller anwesenden Mütter. Bei den Bauarbeitern, die offenbar gewettet hatten, wer als erster dreißig Biere schafft, hatte das umgekehrte Wirkung.

»Das ist ein Nivea-Arschloch«, sagte der erste.

»Und außerdem eine Schwuchtel«, bestätigte der zweite.

Fabrizio, Nivea-Arschloch und Schwuchtel, begann einen Kuschelsong von Elvis Presley und ging dann fließend über zu Dean Martin. Nach einer halben Stunde hatte er alle Schlager der westlichen Hemisphäre durch. Zum Abschied gestand er mit fliehendem Atem, daß er schon bald in die Toskana fahren werde, wo er wie schon an seiner letzten und nun auch an seiner neuen CD arbeiten würde. Da die neue CD ebenfalls aus Elvis Presley, Eros Ramazotti und so weiter bestehen würde, stellte sich die Frage, warum er deswegen in die Toskana fahren müsse. Aber niemand im Saal war für solche Feinheiten zu haben. Außer Frau Wagner, die sich langsam als eine verwandte Seele entpuppte.

»Der junge Mann vergeudet seine Zeit und die schöne Stimme.«

Als die Hälfte des Publikums bereits vergessen hatte, daß es sich um eine Miß-Wahl handelte, kam der Ansager und läutete den Höhepunkt und zugleich den Abschluß des Abends ein. Offenbar hatte ihm jemand hinter der Bühne nahegebracht, nicht mehr so begeistert zu wirken, denn er sprach plötzlich mit der Würde eines Moderators, der das Entree der Nobelpreisträger in der Schwedischen Akademie ankündigt.

»Meine Damen und Herren – der Moment, auf den wir alle gewartet haben: Bikiniii!«

Dann sah er zu der Jury und raunte:

»Wählen Sie weise. Es ist die letzte Gelegenheit, sich ein Urteil zu bilden.«

Der Vorhang teilte sich wieder. Diesmal entstand ein Rechteck, aus dem die Mädchen in Bikinis herauskamen. Nr. 8 diesmal als erste.

Ihr Lächeln signalisierte, daß sie über etwas todunglücklich war. Nr. 7 lächelte hingegen wie die todsichere künftige Miß Polonia. Sie hatte jedoch erschreckend kurze Beine, so daß sich der ganze Saal fragte, wie das trotz einsachtzig möglich war. Nr. 6 machte ihrem Schildchen alle Ehre. Nr. 5 hatte den ganzen Zirkus langsam satt. Auch Nr. 4 sah drein, als würde sie langsam begreifen, wo sie war. Nr. 3 schien noch in Gedanken in der ersten Runde zu sein. Nr. 2 hatte eine umwerfende Figur und schien das auch zu wissen. Nr. 1 hatte zu viel Öl auf ihre Haut aufgetragen. Man sah noch die hastig verschmierten Spuren im Scheinwerferlicht. Aber sie lächelte tapfer, auch wenn das Lächeln des Jurors, an dem sie gerade vorbeiging, erstarrte.

Die Mädchen machten zwei Runden auf der Bühne, bis der Ansager sich in die Mitte stellte und wieder ins Mikrophon schrie.

»WIR HABEN BESCHLOSSEN, DASS ANMUT UND ESPRIT DEN AUSKLANG DES ABENDS BILDEN WERDEN! DIE ANMUT KANN JEDER SEHEN, NUN FOLGT ESPRIT!«

Er fischte sich aus dem Kreis die Nr. 1 heraus und hielt ihr das Mikrophon vors Gesicht. Die Nähe des Ansagers machte die Nr. 1 offenbar nervös. Ihr Schildchen zitterte wie Espenlaub. Es schien, als wollte sie sich dahinter verstecken.

»Kandidatin Nr. 1. Sie sind neunzehn Jahre jung. Steinbock Ihr Sternzeichen. Wir wissen aber noch nicht, was Sie von Beruf sind«, las der Ansager von einem Zettel ab, den er aus der Tasche gezaubert hatte.

»Studentin«, wisperte sie

»Was sind ihre Hobbys?«

»Tanzen, Sport, Reiten und, auch wenn es dumm klingt, Männer.«

»Ohohoho! Das klingt ganz und gar nicht dumm. Was würden Sie tun, wenn Sie eine Million gewinnen würden?«

»Ich würde die Hälfte den hungernden Kindern in Afrika geben. Nur, natürlich werden die Gelder oft veruntreut, so daß ...«

»Applaus für die Kandidatin Nr. 1!« unterbrach der Ansager.

Nr. 1 ging auf ihren Platz zurück. Sie war enttäuscht, daß man sie nicht hatte ausreden lassen. Und gerade bei dem Satz, der nicht einstudiert war und endlich von ihr alleine kam.

»Kandidatin Nr. 2. Kommen Sie zu mir«, sagte der Ansager.

Nr. 2 kam aus der Reihe.

»Und was machen Sie beruflich?«

»Ich studiere.«

»Was, wenn man fragen darf?«

»Psychologie.«

»Oho, da muß ich auf der Hut sein. Was ist Ihr Traumberuf?«

»Ich würde gerne als Modell oder sogar Schauspielerin arbeiten.«

»Aber Sie studieren Psychologie!«

»Das macht doch nichts.«

»Was sind ihre Hobbys?«

»Tanzen, Sport und Reiten.«

»Was würden Sie mit einer Million machen? Auch den armen Kinder schenken?«

»Ja, natürlich.«

»Applaus für die Kandidatin Nr. 2!«

Kandidatin Nr. 2 war überhaupt nicht enttäuscht. Im Gegenteil, sie schickte Nr. 1 im Vorbeigehen einen geringschätzigen Blick zu.

Genauso ging das bis zur Kandidatin Nr. 8. Nur Nr. 5 tanzte aus der Reihe, indem sie auf die Frage nach dem Traumberuf antwortete:

»Bestimmt nicht eine Nutte«, und dem Regisseur einen haßerfüllten Blick zuwarf.

Nr. 7 erklärte sich solidarisch, indem sie auf die Frage nach ihren geheimen Wünschen antwortete:

»Eine Gehirnwäsche, damit ich den heutigen Tag für immer vergesse.«

Das Publikum wieherte, vor allem über das Gesicht des Ansagers. Nach dieser Befragung standen zwei Dinge fest. Die Kinder von Afrika waren um vier Millionen reicher, und einige der Mädchen hätten gerne etwas gesagt, was nicht auf dem Zettel stand.

Nun machten sie ihre letzten Runden im Bikini, und der Ansager rief:

»WÄHLEN SIE WEISE, LIEBE JURY! WIR VERLASSEN UNS AUF SIE!«

»Ich glaube dieser Mann ist homosexuell«, bemerkte Frau Wagner.

Vielleicht war er das, aber sein Ratschlag war gar nicht dumm. Und je mehr Runden die Mädchen in ihren Bikinis machten, desto mehr Weisheit war erforderlich. Frau Wagner roch den Braten ebenfalls. Sie schob mir ihren Stimmzettel hinüber und flüsterte:

»Dieses Scheinwerferlicht blendet einen so sehr, daß

man kaum was sieht. Würden Sie so nett sein und für mich wählen?«

Jetzt hatte ich zwei Stimmzettel und noch immer keine Kandidatin. Ich schwankte zwischen Nr. 5 und Nr. 7, weil sie aus dem Rahmen gefallen waren. Bevor ich mich entschied, lugte ich noch dem Regisseur über die Schulter. Auf seinem Zettel stand schon seit Ewigkeiten die Nr. 2. Auch die anderen Juroren hatten offenbar schon ihre Wahl getroffen. Einige diskutierten noch heftig. Ich nahm meinen Zettel und den von Frau Wagner und machte kurzen Prozeß. Ich schrieb je zweimal Nr. 5 darauf.

Dann wurden die Stimmzettel eingesammelt, und der Juryvorsitzende, der der Regisseur höchst persönlich war, wurde unter Fanfaren auf die Bühne gebeten. Die Mädchen versammelten sich hinter dem Ansager und tuschelten miteinander. Dann war es soweit.

Der Ansager stellte den Regisseur vor, zählte alle seine Filme auf, die er gedreht und um ein Haar gedreht hätte. Die Filme, die er um ein Haar gedreht hätte, waren ziemlich bekannt im Gegensatz zu denen, die er gedreht hatte. Danach ging es nahtlos über zur Bekanntgabe der Siegerinnen.

Der Ansager brüllte ins Mikrophon:

»SCHON IN WENIGEN SEKUNDEN ERFOLGT DER MOMENT, AUF DEN ALLE WARTEN: WER WIRD MISS POLONIA 2000? WÜRDEN SIE BITTE SO NETT SEIN!«

Der Regisseur trat vor und sagte:

»Im Namen der Jury, die übrigens keine leichte Aufgabe hatte, haben wir, wie folgt, entschieden. Den Titel der zweiten Vizemiß erhält die Kandidatin Nr. 6. Die Vizemiß erhält als Preis einen Kosmetikset der Firma Yves Rocher, weiter einen Gutschein von Palmers in der Höhe von zweitausend Schilling. Wir gratulieren alle herzlich!«

Die Scheinwerfer richteten sich alle auf die Nr. 6. Diese trat schwankend aus der Reihe ihrer Mitstreiterinnen hervor und riß die Arme empor. Diese Siegesgeste wurde vom

Regisseur blitzschnell genutzt, und er legte ihr eine Schärpe an, die man ihm durch den Vorhang gereicht hatte und auf der »Zweite Vizemiß Polonia« stand, in goldenen Lettern wie auf Friedhofskränzen. Die Freude im Gesicht der Kandidatin Nr. 6, den Wettbewerb gewonnen zu haben, ging in Verwirrtheit über. Auf der Schärpe stand eindeutig nicht das, was sie erwartet hatte. Dieser Kampf, der sich auf ihrem Gesicht abspielte, wurde von Fünfhundert-Watt-Scheinwerfern so gut ausgeleuchtet, daß die Leute im Publikum zu lachen begannen.

Die Bauarbeiter, die man schon hinter den Bierflaschen kaum noch sah, riefen:

»Sei froh, du Nudel! Sei froh!«

Nr. 6 beschloß sich an diesen Rat zu halten. Sie verbarg ihr Gesicht hinter dem Blumenstrauß, der vom Ansager nachgereicht wurde, und verdaute ihren Sieg, der sich als Niederlage entpuppte.

Der Regisseur fuhr fort:

»Bitte um Trommelwirbel! Jetzt kommen wir zum zweiten Preis.«

Er machte eine Pause, in der man statt Trommelwirbel nur Totenstille hörte, und verkündete:

»Die erste Vizemiß Polonia ist die Numerrr ... 5!«

Numerrr 5 ließ sich die Schärpe vom Regisseur anlegen, nicht ohne ihm mit Blicken zu verstehen zu geben, was sie von ihm hielt. Dann drehte sie sich zum Publikum und lächelte mit dem Lächeln einer, die kam, sah und zweite wurde.

Und dann wurde der Höhepunkt des Höhepunkts eingeläutet. Der Juryvorsitzende hüstelte, um die Spannung noch mehr in die Höhe zu treiben, und rief aus:

»UND DIE MISS POLONIA 2000 IST ... DIE NUMMER ZWEI! WIR GRATUUULIEREN!«

Alles brach in tosenden Applaus aus, in den der Juryvorsitzende verzweifelt all die Preise hineinschrie, die die Siegerin erwarteten.

Die frischgebackene Miß Polonia 2000 trat hervor. Obwohl sie nichts anderes erwartete, schien sie der Aufregung, die sie übermannte, nicht gewachsen. Der gereichte Blumenstrauß zitterte, daß er beinah auseinanderfiel.

Der Ansager drängte unauffällig, aber bestimmt den Regisseur ab und versuchte aus der frischgebackenen Miß Polonia 2000 herauszuquetschen, was offensichtlich war. Er wollte wissen, ob sie überglücklich sei. Diese Frage entlockte ihr mehrere Tränen. Sie schluchzte sich damit den »unglaublichen Streß, der endlich weg ist«, von der Seele. Nachdem zu ihr vorgedrungen war, daß das »alles wirklich passierte«, daß alles »kein phantastischer Traum war, aus dem sie jeden Augenblick aufwachen würde«, fragte sie den Ansager, ob ihr Mann zu ihr auf die Bühne dürfe.

»Ihr Boyfriend«, korrigierte sie kokett der Ansager. »Aber natürlich. Wir bitten den Boyfriend der Miß 2000 auf die Bühne!«

Als hätte er nur darauf gewartet, sprang auf die Bühne ein zwanzigjähriger Jüngling, braun gebrannt und in einem weißen Rüschenhemd. Unser Ansager hielt ihm das Mikrophon hin.

»Sind Sie stolz auf ihre Freundin? Sie ist heute, wie ich glaube, zu Recht als die Schönste gekürt worden!«

»Das war für mich schon immer klar«, sagte der junge braungebrannte Solariummann. Seine Stimme klang ruhig und sicher. »Meine Ehefrau ist nun mal das, was man als eine verdammt flotte Biene bezeichnet.«

Nach diesem Geständnis verbreitete sich allgemeines Stirnrunzeln im Publikum. Daß es sich um eine flotte Biene handelte, daran zweifelte niemand. Aber das Wort »Ehefrau« war durchaus fehl am Platz. Sogar die Bauarbeiter wußten, daß was nicht stimmte.

»Hey«, sagte der erste, »die hat schon einen festen Makker. Wie gibt's denn das?«

»Hab gleich gespürt, daß das keine Jungfrau ist«, fluchte der zweite.

Der Ansager fragte mit einer Stimme, die innigst auf einen negativen Bescheid hoffte.

»Sie sind also wirklich verheiratet?«

Die Antwort kam prompt:

»Schon seit drei Jahren. Und wir haben zwei entzükkende Kinder.«

Es herrschte zum erstenmal vollkommene Stille im Saal. Alle verdauten die Nachricht und glotzten dabei die vor Freude schluchzende Miß Polonia 2000 an. Aber dann nahm das Publikum die Sache in die Hand, und es regnete katholischen Applaus, der alle Zweifel zum Schmelzen brachte. Am Ende applaudierten sogar die Juroren selbst. Auch ich applaudierte zum erstenmal an diesem Abend.

»Haben wir gewonnen?« fragte Frau Wagner.

»In gewissem Sinn«, sagte ich.

Der Ausklang des Abends dauerte noch einmal so lange wie die ganze Mißwahl. Fotografen lichteten alles ab, was eine Schärpe trug. Die Verliererinnen suchten hinter dem Vorhang Schutz, hinter dem sie noch vor zwei Stunden so hoffnungsvoll herausmarschiert waren. Das Publikum widmete sich seiner selbst. Es bestellte Getränke und redete über die Dinge, die nichts mit der Schönheitswahl zu tun hatten.

Der Regisseur, der merklich ins Abseits geraten war, rettete noch den Rest seines Ansehens dadurch, daß er von einer Siegerin zur anderen eilte und ihr die Hand küßte. Ein paar Juroren warteten gar nicht das Ende ab. Sie standen unter dem Vorwand, auf die Toilette gehen zu müssen, auf, und wenig später sah man sie im Mantel durch die Tür verschwinden.

Der Ansager überlegte für einen Moment, ob er noch ein Abschiedslied singen sollte, legte dann aber das Mikrophon zurück. Ich und Frau Wagner beschlossen, noch ein Glas Wein zu trinken, um den Abend ausklingen zu lassen. Schließlich würden wir beide nicht so schnell wieder zusammenkommen.

An unseren Tisch kam eine Kellnerin und brachte uns den Wein. Sie war in Eile, weil die Bauarbeiter ihre Sakkos abgeworfen hatten und nach mehr Bier verlangten.

»Darf ich kassieren?« fragte sie.

Wir starrten sie an wie einen Geist.

»Ich kann auch später kommen. Kein Problem«, sagte sie.

»Ist schon in Ordnung. Ich zahle für uns beide«, sagte ich, froh, daß man mich mit kühlem Blut gesegnet hatte.

Die Kellnerin steckte das Geld ein, nahm ihr Tablett unter den Arm und rauschte ab in die Küche. Frau Wagner sah ihr nach.

»Ich muß was mit den Augen haben«, flüsterte sie.

Ich wußte haargenau, was sie meinte. Eigentlich hätte sie es gar nicht auszusprechen brauchen. Aber sie tat es doch:

»Dieses schöne Mädchen gerade eben. Wer war das?«

FRANK T. ZUMBACH
Wenn ich mich recht erinnere …

Das erste, was ihr an ihm auffiel, war diese schreiend bunte Krawatte mit irgendwelchen Tiermotiven, aber sie konnte in dem Schummerlicht an der Bar nicht genau erkennen, um welche Tiere es sich genau handelte. Sie mochte Tiere im allgemeinen gern. Außerdem hatte sie noch niemand zum Tanzen aufgefordert. Also ließ sie den Blick wandern, zuerst, da er sich im Gedränge gerade umdrehte, auf seinen Po, einen knackigen Po, soweit sie das etwas anging, dann, als er sich ihr wieder zuwandte, um über sie hinweg einen Drink zu bestellen, auf seine balancehaltende linke Hand – eine feine, sensible Künstlerhand, wie sie mit Genugtuung feststellte. Und schließlich wagte sie einen schüchternen Blick nach oben, in sein Gesicht.

Dann passierte etwas Unerwartetes. Ihre Blicke trafen sich – das war aber nicht das Unerwartete –, sondern daß er ein Monokel trug, welches ihm, da er wie wiedererkennend die Augen aufriß, aus der rechten Höhle purzelte und nun wippend direkt vor ihr hing.

»Donnerwetter!« hörte sie ihn rufen, und schon hatte er mit einer geschickten Drehung auf dem unbesetzten Barhocker neben ihr Platz genommen.

»Sind wir uns nicht schon irgendwo begegnet?«

Das klang immerhin distinguierter als das ewige Bist-du-öfters-hier. Er ließ ihr keine Chance zu einer Erwiderung, sondern schlug sie sogleich mit seiner hypnotisierenden Stimme in Bann.

»Natürlich – der Balkon der Botschaft von Miranda! Wir beide waren splitterfasernackt und tranken weißen

Rum aus Antilopenhörnern, während rings um uns die Rebellion tobte ...«

Sie runzelte die Stirn.

»... na ja, was die so ›Rebellion‹ nannten. Erinnern Sie sich an den Bürgermeister, diesen kleinwüchsigen Kerl, ging Ihnen gerade mal bis zur Taille, der hatte doch so einen ulkigen Namen, der uns immer zum Lachen brachte, so ein Zungenbrecher, Rotrapella, Rodrigonaldo oder so ähnlich, helfen Sie mir ...«

»Sie müssen mich mit jemand verw...«, setzte sie an, aber er wischte den Versuch mit einer charmanten Handbewegung beiseite.

»Ist ja auch ganz gleichgültig. Die Compañeros ließen ihn dann mit Feuerwerkskörpern, die sie ihm in sämtliche Körperöffnungen gesteckt hatten, über den Platz rennen, gerade unter unserem Balkon, Peng, Bumm, Sssst, Wiuwiuwiu, PingPangPeng, Tschiiii--uuuu, Tschiii--uuu!«

Er verstand sich darauf, Feuerwerk täuschend echt nachzuahmen, das mußte sie ihm lassen. Schon sahen Leute her, sie blinzelte verstohlen nach rechts und links und begann sich leicht unbehaglich zu fühlen. Er schien dies zu bemerken, denn er neigte den Kopf näher zu ihr und fuhr mit noch mehr säuselnder Stimme fort.

»Der Abend bei den Vendurins! Als wir Proust sämtliche Madeleines wegfutterten und ihn mit Zigarrenrauch einnebelten. Ich war wieder mal in einer dieser Launen, Sie wissen schon ...«

Da es offenbar keinen Zweck hatte, ihm ins Wort zu fallen, machte sie eine hilflose Bewegung mit dem Zeigefinger, um eine Unterbrechung herbeizuführen, wußte dabei aber keineswegs, wie sie die Tatsache, daß sie nur Bahnhof verstand, ausdrücken sollte. Sie kam nicht weiter.

»Sie kennen ja meine Launen, die stinklangweilige Konversation, es ging, glaube ich, dauernd um Autoreparaturen, im Stil von ...«, er wechselte den Tonfall, »›ich hatte extra noch in der Werkstatt angerufen, und die versprechen mir hoch und heilig, der Wagen sei um vierzehn Uhr fertig. Ich komme also hin, und was soll ich Ihnen sagen ...‹«

Sie öffnete den Mund, um einen Laut des Wiedererkennens auszustoßen. Er sah sie unverwandt, beinahe feindselig an, so schwieg sie lieber.

»Da hat mich der Teufel geritten. Ich erzähle also ebenfalls eine Autogeschichte, die etwa genauso interessant und einfallsreich ist wie die anderen: Und was soll ich Ihnen sagen: Hatten die mir doch fünf Kilometer Leitplanke ans Dach geschweißt, im Kofferraum lag eine tote Katze, das Lenkrad war abgesägt und alle Reifen abmontiert. Ich sagte: ›Das zahl ich nicht.‹ Die drauf: ›Zahlen Sie doch!‹ Ich: ›Das wollen wir doch mal sehen. Bin ich auf den Felgen heimgefahren. Jetzt muß ich aber mal für kleine Königstiger.‹«

Was, dachte sie erleichtert, er muß zur Toilette?

»Damals bei den Vendurins!« nahm er unbekümmert den Faden wieder auf. »Proust wurde blaß und verabschiedete sich schnell. Danach hat keiner mehr mit uns gesprochen, und Sie waren, glaube ich, ziemlich verärgert über mich ..., bis ich Ihnen auf dem Heimweg den Luftballon mit der Aufschrift ›Amour‹ gekauft habe.«

Er trank zum erstenmal aus seinem Glas, das eine smaragdgrüne Flüssigkeit enthielt, wahrscheinlich Curaçao Blue mit Pfefferminzlikör, leckte sich flink und bezaubernd sexy die Lippen und sah sie an wie eine alte Freundin.

Gern hätte sie irgend etwas von all dem verstanden und wäre noch lieber dabeigewesen. Er gefiel ihr, und seine Stimme war so warm und schmeichelnd, fast wie eine Berührung. So eine Gelegenheit, dachte sie, kommt vielleicht nie wieder. Gewiß doch, er verwechselt mich mit einer anderen. Sie fand nicht den Mut, etwas Prosaisches zu sagen wie Hören-Sie-mal-ich-weiß-überhaupt-nicht-wovon-Sie-überhaupt-reden. Es fiel ihr schwer, den passenden Gesichtsausdruck zu finden. Verständnisvoll? Verständnislos? Naiv? Resolut? Abschätzig? Abweisend? Kokett? Ein bißchen von allem? Ja, das war es wohl: ein bißchen von allem.

»Was darf ich Ihnen bestellen?« fragte er, und in seinen Augen blitzten arabische Königreiche.

Sie hechelte innerlich die wohlklingendsten Drinks durch, von denen sie je gehört hatte, brachte aber nur ein kieksendes »Bacardi Cola« hervor.

Er schaute sie mit leicht amüsiertem Ausdruck durchdringend an, gab dem Barkeeper einen Wink, der sogleich vor ihm stand wie ein Stehaufmännchen, sagte auf eine unvergleichlich erotisierende Weise »Bacardi Coolà« – das rauhreifbesetzte Glas stand in Sekundenschnelle vor ihr.

»Apropos ›Amour‹: Delhi, 1956! Wir probierten gerade Stellung 292 des Kamasutra aus, wie ging die gleich?«

Jetzt geht er aber zu weit, schoß es ihr durch den Kopf.

»Ich habe mein rechtes Knie unter Ihrem Kinn und fasse mit dem linken Arm über Ihren Hinterkopf auf Ihre Brust, während Sie die Haltung der ›bescheuerten Antilope‹ einnehmen und mir mit der flachen Hand ständig aufs Schlüsselbein schlagen. Na ja, und dann passierte es eben, das Malheur: Sie bekamen diesen … Krampf, und als wir laut nach dem Nachtportier riefen, machte der sich noch einen Spaß mit uns, sprühte uns über und über mit schnell härtendem Bronzelack ein und verkaufte uns am nächsten Tag als ›Kunst am Bau‹ an die deutsche Botschaft. Ernst von Grinsenrot, der Militärattaché, erkannte mich erst nach einer Woche und ließ uns aus unserer mißlichen Lage befreien. Mann, das waren Geschichten! Der gute alte von Grinsenrot! Wurde dann später in Gibraltar unterhalb einer Steilküste von Lemmingen erschlagen.«

Wiederum signalisierte ihr Gesicht verwirrte Gemütsbewegungen. Obwohl sie der Anekdote kaum hatte folgen können, bemühte sie sich, eine Spur von Das-geht-denndoch-zu-weit in ihr Mienenspiel zu mischen. Half aber nichts.

»Wissen Sie noch, die Kellnerin im ›Sauvage‹, die sich jedesmal längs hinlegte, sobald ich noch eine Olive in den Martini haben wollte? Sie sprühten ja geradezu vor Eifersucht damals, na ja, und ich war ja auch gerade kein Kostverächter. Diese kurze, aber leidenschaftliche Affäre mit Nellie Melba, dem gefeierten Star der Opernwelt – die schaffte aber auch ein hohes C, daß mir jedesmal das Monokel zersprang, wenn ich sie von hinten nahm. Sie haben mir das nie verziehen, nicht wahr?«

Sie spürte sanft seinen Finger unter ihrem Kinn. Eben hatte sie etwas sagen wollen, etwas ganz Banales, das den Bann womöglich gebrochen hätte. Aber der Druck des Fingers wurde stärker, und sie vernahm das leise Klacken ihrer zusammenschlagenden Zahnreihen.

»In Covent Garden kam sie zuletzt immer öfter in Strapsen auf die Bühne geschlendert, weil ihr eh schon alles egal war, aber lassen wir das. Wozu alte Wunden aufreißen?«

»Tja, ich muß jetzt aber ...«

»Denken wir lieber an New Orleans, wo ich für eine Weile untertauchen mußte, weil ich aus Versehen meinen Leibwächter erschossen hatte. ›The ladies smoked cigars during the dance‹ Na! Klingelt's bei Ihnen? Ach, es kommt mir so vor, als sei's gestern gewesen ...«

Sie lauschte, ein Auge hier, ein Auge da, und auch der Mund konnte sich auf keinen Ausdruck einigen. Wahrscheinlich hatte sie die Unterlippe vorgeschoben wie ein schmollendes Kind. Ich muß ziemlich blöd aussehen, dachte sie, nicht ganz zu Unrecht. Zu gerne wäre sie sich die Nase pudern gegangen, um das zu überprüfen. Aber andererseits war sie gespannt auf die nächste Geschichte.

»Der Tristede mit seiner tieftraurigen Miene, immer in der gleichen Loge, ich hab ja Tränen gelacht über den Mann, und Sie, vom Tanz erhitzt, die Haare gelöst, zu allem bereit ... Im Nebenzimmer fand einer dieser Hahnenkämpfe statt. Ein Hahn war, in blinder Wut und aus vielen Wunden blutend, auf die Tanzfläche entkommen und zukkelte nun verwirrt durchs Beingewirr ... Das Orchester spielte, nicht sonderlich originell, ›La Cumparsita‹, und Sie, Verehrteste, traf rein zufällig das Los, in einer Ihrer schönsten – übrigens selbst für New Orleans überaus gewagten! – Posen, die im Viertelstundentakt Ihre Schrittfolgen krönten, auf das Tier zu treten. Sie waren nun einmal die Auserwählte. Ich schoß gerade über Ihre Schulter mit einer Zwille Erbsen auf den Tristede und lachte mich scheckig über die empörte Miene, die er nun aufsetzte, als Sie dem Hahn mit einem Ihrer hohen Absätze den ›coup de grâce‹ gaben und ihn am Parkett festnagelten. Das lenkte wiederum die Aufmerksamkeit des ganzen Saales auf uns, auch die des Tristede, der nun erst die Zwille in meiner Hand bemerkte. Noch in derselben Nacht schickte er mir seine Adjutanten. Aber Sie sehen, Gnädigste, ich erfreue mich weiterhin bester Gesundheit, während er sich die Radieschen nun leider von unten ansehen muß ...«

Sie sah ermüdet zu ihm auf und versuchte ein Lächeln. Es klappte nicht so recht damit, weil die Mundwinkel immer wieder nach unten absackten. Abermals nahm er sich die Freiheit, sie im Gesicht zu berühren und sanft mit beiden Zeigefingern ihre Mundwinkel nach oben zu ziehen.

»So!« sagte er fachmännisch und beugte sich zurück, um wie ein Maler sein Kunstwerk zu begutachten.

»Danke«, sagte sie und kam sich nun vor wie die Cheshire Cat in »Alice im Wunderland«. Cheese. Das korrigierte Grinsen begann sie höllisch anzustrengen. Sie mußte an ihre Mutter denken, die einmal zu ihr gesagt hatte: »Wenn du weiter solche Grimassen schneidest, bleibt's dir eines Tages.« Aber sie wagte nicht, das Kunstwerk zu zerstören.

»So bleiben«, befahl er und leerte sein Glas.

Sofort war der Barkeeper wieder zur Stelle und nahm Haltung an. Unter dem Tresen glaubte sie ein Klacken zu vernehmen, wie zusammenschlagende Hacken.

»Noch einmal dasselbe?«

»Nein, einen Singapoore Sling bitte. Sie noch einen Bacardi Coolà?«

»Nein, danke«, lächelte sie fein, »ich werde immer so leicht betrunken.«

Er schaute sie verschmitzt an, zwinkerte dem Barkeeper zu und sagte: »Bring' se der Dame mal 'n Happenstein.«

»Einen Happenstein, sehr wohl.«

Sie hätte zu gern gewußt, was ein Happenstein ist, traute sich aber nicht zu fragen. Egal, sie würde es ja gleich herausfinden. Er schwieg, in tiefes Nachsinnen versunken. Da war sie endlich, die Gelegenheit, auch mal etwas zu sagen. Frauen sollten auch einmal etwas sagen dürfen, hatte sie kürzlich in einer Frauenzeitschrift gelesen. Sie schwankte noch zwischen Wie-heißen-Sie-eigentlich und Na-Sie-sind-mir-aber-einer, denn zu Gehen-wir-zu-dir-oder-mir fehlte ihr noch der Mut. Vielleicht nach dem Happenstein.

Er warf plötzlich den Kopf zurück und stieß hervor: »Aha!«

Offenbar ein kurzes Auflachen über die wiedergefundene Erinnerung.

»Fidschiinseln, 1969! Wir beide waren auf der Suche nach den letzten Kicks – Sie erinnern sich doch wohl hoffentlich noch unseren gemeinsamen Schwur.«

Er stützte die Ellbogen auf die Knie, den Kopf auf die Hände und schob diese Formation wie ein Tablett mit dem Haupt Johannes des Täufers ganz nah an sie heran.

»Na …, na?«

»Wie …? Äh …«

»Genau! ›Wie eh und je sind wir vernarrt auf alles, was da unser harrt, wir trotzen jeglicher Gefahr, und zahl'n, wenn's sein muß, auch in bar.‹ Ich habe versucht, Ihnen den zweiten Vers auszureden, aber Sie fingen gleich an, draufloszuballern … Ich hoffe, Sie haben sich das inzwischen abgewöhnt.«

Der Barkeeper brachte endlich den Singapoore Sling und den Happenstein. Letzterer sah aus wie ein ganz gewöhnlicher Klarer und roch auch so, als sie daran schnupperte.

»Sind wir also auf den Fidschiinseln gelandet, bei den

Niam-Niam. Und kurz darauf im Kochtopf, was Sie in Ihrer grenzenlosen Naivität noch als Freundschaftsgeste der Eingeborenen deuteten. Begrüßungsbad, daß ich nicht lache! Aber bald loderte ein prächtiges Feuerchen unter uns. Die freundlichen Eingeborenen schnipselten Gemüse ins Wasser und gossen literweise Kokosmilch dazu. Ich weiß auch nicht, warum ich in Augenblicken höchster Gefahr oft so erregt bin. Jedenfalls fiel ich in der immer heißer werdenden Brühe über Sie her, und Sie schienen auch nicht abgeneigt. Wir zeigten den Wilden, was wir in Delhi so gelernt hatten, und das war, das müssen Sie mir zugute halten, unsere Rettung. Sie wissen ja, in diesen Breiten wird gern geschnackselt, und unser Beispiel machte schnell Schule bei der Rasselbande. Die Niam-Niam fielen übereinander her, als hätte man sie von jahrzehntelangem Zölibat befreit, Mann, Weib, Hund, Kind, Fetisch, alle trieben es bunt durcheinander, und wir konnten uns im allgemeinen Trubel bis zu meinem Doppeldecker durchschlagen ... Natürlich nicht, bevor ich Sie in der blubbernden Enge des Kochtopfs auf den Höhepunkt der Wollust getrieben hatte.«

Der Happenstein haute ganz schön rein.

»Gehen wir zu dir oder mir?« fragte sie mit Angst vor der eigenen Courage.

»Eines noch, bevor ich's vergesse«, sagte er und beugte sich erneut verschwörerisch zu ihr vor, so daß seine Stirne fast die ihre berührte. »Wußten Sie eigentlich, daß Hitler unsterblich in Sie verliebt war? Doch, ich weiß es aus erster Quelle. Aus dem Mund des Führers. Einmal geriet ich in Berlin ›Unter den Linden‹ in einen dieser Volksaufläufe. Die Straße war gesäumt von hakenkreuzfähnchenschwenkenden Menschen, als die Wagenkolonne vorüberkam. Hitler bemerkte mich in der Menge, faßte mich ins Auge, ließ den Chauffeur anhalten, stieg aus, kam zielstrebig auf mich zu und sah mir lange ins Gesicht. ›Sie werrden sich auf derr Stelle und ohne Fisimatenten von Fräun Welln-

blech trrennen‹, herrschte er mich an, ›ich liebe dieses Mädel und werrde sie zur ersten Frau des Reiches machen.‹ –
›Wie bitte?‹ rief ich, ›was willst du, eineiiger Bastard? Eins
aufs Bärtchen kannst du kriegen!‹ Und schon habe ich ihm
rechts und links eine …«

»Moment mal! Ich heiße überhaupt nicht Wellnblech!«

Sie konnte nun partout nicht länger an sich halten. Im
übrigen gefiel ihr auch die letzte Geschichte bei weitem
nicht mehr so gut wie die vorangegangenen. Er griff das
baumelnde Monokel wieder auf, setzte es ins Auge zurück
und musterte sie erstaunt.

»Ach was! Sondern?«

Die sich drehende Glasglitzerkugel der Bar spiegelte sich
verwirrend im Zyklopenblick. Die andere Sehhälfte, zum
Schlitz verkürzt, zuckte argwöhnisch mit den Lidern.

»Frohwein«, stieß sie hervor, »Bucka Frohwein.«

»Frohwein? Nie gehört!« Seine Stimme klang blechern.
»Und was machen Sie so beruflich?«

Sie mußte ihre Gedanken erst sammeln.

»Ich …, ich arbeite in der Notaufnahme der ›Lustigen
Tierambulanz‹.«

»Sicher hochinteressant.«

»Aber anstrengend.«

»Verstehe. Wie sind denn so Ihre sonstigen Interessen ge-
lagert?«

»Volleyball. Skifahren. Bergwandern. Klönen.«

»Ach.«

»Klasse Hobbys«, fügte sie wie entschuldigend hinzu.

»Kann man wohl sagen.«

Er seufzte tief. Unendlich tief. Es klang wie das Seufzen
Ahasvers, des Fliegenden Holländers und Don Juans beim
Anblick des steinernen Gastes, im Trio.

»Dann latschen Sie sicher auch gern durch Fußgängerzo-
nen?«

»Ja, aber nur in meiner Freizeit.«

»Man kann mit Ihnen Pferde stehlen, Sie sind naturverbunden, lieben auch ernsthafte Gespräche bei einem guten Glas Wein und romantischem Kerzenlicht, Sie suchen nach großer Enttäuschung einen Partner, der Treue noch zu schätzen weiß? Und essen manchmal Yoghurette?«

Während dieser Aufzählung beglich er die Rechnung, die ihm der Barkeeper geflissentlich überreicht hatte.

»Hm«, meinte sie, im großen und ganzen zustimmend.

»Tja«, sagte er, schaute abwesend auf seine Uhr und schreckte hoch. »Was, so spät schon? Fürchte, ich muß los.«

»Schade, wo wir uns doch gerade erst kennengelernt haben.«

»Die Pflicht ruft. Termine, Termine.« Er zog ein vollgekritzeltes Notizbuch aus der Innentasche und las zur Bestätigung laut vor: »7.30 Verlosung eines SOS-Kinderdorfes, mit anschließender Folterung des Preisschwimmers Horstchen. 11.00 Maschine nach Rom. 12.30 Kaninchenschlachten im Vatikan, anschließend Fototermin mit Bebe Daniels in Cinecittà, Preview ihres Problemfilms ›Deo‹, dann Charterflug nach Maiduguri, Nigeria, zu einem Treffen mit der gefürchteten Dorfschönheit Sh-Affner … undsoweiterundsoweiter. Sie sehen …«

Sie wirkte schwer beeindruckt.

»Rufen Sie mich mal an, wenn Sie wieder im Lande sind? Moment, wo hab ich sie denn …«, sie kramte in ihrem Täschchen. »Ah, hier, meine Visitenkarte. Selbstgedruckt, am Automaten.«

Er hielt die Karte dicht vor sein Monokel: »Bucka Frohwein, Assistant Manager Deputy of lesser importance, Lustige Tierambulanz …«

»Warten Sie, ich schreibe Ihnen meine Privatnummer hinten drauf.«

»Charmant, charmant. Mit Lippenstift. Also, dann ›à bientôt‹, wie der Pariser sagt.«

»Tschüsssss …«

Als er in der Menge verschwunden war, fiel ihr ein, daß

114

sie ihn gar nicht nach seinem Namen gefragt hatte. In ihrem Kopf war ein Gefühl der Leere. Sie nahm das Glas Happenstein und schüttete es in einem Zug hinunter. Auf dem Barhocker neben ihr nahm ein braungebrannter schwarzgelockter Jüngling Platz.

Er trug die Hemdmanschetten über die Jackettärmel geschlagen, bestellte ein alkoholfreies Bier und fragte: »Bist du öfters hier?«

»Nö«, log sie einfach.

LUTZ WALTHER
Eigentlich

Eigentlich wollte ich sie nur vögeln. Sicher, sie war interessant, intelligent, gutaussehend, humorvoll … Man konnte sich hervorragend mit ihr über Kunst und Literatur unterhalten, über Goethe zum Beispiel oder Shakespeare.

Ganz amüsant fand ich neulich die Sache mit Ophelias Selbstmord im Fluß, na ja, weniger ihr Ableben als vielmehr der Gedanke, daß das wäßrige Element den Frauen eher zukommt als den Männern, obwohl diese statistisch gesehen mehr trinken als jene. Schon in der Antike behauptete dieser angebliche Arzt Hippokrates, beim Sex würden Mädchen gezeugt, wenn die Mütter eine wäßrige Lebensweise hätten, womit er meinte, daß sie kalte, feuchte und weiche Speisen und Getränken zu sich nähmen. Auch hätten Frauen einen größeren Anteil an Wasser im Körper und seien deshalb phlegmatisch und nicht cholerisch oder gar melancholisch, denn die Melancholiker leiden eher an unterkühlter Vertrocknung, weswegen Frauen auch nicht so intellektuell seien wie Männer, denn nur die Intellektuellen neigen zur übermäßigen Ausscheidung von schwarzer Galle, wie ja auch Aristoteles behauptete …

Apropos Aristoteles. Das ist eine eigene Geschichte: Aristoteles, der Göttlichste unter den Philosophen, der leuchtendste Stern am abendländischen Philosophenfirmament, obwohl ich ja glaube, daß er bestimmt ein bißchen unter seinem Übervater Platon gelitten hat.

Na ja, wir saßen also beim Rotwein, zweite Flasche, beide schon leicht angesäuselt, ich starrte ihr ungeniert in den Ausschnitt, sie hatte nichts drunter, ihre Brüste schwankten leicht hin und her, wenn sie gestikulierend redete, da erzählte sie mir, dieser Aristoteles hätte behauptet, daß Melancholiker die besten Liebhaber seien oder, anders gesagt, daß man zum Melancholiker wird, wenn man viel Rotwein trinkt. Das leuchtete mir zunächst nicht ganz ein, weshalb ich nachhakte.

Sie sagte, es verhalte sich so, daß sowohl die schwarze Galle als auch der Rotwein lufthaltig seien, weswegen Magenwinde und Blähbeschwerden zu den melancholischen Krankheiten gezählt würden und somit Rotwein und Melancholie ihrer Natur nach einander ähnlich seien. So weit, so gut.

Da behauptet aber dieser Unsterblichste aller Philosophen auch noch, daß beim Sex vor allem die Luft eine große Rolle spiele, weil, man höre und staune, das männliche Glied, um in einen erregten Zustand zu kommen, von innen mit Luft aufgeblasen wird, und da alle Melancholiker zum Suff neigen, um ihren trübsinnigen Gedanken Luft zu machen, mutieren sie mir nichts dir nichts zu geifernden Lüstlingen, die sich sogar dazu hinreißen lassen, Leute zu küssen, die wegen ihres Aussehens oder ihres Alters wohl kein Nüchterner auch nur ansehen würde.

Was für eine Geschichte, sage ich euch, doch eigentlich wollte ich sie nur vögeln.

Schön, sie sah wirklich gut aus, muß man schon sagen, ihre schwarzen schulterlangen Naturlocken machten mich wahnsinnig, ich bekam glasige Augen, starrte wie ein brunftgeiler Rothirsch vom kleinbürgerlichen Wandschmuck herab, wie ein Irrsinniger, der zu tief in die göttliche Wahrheit geschaut hat und nun völlig verblendet hinter jedem noch so banalen Gegenstand irgendeine Transzendenz zu spüren glaubt ...

Apropos Schönheit: Aphrodite sei ja auch eine von den Wäßrigen, hat sie mir neulich erzählt, immerhin steigt sie bei ihrer Geburt aus dem Meeresschaum, umrankt von eifrigen Putten und liebestollen Eroten. Sie entert dann flugs eine vorbeischippernde Muschel und fährt schnurstracks durch den Hellespont gen Arkadien, wo dieser stumpfsinnige Schafhirte und die beiden anderen Schönheiten schon ungeduldig auf sie warten, damit die Wahl der Miss Antike endlich losgehen kann.

Ihr wißt, nur diesem Schäferlüstling haben wir es zu verdanken, daß Troia in Schutt und Asche gelegt wurde. Was ich aber nicht wußte, doch unlängst in einer unserer gemeinsamen nächtlichen Sitzungen erfahren durfte, ist, daß Aphrodite aus dem Schaum nur deshalb auftauchen konnte, weil Kronos seinem Vater Uranos den Schwanz samt Eiern abgeschnitten und ins Meer geworfen hatte. Also von wegen Schaum: Samen waren das dann wohl, aus denen unsere Liebesgöttin da auftauchte, gurgelnd und sprudelnd, voll bis zum Hals mit dem Fortpflanzungssaft des Vaters der Titanen, des höchsten aller hohen Götter der griechischen Antike.

Vergeßt mal diesen Stümper Zeus. Der konnte doch nur überleben, weil ihn seine Mama vor der panischen Gefräßigkeit seines Papas versteckte. Und wenn man dann aber sieht, mit wem es Aphroditchen so alles getrieben hat, kann man wirklich neidisch werden. Nur Adonis hat's wohl nicht gepeilt. Dieser Trottel hatte nichts Besseres zu tun, als ihr imponieren zu wollen, und jagte einem Eber nach, was ihm dann den Hals brach. Statt sich die Gute erst mal vorzunehmen … Was mich zu meinem Thema zurückbringt, denn eigentlich wollte ich sie doch nur vögeln.

Wir trafen uns häufig, hockten stundenlang in Cafés und steckten Köpfe und Beine zusammen, gingen dann meist zu ihr nach Hause, weil bei mir das präparadiesische Chaos regiert, und wie wir da so gingen, erzählte sie mir dieses und jenes und allerlei Interessantes und Wichtiges. Ich legte meinen Arm ganz unscheinbar, fast beiläufig um sie, fühlte mit meinen Fingern ihre Rippen, fuhr hoch und wieder runter und rutschte auch schon mal etwas tiefer nach schräg rechts über ihren Hüftknochen und genoß mit mei-

ner Hand, die ich leicht auf ihre Hose preßte, jede Bewegung ihres Beines, jeden Muskel, jeden Schritt.

Und sie sprach dann vom Zwiebelmotiv bei Bonaven-
tura oder der Witwe von Ephesus, verglich Petronius mit
Melville und ...

Apropos Petronius: Das ist der mit dem Satyricon. Ein
Schelmenroman, sagte sie, sei das gewesen. Daß ich nicht
lache. Dann war Trimalchios' Orgie wohl ein gutbürger-
liches Abendessen im trauten Kreise der Familie? Allein
wenn man bedenkt, was dort alles auf den Tisch kam: die
Gebärmutter einer Jungsau, Nieren und Hoden, Raben
und Hummer, so weit die Vorspeise, dann Masthühner,
Saueuter, Hasen, ganze Schweine und Unmengen Fisch,
vielleicht noch eine afrikanische Feige oder eine Erbse zum
Abschluß gefällig? Irgendwo plärrte Musik, und vier
nackte Eunuchen tanzten Walzer. Seinen Schwiegereltern
kann man so etwas wohl nicht vorsetzen.

Und dann diese vulgäre Sprache. Zum Glück verstehe ich
kein Latein, konnte also ihren Ausführungen nicht immer
ganz folgen. Aber deftig muß das Ganze schon gewesen sein.
Leider fehlt ja der größte Teil des Buches, irgendwann im
7. Jahrhundert verlorengegangen, und alle trauern darum,
daß man die schöne Geschichte nicht zu Ende lesen kann.

Man stelle sich das mal vor: Da sitzen seit Jahrhunderten
grauhaarige Lateinprofessoren zu Hause hinterm Schreibtisch und heulen sich still und leise die Augen aus dem
Kopf, weil sie endlich mal ganz offiziell was total Versautes
hätten lesen dürfen und nun nicht können, weil irgendwelche Trottel vor dreizehnhundert Jahren das Buch in die
Tonne gekloppt haben. Oh, ich schweife ab, denn eigentlich ..., aber das wißt ihr ja schon.

Zugegeben, sie hatte schon was gemerkt und war nicht
immer so harmlos. Ich glotzte sie ständig an, versuchte
zwar immer ganz heimlich und verstohlen, ganz schnell,
ohne daß sie es merkte, was ja eigentlich fast unmöglich ist,
denn sie war ja nicht blöd, in den Ausschnitt ihres T-Shirts,

auf ihren Hintern oder ihre Beine zu schauen, und ich sage euch, der Anblick war kaum zu ertragen, doch gelang mir das leider so gut wie nie.

Neulich aber, als ich wieder einmal bei ihr zum Essen war und der Abend immer länger und länger und die Weißweinflaschen immer leerer und leerer wurden – ja Weißwein! Seit der dusseligen Geschichte mit Aristoteles ist mir der Appetit auf Rotwein vergangen, und überhaupt trinke ich nicht seit jeher lieber Weißwein, vor allem aus dem Rheingau? Mit dem Gesöff bin ich praktisch großgezogen worden, zehn Kilometer links neben Wiesbaden, der hat auch nicht so viel Prozente und dreht nicht so schnell wie die blutige Brühe aus dem Süden, und lieber bin ich rechtschaffen geil und betrunken als lüstern mit blaskräftiger Unterstützung von Luft.

Na ja, auf alle Fälle sind wir uns endlich mal etwas näher gekommen, wurde ja auch Zeit. Es war alles ganz einfach: Schöne Musik lief im Hintergrund, das Essen war lecker, der Wein noch besser, sie sprach von der mathematischen Grundstruktur der einhundertzwanzig Tage von de Sade, und ich nahm all meinen Mut zusammen und küßte sie platt auf den Mund, bis sie still war.

Und dann ging's los. Sie riß ihre Augen auf und staunte mich mit offenem Mund an, legte ihren Kopf leicht zur Seite, plazierte ihre Hände in meine Haare, zog mich an sich und vergrub ihre Zunge in meinen Mund. Zwei Sekunden später hatte ich einen wild hämmernden Ständer.

Wir küßten uns eine Viertelstunde lang, ununterbrochen, ich bekam kaum Luft, hätte ich doch bloß Rotwein getrunken, hatte meinen ersten Schweißausbruch an diesem Abend – fünfundzwanzig weitere würden folgen. Sie zog mich ganz zu sich herüber, und mir war in diesem Moment noch nicht ganz klar, welche Sturzflut ich da ausgelöst hatte, wir küßten uns weiter, und ihre Hände begannen zu leben.

Zum ersten Mal fingen diese wundervollen Hände an,

mich zu berühren, zwischen Hosenbund und T-Shirt die nackte Haut zu suchen, meinen Nacken zu kraulen, meinen Nabel zu umkreisen.

Ich konnte es nicht fassen. Monatelang hatte ich mir nichts anderes gewünscht.

Sie setzte sich rittlings auf mich, schloß die Augen und küßte, was das Zeug hielt. Wir glitten vom Sofa, rollten über den Fußboden, turnten auf-, unter- und übereinander, unsere Beine verkeilten sich. T-Shirts wurden hochgeschoben, Hosenknöpfe abgesprengt, Schuhe und Strümpfe flogen quer durch den Saal. Ich schmolz wie ein Magnum in der Sonne, als ich zum ersten Mal ihre Brust berührte. Und dann dieser Anblick.

Alles ging so schnell und dauerte doch ewig. Ihre Nacktheit roch nach Vanille. Sie stellte mich auf meine Füße und verwandelte meine Achillessehne in eine erogene Zone. Ihr Mund war überall. Sie legte mich flach auf den Rücken und verteilte Pinienkerne auf mir, die sie dann langsam einzeln wieder von mir abknabberte. Sie drehte mich auf den Bauch, spreizte mir die Beine, so weit es ging, und schob ihre Zunge an Stellen, die nie zuvor eine Zunge gesehen, von denen ich nicht einmal geglaubt hätte, sie wären mit einer Zunge erreichbar.

Schweißausbrüche folgten Zitteranfällen, erregende Dauerschauer, Schüttelfrost, Hagelsturm, Tropenhitze und Wüstenschwitze. Ich versuchte, es ihr gleichzutun, ihr Spiel zu beantworten, gab mir Mühe, mir auch etwas auszudenken, um ihre Erregung bei Laune zu halten, doch sie schien mir immer um eine Idee voraus.

Sechs Stunden verbrachten wir so mit den irrwitzigsten Spielereien, bis ich fast ohnmächtig zusammenbrach. Ich kam dann irgendwann zwischen halb drei und halb vier, doch eigentlich … Oh, Mann!

MICHAEL KÖHLMEIER
Als Elvis ging

Nach einer Legende soll Elvis Presley in der Nacht, bevor er zum erstenmal die Sun Studios in Memphis betrat – das war am 5. Juli 1954 –, geträumt haben, ein Engel im weißen Anzug hole ihn zum Tod ab. Auf Elvis' Frage, wohin er ihn nun bringe, habe der Engel geantwortet, selbstverständlich in den Himmel, und auf die Frage, was dort von ihm erwartet werde, selbstverständlich dasselbe wie auf Erden, nämlich daß er Musik mache und zwar mit einer Band, der nur die vorzüglichsten Musiker angehörten. Der Engel habe Elvis die Bandmitglieder genannt – seither wird in Musikerkreisen gerätselt, welche Namen das wohl gewesen sein könnten ...

Am 17. August 1977 erfuhr ich aus dem Radio, daß Elvis Presley gestorben war. Ich war damals achtundzwanzig Jahre alt und hielt mich in Coburg im Haus der Eltern meiner Lebensgefährtin auf.

Es war Mittag, ich trat gerade aus dem Eßzimmer, wo ich geholfen hatte, den Tisch zu decken, ich wollte sagen, es sei alles bereit, man könne anfangen. Im Wohnzimmer saßen Ullas Vater und ihr Bruder, lasen Zeitung und hörten Nachrichten. Keiner von beiden sah auch nur auf, als die Meldung kam.

Ich sagte: »Elvis Presley ist gestorben.«

Ullas Vater sagte: »Alles Fleisch ist wie Gras.«

Wir aßen Hackbraten mit Kartoffelpüree und Blaukraut und tranken dazu Weißwein. Wir stießen an. Wir sprachen wenig, lobten das Essen. Helga, das Dienstmädchen, hatte gekocht.

»Es ist wieder einmal ausgezeichnet«, sagte der Vater.

Er hatte sich zum Essen ein Jackett übergezogen, ein englisch kariertes, mit einem Dragoner auf dem Rücken. Legerer gekleidet hatte ich diesen Mann nie gesehen.

Er hatte manikürte, schlanke Hände, gelenkige Finger, die kaum in Bewegung waren.

»Greifen Sie zu, Michael«, sagte er. »Fühlen Sie sich wie zu Hause!«

Das tat ich nicht.

Zum Nachtisch gab es für jeden eine Banane. Fassungslos sah ich zu, wie der Vater die Banane mit Messer und Gabel aß. Er trennte die beiden Enden ab, schlitzte die Schale der Länge nach auf und legte die Frucht frei. Dann schnitt er daumenbreite Stücke ab, spießte sie mit der Gabel auf und aß. Etwa ein Viertel der Banane ließ er übrig. Über Elvis Presley wurde während des Essens nicht ein Wort gesprochen. Selbstverständlich nicht.

Als wir uns vom Tisch erhoben, sagte ich: »Aber es tut mir doch leid.« Keiner wußte, was ich meinte.

Dann spielte ich mit Ullas Mutter eine Partie Schach. Dabei hörten wir etwas Leichtes von Schubert. Bei gewissen Stellen hoben die Mitglieder der Familie einen Finger. Ich hockte vor dem Schachbrett und bockte, während Ullas Mutter sich mit ihrem Mann unterhielt, sich mit ihrem Sohn unterhielt, sich mit ihrer Tochter unterhielt, ganz selten nur einen kurzen Blick auf das Brett warf und mich dreimal hintereinander nach wenigen Zügen matt setzte.

»Elvis Presley ist gestorben«, sagte ich und ärgerte mich, weil meine Stimme quengelnd klang.

»Hat er Ihnen etwas bedeutet?« fragte Ullas Mutter.

»Er war ein Symbol«, sagte ich.

»Wofür?«

»Für eine gewisse ...«, faselte ich.

Sie warf mir einen Blick zu, einen glatten, weißen Blick, eine Unterlage für meine eigene Selbsteinschätzung. »Wir besitzen leider keine einzige Platte von ihm«, sagte sie.

»Ist nicht so schlimm«, sagte ich.

Ich hatte vor eineinhalb Jahren mein Studium abgeschlossen, war ohne Arbeit und lebte mit ihrer Tochter und deren zwei Kindern zusammen. Meine Selbsteinschätzung, davon war diese Frau überzeugt, mußte katastrophal sein. Ihre Tochter klaute regelmäßig Dauermilch im Supermarkt, das wußte sie freilich nicht.

Am Nachmittag besuchte ich meine Großmutter. Sie wohnte bei ihrer Tochter in Untermiete im Haus neben Ullas Eltern. Ich erzählte ihr von Elvis und wie er gestorben war, fett und allein.

»Warum wohnst du nicht bei uns«, fragte sie. »Warum bei denen da drüben?«

»Weil er doch mit denen ihrer Ulla geht«, sagte meine Tante. »Das ist doch in Ordnung, Mutter!«

Meine Großmutter winkte mich zu sich.

»Ich kann den Notar nicht leiden«, sagte sie. »Ich habe geträumt er ist mit seinem Opel durch die Wiese gefahren und hat mit dem Scheinwerfer in mein Zimmer geleuchtet und ist in mein Zimmer gestiegen und hat gesagt, er will mir helfen, mein Testament zu machen.«

»Du hast nichts zu vererben«, sagte meine Tante. »Du brauchst kein Testament!«

»Trotzdem«, sagte meine Großmutter, »ich rede kein Wort mehr mit dem Notar.«

»Mutter!« rief meine Tante. »Mutter, du hast geträumt!«

»Ein anständiger Mensch tut so etwas auch nicht im Traum«, sagte meine Großmutter.

»Die alte Frau war sehr bedrückt wegen Elvis' Tod«, sagte ich zu Ulla, als wir nach Gießen zurückfuhren.

»Sie war bedrückt? Wegen Elvis?« rief sie empört. »Was redest du denn da! Sie kennt ihn doch gar nicht!«

»O doch«, sagte ich und machte lange Augenlider. »Sie will versuchen, daß er ihr im Traum erscheint.«

»Seid ihr denn alle verrückt!« Sie schlug mit beiden

Händen auf das Lenkrad. »Woher nehmt ihr nur eure Arroganz? Das möchte ich wissen!«

Der Lieblingssänger meiner Großmutter war übrigens Josef Schmidt, ihr Lieblingslied »Es wird im Leben dir mehr genommen als gegeben ...«

Ulla, die Kinder und ich wohnten in Gießen in einer Straße, die an der amerikanischen Kaserne vorbei und durch die amerikanischen Wohngebiete führte, Lincoln Street. Vierzehntausend Amerikaner lebten zu dieser Zeit in Gießen, Soldaten mit ihren Angehörigen.

Ich führte ein Leben ohne eigenen Plattenspieler. Manchmal dachte ich an Musik. Das heißt: Ich dachte Musik. Man soll nicht angeben, darum scheue ich mich zu sagen: Die Musik dachte sich in mir. Ich war so feig vor dem Leben, rollte mich mit Kerstin und Dirk auf dem Spannteppich herum, bis mir die Haare wie Sonnenstrahlen auf ihren Kinderzeichnungen vom Kopf abstanden, und in erhitztem Ein- und Ausatmen waren plötzlich Lieder da, nämlich im Rauschen der Luft zwischen meinen Zähnen. Ich konnte Melodien hören. Beim einfachen Atmen. Die Kinder sagten, es sei nur ein Zischen.

Und am Abend sagten sie zu ihrer Mutter: »Er zischt und sagt, er singt.«

»Tust du das?« fragte Ulla.

»Ja«, sagte ich.

»Zeig mir, wie das geht«, sagte sie.

Ich zischte. Sie zischte. Aber bei ihr war nichts.

»Sagenhaft«, sagte sie.

Ich glaubte ihr die Begeisterung nicht. Wie kann auch ein Mensch vom Zischen eines anderen Menschen begeistert sein!

Die Frage, wozu ich nütze sei, beschäftige mich, und die Frage, ob einfaches Denken auch eine Art von Beschäftigung genannt werden dürfe.

Die Lieder in meinem Atem waren wie ein flüchtiger Vorgeschmack auf die Ewigkeit. Das Komplizierte sei ein

Übergang zum Einfachen, las ich irgendwo und bekam ein schlechtes Gewissen, weil ich in meinem ganzen Leben noch gar nichts als kompliziert empfunden hatte, ich mich also in einem Vorstadium eigentlicher Existenz befinden mußte, was mir unangenehm war.

Überall in der Lincoln Street wehten schwarze Fahnen. Deutsche, die in den amerikanischen Supermärkten und den amerikanischen Kinos arbeiteten, hatten die Fahnen in unserem Viertel aufgezogen. Sie wollten bei der Besatzungsmacht Eindruck schinden. Für deutsche Staatsbürger ohne Sondererlaubnis war der Zutritt zu diesem Gebiet verboten. Ich war Österreicher. Wenn ich meinen Paß vorlegte, ließ man mich im amerikanischen Supermarkt einkaufen, ich durfte das amerikanische Kino besuchen und in die Wohnungen amerikanischer Soldaten eingeladen werden.

Ich hatte einen Freund, der hieß Hiram, er wollte, daß man ihn Hank nannte wie Hank Williams, der auch Hiram geheißen hatte. Er war Soldat und stammte aus einer kleinen Stadt in Idaho, er wußte nicht, warum die Deutschen diese schwarzen Fahnen an die Bäume vor der Kaserne und an das Tor und über die Garage mit den Mannschaftswagen und neben den Eingang zum Supermarkt gehängt hatten.

»Wegen Elvis«, sagte ich.

»Aber der gehört euch doch gar nicht«, sagte er.

»Die Leute meinen, er gehört ihnen doch ein wenig, weil er ›Muß i denn zum Städtele hinaus‹ gesungen hat«, sagte ich.

»Ich habe Elvis nie besonders gemocht«, gestand er mir und sprach dabei leise und blickte sich um.

»Ich auch nicht«, sagte ich.

Hank aß manchmal bei uns, dann brachte er Schallplatten mit, die ihm gefielen, Country-Music, immer nur Country-Music. Mit der Zeit gefiel mir das auch. Ulla nahm es hin, bewegte sich ein wenig im Rhythmus, saß im

Schneidersitz auf dem Schaumgummisofa. Sie machte ein Gesicht, als denke sie: Ja, warum eigentlich nicht. Sie nippte an ihrem Weinglas und bewegte sich zu der Musik, die ihr nichts bedeutete. Sie bewegte sich nur, um Hank nicht zu kränken, und aus demselben Grund machte sie dieses Gesicht, denn Hank war empfindlich.

»Du tust doch nur so, damit er meint, du genießt diese Musik«, sagte ich.

Hank konnte uns nicht verstehen, wenn wir deutsch sprachen.

»Gibt es bei dieser Musik etwas zu genießen?« fragte sie.

»Es gibt sehr wohl etwas zu genießen«, brüllte ich.

»Was denn?«

»Wenn du es nicht merkst, kann ich es dir nicht erklären.«

»Dann laß es doch einfach«, sagte sie.

Sie saß im Schneidersitz auf dem Sofa, nippte an ihrem Weinglas und zeigte mir ihr Profil. Ihre Lippen lagen so ruhig aufeinander, als gäbe es keine Sache in der Welt, für oder gegen die zu sprechen es sich lohnte, und sie öffneten sich nur leicht, wenn sie nippte, und es machte mich rasend, wie langsam sie trank. Aber ich mochte ihre Haut an den Schläfen, die war vernarbt von Akne, unter der sie als Mädchen gelitten hatte. Man mußte nahe herangehen und genau schauen, um die Narben zu sehen. Und ihre Haare mochte ich, die waren wie ein goldener Helm und formten ihr einen schönen Hinterkopf.

»Warum hebt deine Familie bei einer bestimmten Stelle von dieser leichten Schubert-Musik immer einen Finger?« rief ich.

»Wenn du das nicht hörst, kann ich es dir nicht erklären«, sagte sie.

Hank schaute von ihr zu mir und lächelte ängstlich.

Ulla war meine erste Liebe, wir hatten uns kennengelernt, da waren wir beide sechs Jahre alt. Sie lebte in Deutschland, ich in Österreich. In der Pubertät schrieben wir uns Briefe, zwei pro Woche. Sie war die Tochter einer erfolgreichen Ärztin und eines noch erfolgreicheren Notars. Ich war der Sohn eines Gelegenheitsjournalisten mit literarischen Ambitionen und wunderbarem Mundwerk und einer Hausfrau. Ihre Eltern hatten saftig geerbt und verdienten noch saftiger dazu. Ulla konnte sich ein Leben nicht einmal im Mittelstand vorstellen.

Wo wir unseren Winterurlaub verbringen, fragte sie. Da hatte meine Familie überhaupt noch nie Urlaub gemacht, geschweige denn einen Winterurlaub. In den Ferien war ich bei meiner Tante und meiner Großmutter in Coburg.

Ulla war die erste, mit der ich geschlafen habe. Wir taten es in einem Hotel in Lindau, da waren wir knapp achtzehn. Wir schrieben uns als Mann und Frau ein. Ich bezahlte. Ich habe dafür in den Ferien bei der Post gearbeitet. Meine Füße waren schwarz, weil ich am Abend zuvor barfuß eine Wiese gemäht hatte. Als ich ihr das erzählte, bekam sie einen Lachanfall. Außerdem lachte sie, weil ich einen Pyjama mitgebracht hatte. Dann hat sie mit mir Schluß gemacht, hat geheiratet, zwei Kinder geboren, sich scheiden lassen und mich neu kennengelernt.

»Warum klaust du eigentlich die Dauermilch im Supermarkt«, fragte ich sie, nachdem Hiram gegangen war.

»Ich weiß nicht«, sagte sie. »Weil es praktischer ist, denke ich.«

»Es kann doch nicht praktischer sein, etwas zu klauen«, sagte ich.

»Warum tue ich es dann?«

»Weil du denkst, daß ich es tue.«

»Aber du tust es ja nicht. Ich tue es.«

»Aber du denkst, ich bin grundsätzlich einer, der so etwas tut. Auch wenn ich es nicht tue, könnte ich es doch tun. Und deshalb tust du es. Nur um etwas zu tun, was du grundsätzlich nicht tun würdest.«

Bei manchen Gitarrensoli von Peter Green oder Alvin Lee oder Eric Clapton oder Jimi Hendrix hob ich von nun an einen Finger.

Und ich gewöhnte mir an, zwischendurch fallenzulassen: »Als Elvis Presley zum erstenmal die Sun Studios betrat, wurde die Popkultur geboren ...«

Ich versuchte, Ulla weiszumachen, daß sie wegen ihrer hohen Herkunft ontologisch von den Freuden eben dieser Popkultur ausgeschlossen sei und somit vom Leben, dem lässigen. Annäherungen seien ihr vielleicht möglich, mit Fleiß könne sie versuchen wettzumachen, was ihr an Blut fehle. Nützen aber werde es nicht viel. Am Ende sitze sie immer wieder nur da und wippe in einem ihr fremden Rhythmus und verstehe nichts.

Und ich versuchte, ihr weiszumachen, daß sie die Dauermilch in Wahrheit nur deshalb klaue, um einem Geheimnis auf die Spur zu kommen ...

Apropos Geheimnis: Als Bob Dylan vor einigen Jahren schwer erkrankt war, sei ihm, erzählte er einem Reporter, Elvis erschienen und habe gesagt, in seiner Band sei ein Platz für ihn reserviert.

HENNING VENSKE
Überwürzt

Wolfram, Mitte Siebzig, sitzt in der Gaststube des »Schwarzen Ochsen« unter einem ausgestopften Wildschweinkopf, Habichten mit traurigen Glasaugen, unter Hirschgeweihen an ausgebleichter Hirnschale und anderen Resten von Waldbewohnern.

Wolfram ernährt sich davon, als unermüdlicher und kenntnisreicher Förderer der Eßkultur zu wirken. Wo immer Lebensmittel gedemütigt werden, ist er zur Stelle. Er benotet, was andere Leute gekocht haben. Wolfram schreibt Bücher und Zeitungsartikel übers Kochen. Er weiß alles übers Kochen. Er kocht auch selbst. Er kann das. Er verabscheut Blechkopftöpfe. Seine Welt ist schweres emailliertes Gußeisen. Kupfertöpfe. Stielkasserollen. Gute Butter.

Knusprig-krosses Fleisch kann Wolfram nicht begeistern: »Die hohe Kunst des Kochens besteht darin, Knusprigkeit möglichst zu vermeiden«, sagt Wolfram immer, »denn diese ist letzten Endes nichts anderes als die Folge falscher Behandlung: das Fleisch ist verbrannt. Bis sich das in deutschen Gasthaus- und Privatküchen herumgesprochen haben wird, vergeht wahrscheinlich noch viel Zeit. Grillen hat mit Feinschmeckerei gar nichts zu tun, und Dünsten ist besser als Braten. Die beste Methode ist, Fleisch zu kochen«.

Im Fenster des »Schwarzen Ochsen« (seit zweihundertachtzig Jahren im Familienbesitz) hängt seit mehreren Generationen ein Schild: »Deutsche und Internationale Küche«.

Wolfram hat sich ein Gulasch bestellt. Zu Gulasch hat er ein besonderes Verhältnis, schon seit über fünfzig Jahren.

Gleich nach dem Krieg hat Wolfram hier, im »Schwarzen Ochsen«, Koch gelernt. Beim alten Stierhofer, dem Mehlschwitzenfürst. Notstandsküche, Konfektionsfraß, Hülsenfrüchte. Alles auf Sparsamkeit ausgerichtet. Alles, was der alte Stierhofer seinen wenigen Gästen vorsetzte, schmeckte, als sei das Essen vor Wochen gekocht und seitdem in einem feucht-muffigen Pappkarton aufbewahrt worden.

Wolfram hatte sich zur Arbeit immer ein mit Halbfett bestrichenes und leicht gesalzenes Brot von zu Hause mitgebracht. Er war ein hübscher schlanker Junge mit Chancen bei der weiblichen Landjugend. Der alte Stierhofer hatte eine herabhängende Wampe, die aussah wie ein Sack Vogelfutter.

Der abgeschabte Enddreißiger hinter dem Tresen ist offenbar sein Sohn. Den mußte Wolfram damals übersehen haben. Jedenfalls hatte ihm der Knabe keinen Anlaß geboten, ihn im Gedächtnis zu behalten.

Stierhofer junior spült Gläser. Damals hatten sie hier noch nicht mal eine Spülmaschine. War ja noch nicht erfunden. Wolfram mußte viel Geschirr abwaschen. Der alte Stierhofer animierte ihn dazu mit dem täglich wiederkehrenden Hinweis: »Der brave Lehrling nimmt die Teller aus dem Spülbecken, bevor er reinpinkelt.« Heute stinken Teller und Tassen aus der Spülmaschine nach Chlor.

Wolfram hat Gulasch bestellt.

Gulasch, ein Wort ungarischer Abstammung. In Würfel geschnittenes Gulaschfleisch, sehniges Rind, angebraten und geschmort, dann in die Mehlpampe getaucht.

»Als Sonntagsessen ein Fest wie die Schlacht im Teutoburger Wald«, sagte der alte Stierhofer immer.

Das Fleisch zerfiel in einzelne Fasern und leistete dem Gebiß mehr Widerstand als jedes Elektrokabel. Heute würde Wolfram so was als mißlungenes Hundefutter bezeichnen. Wolfram war von Hause aus Flüchtling. Und deshalb weiß er bis heute: Die Bauern, die das Fleisch produzieren, sind eine Saubande.

Damals war Schweinegulasch nicht mit Kümmel, Rosenpaprika, Gänseschmalz oder Backpflaumen angereichert, nicht zu reden von Kalbsgulasch mit Schalotten, Knoblauch und frischem Thymian, und beides noch nicht im Schoße von Wolframs Phantasie herangereift. Er ahnte nur: Da kommt noch was. Da gibt es irgendwo auf dieser Welt magische Zutaten. Eines Tages würde er Gemüse im eigenen Blut garen. Beim Kartoffelschälen erträumte er sich einen Gaumenkitzler und die Macht, ein neues Gericht zu erfinden. Eine Création individuelle.

Während der junge Wolfram seine Tagträume auskostete, hatte sich der alte Stierhofer über einen Küchenschemel gestülpt und schaufelte eine charakterlose Rübensuppe mit Genuß und einem Löffel in sich hinein.

»Suppe mit der Gabel essen macht starke Arme«, stellte er dazu fest, und dann pflegte er sich in ein kleines Büro hinter der Küche zurückzuziehen, um auszuruhen.

Wolfram liebte das Kochen und haßte den »Schwarzen Ochsen«. Wenn der alte Stierhofer schlief, seine Frau bei der Nachbarin hockte und »Danziger Goldwasser« schlabberte und die als Bedienung dilettierende Tochter der beiden hinter dem Stall des Dorfmetzgers herumpoussierte, schlich er sich in die Gaststube und drückte einen saftigen Klacks aus dem Senfspender in die Speisekarten, die er dann wieder zuklappte und sorgfältig glattstrich. Deshalb gab es immer wieder Gäste, die mit Appetit die Gaststube betraten und sie ohne verließen. Grußlos.

Übrigens liebte Wolfram diese Tochter Stierhofer nicht. Er vermutete Mundgeruch bei ihr. Wolfram liebte Elena, die Frau seines ehemaligen Realschullehrers. Er war sicher, Elena liebte ihn auch. Sie mußte ihn nur erst mal zur Kenntnis nehmen, dann würde sie ihm verfallen, so richtig, mit allem.

Halbgefrorenes Lächeln in Vanilleschaum.

Er macht das mit dem Senf gelegentlich noch heute, vorzugsweise in Restaurants mit korpulenten Plastikspeisekarten, die auf den Besitz zahlreicher Tiefkühltruhen schließen lassen und wo auf den Tischen Salz- und Pfefferstreuer, womöglich sogar Senfspender und Maggiflasche stehen, wie um zu signalisieren: He, du, wir können sowieso nicht kochen, würz dir den Anspruch auf deine überhöhte Rechnung gefälligst selbst zurecht.

Stierhofer junior wischt mit einem labberigen Handtuch die Gläser ab und glotzt zu ihm rüber. Wolfram glotzt zurück, Stierhofer junior guckt wieder weg.

»Wenn man schmutziges Geschirr in schmutzigem Spülwasser spült und anschließend mit schmutzigen Handtüchern trocknet, wird es trotzdem irgendwann sauber, sagt Werner Heisenberg«, sagt Wolfram.

»Wer?« antwortet Stierhofer junior, »bei mir ist alles sauber. Ihr Gulasch kommt gleich. Wir haben einen guten Müller-Thurgau. Wollen Sie?«

Guter Müller-Thurgau, ach du meine Güte.

»Geben Sie mir noch ein Bier«, sagt Wolfram, »es kann meinetwegen auch ein einheimisches sein«.

Das Gulasch war beliebt bei den Stammgästen im »Schwarzen Ochsen«. Der alte Stierhofer und er kochten immer große Portionen, für vier Wochen im voraus. Sie besaßen einen Zehn-Liter-Topf aus Edelstahl, den hatte damals auch nicht jeder, und eine intakte Kühlkammer: sechs Grad Dauertemperatur. Das Gesundheitsamt verlangte, der Topf muß abgedeckt sein, aber der alte Stierhofer sagte: »Bloß nicht, dann schimmelt's.«

Wenn ein Gast Gulasch bestellte, mußte Wolfram in die Kühlkammer und eine Kelle voll abfüllen, ein halbes Glas abgestandenen Trollinger dazugeben, umrühren und aufwärmen. Die Leute aßen das. Und dann schickte der alte Stierhofer seinen Lehrling in die Gaststube, wo er sich mit vor den Händen gefaltetem Bauch an den Tisch stellen und fragen mußte: »Waren die Herrschaften zufrieden?« Die Herrschaften nickten, und Wolfram fühlte sich kotzübel.

Stierhofer junior bringt das Bier.

»Gulasch kommt gleich«, sagt er noch mal.

Zaubergulasch, Gulaschgeheimnis. Nein, seine trüffelige Stopflebergemeinde würde sich niemals in die Kühlkammer des »Schwarzen Ochsen« hineinversetzen und sich vorstellen können, wie Wolfram in dieser Hinrichtungsstätte des guten Geschmacks in die Miracula der Grande cuisine vorgestoßen war und sich mit Fingerspitzengefühl und der explodierenden Phantasie des jungen Kreativen vom Zwang aller Rezepte emanzipiert hatte: In einem hitzigen Moment am großen stählernen Gulaschtopf gelang dem jungen Wolfram seine erste selbsthändige Saucenverfeinerung.

Ein pubertärer Dummejungenstreich, gewiß, aber auch ein befruchtender Impuls für die ironische Leichtigkeit beim Schreiben über Genuß und Abscheu, die seiner Küchenprosa später so förderlich sein sollte. Da war ein wenig Nachsicht mit sich selbst gefordert und barmherzige Milde gegenüber dem Lehrling, der seinen Lustgewinn sorgfältig mit der Schöpfkelle im Gulasch verrührt hatte.

Eine junge Frau, Lippen wie Fahrradschläuche, in fleckiger Schürze und mit weißer Kopfbedeckung, schlachtreif, bringt das Gulasch. Typisch Mikrowelle, außen zu heiß, innen zu kalt. So was sieht Wolfram, da muß er gar nicht erst kosten.

»Einen guten«, wünscht sie mürrisch.

»Haben Sie das aufgewärmt?« fragt Wolfram.

»Das Mädle kocht akkurat«, sagt Stierhofer junior vom Tresen herüber.

Sie watschelt wortlos wieder in die Küche. Wolfram wäre ihr gerne gefolgt, hätte gerne nachgeschaut, ob noch alles so war wie früher.

Der alte Stierhofer hatte ihn damals beobachtet dabei. Er lehnte im Türrahmen der Kältekammer und sagte plötzlich: »Dich sollte man doch in einen Bottich mit ranziger Butter stecken. Rühr das anständig durch, ist ja zu schade zum Wegschmeißen.«

Dieser Satz brachte Wolfram die Gewißheit, daß das Mysterium Küche raffinierte Variationen verlangt und er ein brillanter Abschmecker der Materie werden würde. Und der alte Stierhofer war enorm in seiner Achtung gestiegen: Nichts schätzt Wolfram seitdem mehr als professionelle Gelassenheit am Herd.

Das Gulasch heute ist etwas sandig und enthält einige Gräten, vollends ruiniert wird es durch eine Überdosis marokkanischen Landweins, der wahrscheinlich zum Trinken nicht freigegeben worden ist. Auf der Suche nach dem Tiefpunkt ist man im »Schwarzen Ochsen« offenbar fündig geworden. Wolfram hat das Gefühl, sein Vollbart ist ihm nach innen gewachsen, und er kaut jetzt auf seinen Koteletten herum. Einen für den alten Stierhofer, einen für seine Frau, noch einen für ihre Tochter – er würgt und untersagt sich weitere Versuche.

Wahrhafte Befriedigung hatte ihm damals das Abendbrot verschafft. Er trat an den einzig besetzten Tisch in der Gaststube, Hände und Bauch in vorschriftsmäßiger Haltung, und fragte: »Waren die Herrschaften zufrieden?«

Und Elena delicata hatte ihm einen Peperonici-Augenaufschlag geschenkt und gesagt: »So ein gutes Gulasch habe ich schon lange nicht mehr gegessen. Haben Sie das Rezept erfunden? Irgendwie war das besonders gut, nicht wahr, Schatz?«

Der Realschullehrer sagte: »Ja, Liebling, nicht schlecht, scheint was gelernt zu haben, der Junge.«

Und Elena legte ihre Hand leicht auf Wolframs Unterarm und sagte: »Ganz großartig. Sie sind sehr begabt zum Kochen.«

Und dann sagte der Realschullehrer: »Laß mal gut sein, Elena, du machst ihn ja verlegen. Guck mal, er hat schon rote Ohren.«

Elena strahlte Wolfram an und sagte: »Ja, ganz süß. Sie müssen sich nicht schämen, das war doch nur ein wohlverdientes Lob. Wissen Sie, ich koche auch sehr gut, aber so ein Gulasch, das könnte ich nicht.«

Ja, das glaube ich, dachte Wolfram und sagte: »Danke schön, vielen Dank.«

Und dann formulierte er den Satz seines Lebens und servierte ihn wie Sülze in Aspik: »Überwürzte Dekadenz ist mir lieber als der fade Eintopf der Puritaner.«

Dem Realschullehrer fiel eine Kartoffel von der Gabel, und Elena starrte ihn mit offenem Mund an, so daß er darin mehrere Amalgam-Füllungen bemerken konnte, die zweifellos ihre Geschmacksempfindungen beeinträchtigten.

»Ich muß jetzt wieder in die Kältekammer, nein, an den Herd«, sagte Wolfram, äußerst beherrscht, und dann ging er zurück in die Küche, wo ihn der alte Stierhofer kollegial angrinste.

Heute weiß Wolfram: Rote Ohren sind ein geradezu tragisches Faktum – sie signalisieren tiefste Scham und höchsten Stolz. Sie in diese oder jene Richtung deuten zu wollen führt zu zweifelhaften Ergebnissen: Letztlich handelt es sich immer um den gleichen roten Kopp. Er war damals jedenfalls von höchstem Stolz erfüllt, daß ihm Elena im Beisein ihres Mannes so unmißverständlich ihre Liebe gestanden hatte. Denn das hatte sie, ohne Frage.

Stierhofer junior kommt an den Tisch, das Gästebuch unter dem Arm.

»Fertig?« fragt er.

»Ja, danke«, antwortet Wolfram höflich, »war ein bißchen viel. Außerdem: Ihre Köchin hat sich da hineingeschneuzt. Hat sie Schnupfen?«

»Keine Ahnung«, sagt Stierhofer junior, »gutes Personal zu finde ist nicht leicht heutzutage.«

»Ja, die versteht ihr Handwerk«, antwortet Wolfram.

Stierhofer junior bittet Wolfram, sich ins Gästebuch einzutragen.

»Sie sind doch der aus dem Firnsäh«, sagt er, »der wo immer so biomäßig kocht mit all dene Schauspieler, i kenn doch ihr Bild, also auch in der Zeitung, das wär arg nett, wenn Sie da was Lustiges, ist ja auch eine schöne Erinnerung, Sie mache doch auch so eine Talkshow, spät, oder? I komm ja nicht so zum Firnsäh, aber meine andere Gäste erzähle das immer, und i mein, offiziell heirate dürfe Sie doch jetzt auch, oder? Also, i lasse Ihne das jetzt mal da, das Gästebuch, und wenn Ihne dann was Lustiges einfällt, dann ... und i guck mal, ob i irgendwo ein Kugelschreiber find, i komm glei wieder.«

Stierhofer junior verneigt sich und geht die Hälfte des Weges in die Küche rückwärts.

Wolfram wird eine Nuance bleicher. So mußte sich Milch fühlen, wenn eine stümperhafte Hausfrau und Mutter sie hat anbrennen lassen. Ihn mit jener Kaltmamsell zu verwechseln, die gekörnte Brühe im Repertoire hat, das war unappetitlich. Wolfram zückt entschlossen seinen Nobelfüller und schreibt: »Für eine Unterschrift im Gästebuch berechne ich aus nostalgischen Gründen nur zwei Pils und ein traditionelles deutsches Gulasch. Betrag dankend erhalten.«

Er unterschreibt mit seinem vollen Namen. Leserlich.

Als Stierhofer junior wieder die Gaststube betritt, mit einem lausigen Reklamekugelschreiber in der Hand, sieht er durchs Fenster, wie eine Limousine seinen Parkplatz verläßt. Das Kennzeichen erkennt er nicht. Er liest den Eintrag im Gästebuch. Und dann steigt ihm eine Röte arrabiata vom Hals her über die Ohren ins Gesicht. Stierhofer junior ist gestopft mit heftigstem Zorn, und weit ins Land gellt sein Schrei: »Sie-ie-ie-bä-ä-ä-ck!«

KLAUS WIENERT
Heimweg mit Hindernissen

Noch vier Minuten, dann konnte er auf »Start« klicken, danach auf »Beenden« und schließlich auf »O.K.« beim Herunterfahren. Der Bildschirm färbte sich langsam dunkel, und der ungeduldig erwartete Hinweis »Sie können den Computer jetzt ausschalten« würde ihn erlösen von den Übeln des Tages: Am Neuen Markt hatte es heute ein totales Tohuwabohu gegeben, einer seiner Kunden setzte wegen seiner vorschnellen Beratung zweiundzwanzigtausend Mark in den Sand.

Christian Silberstein hätte deshalb eigentlich ein schlechtes Gewissen haben müssen, aber in der Börsenabteilung, in der er seit acht Jahren arbeitete, bekommt jeder Mitarbeiter irgendwann ein dickes Fell. Das Auf und Ab am Aktienmarkt gehört erstens zum Alltag, und zweitens ist es nicht das eigene Geld, das da angehäufelt, eingesetzt, vermehrt und verspielt wird. Da die Allnova-Aktie 3,4 Prozent zulegte, konnte er selber in seinem Privatdepot immerhin hundertsiebzig Mark Gewinn verbuchen. Das ist das Doppelte seines normalen Tagessalärs bei diesem Institut, bei dem auch nach der Fusion die Gehälter nicht erhöht wurden, wie eigentlich vollmundig vorher versprochen worden war.

»Na, fertig?« schaute ihm seine Chefin, Frau Martens, über die Schulter und scherzte auf sein Nicken hin: »Mit den Nerven oder mit der Arbeit?«

Unter der Anleitung einer Frau zu arbeiten fiel Christian doch sehr schwer. Das hätte er zwar öffentlich nicht zugegeben, aber so war es, und so würde es bleiben. Zu gern hätte er diesem eingebildeten Biest einmal unter den Rock gegriffen, blitzschnell das Höschen heruntergezogen und ihm seine Finger energisch zwischen die Schenkel geschoben. Einfach nur so. Provokation.

»Bis morgen, gleiche Welle, gleiche Stelle«, verabschiedete sich Frau Martens, forsch und freundlich, wie es ihre geschäftsmäßige Art war. Christian Silberstein verdrängte seine seltsamen Gedanken und klickte programmgemäß dreimal mit seinem Mäuserich, drückte den grünen Knopf am Computer, ordnete ein letztes Mal seinen Schreibtisch, winkte einem zu Überstunden verdonnerten Kollegen zu, legte sich sein Jackett über die Schulter und machte sich auf den Heimweg.

Jenseits der Klimaanlage, gleich hinter der Drehtür zur Freiheit, erwartete ihn eine Wand aus Hitze und Feuchtigkeit. Vor einer Stunde brachte ein heftiges Sommergewitter mit Blitz, Donner und etwas Regen zwar Abkühlung, aber gegen sechsundzwanzig Grad mußten es noch immer sein, eine unangenehme Temperatur in der Stadtmitte. Der Asphalt dampfte vor sich hin, und in den kleinen Seen, die sich gebildet hatten, spiegelten sich die letzten Strahlen der Sonne.

Christian dachte kurz an einen lauschigen Abend auf dem Balkon, in dessen Verlauf seine Frau Gisela ihn mit einer schmackhaften Salatplatte und einem Tiramisu überraschen und danach mit einer wilden, ungehemmten und endlosen Kamasutra-Variation aus der Fassung bringen würde. Ihr Bild stand auf dem Schreibtisch, direkt neben dem Computerbildschirm, und immer, wenn das Börsenprogramm streikte – und es streikte relativ häufig –, dann schaute er in aller Ruhe ihr Porträt an und stellte sich den besten Sex aller Zeiten mit ihr vor.

An der Bushaltestelle gab es um diese Zeit das übliche Gedränge, vier konkurrierende Bankinstitute schlossen hier an allen vier Ecken zur selben Zeit, und gut drei Dutzend durchaus ansehnlicher Sekretärinnen, Assistentinnen,

Sachbearbeiterinnen und Wertpapierspezialistinnen wollten mit der Linie 109 fahren, die nach drei Stationen Anschluß an die U-Bahn hatte und deshalb immer besonders frequentiert war. Christian sah sich umringt von jungen Frauen, eine schöner und begehrenswerter als die andere. So erschien es ihm jedenfalls nach acht Stunden Börsenkursen.

Deshalb hatte er es sich zur Angewohnheit gemacht, sich jeden Tag eine andere Partnerin auszusuchen, um sie in der kurzen Zeit bis zum Aussteigen zu vernaschen, sozusagen der virtuelle Bus-Quickie um 18 Uhr 33, sofern der Bus pünktlich kam. Er hatte für diese erste Nummer des Abends zwölf Minuten Zeit, was erfahrungsgemäß ausreichte.

Heute saß ihm Commerzbank-Kathrin gegenüber, eine nicht sehr groß gewachsene mittelblonde Frau im besten Alter, leider mit einem schmierigen Autohändler verheiratet, den sie aber liebend gern mit einem ihrer schneidigen Kollegen betrügen würde, wie er vom Belauschen diverser Gespräche wußte. Sie hatte der Hitze entsprechend einen reichlich kurzen Rock an, der einen Einblick in ihre aus weißer Baumwolle blitzende Unterwelt ermöglichte. Seitdem Christian die Hollywood-Ikone Sharon Stone in »Basic Instinct« gesehen und sich an dem Sekundenausblick auf deren Venusdelta erfreut hatte, wartete er darauf, daß eine der Bankmäuse ebenfalls die Beine vergleichbar grazil und einladend übereinanderschlagen und ihm freie Sicht gewähren würde.

Er nutzte diese Gelegenheit in Gedanken dann augenblicklich zur alles entscheidenden Aktion, reißt der Schönen die Bluse auf, wirft sie ruckartig auf die dunkelgrüne Kunstlederbank und läßt sich vom Anblick ihrer glühenden Hinterbacken und den zart geröteten Apfelspältchen zu einer gewaltigen Attacke verführen.

»Fahrkartenkontrolle«, tönte es von schräg hinten links. »Die Fahrtausweise bitte!«

Mißmutig rückte Christian seine Umweltjahreskarte heraus, verärgert darüber, daß dieser subalterne Widerling ihm gerade den Höhepunkt vermasselt hatte. Etwas gequält lächelte er Commerzbank-Kathrin zu, die in diesem Augenblick die Beine übereinanderschlug und zwar betont langsam und aufreizend, was er aber nicht genau sehen konnte, da sich der Kontrolleur dazwischendrängte. Künstlerpech, ärgerte sich Christian und nahm sich vor, sich morgen der Dresdner Bank, genauer gesagt, der ebenso feurigen wie rothaarigen Heidelinde in gleicher Weise zu nähern. Heidelinde war zwar eine Spur größer als er selber, hatte aber mehrmals schon beim Drängeln im Bus mit gezielten Annäherungen an seiner Frontseite ihre Bereitwilligkeit zum Austausch von Zärtlichkeiten signalisiert, jedenfalls schien ihm das so.

»Umsteigen zur U 16 und U 18«, kam die Ansage über den Buslautsprecher.

Time to say good-bye, wie Christian samt der dazugehörigen Melodie dachte. Sie ging ihm nicht mehr aus dem Kopf, seitdem sie bei der Beerdigung seiner Großtante vor fünf Tagen im Krematorium gespielt worden war und zwar in einer unglaublich verkitschten, himmelschreienden Version.

All die schönen Mädchen standen auf, um aus- und umzusteigen. Christian klemmte sich hinter Commerzbank-Kathrin und versuchte, ihr wenigstens durch sanftes Drükken von Achtern klarzumachen, was sie soeben versäumt hatte. Da der Bus beim Bremsen ruckte, kam er aber nicht richtig zum Zuge.

Die ganze Meute hetzte dann die Treppen runter zur U-Bahn, die meist außerordentlich pünktlich kam und auch schon reichlich voll war, so daß Konzentration angesagt war. Auf dem Bahnsteig hatte er die Gelegenheit, ganz dicht bei Sparkassen-Bärbel eine aufregende Mischung verschiedener Körpergerüche einzusaugen, die lebenslustige Kassiererin, drall und durchtrainiert, hatte ein Nichts von einem Kleidchen an, das Vorder- und Hinterseite ihrer wohlgeformten Figur wohltuend plastisch zur Geltung kommen ließ. Zu dem optischen Reiz gesellte sich ein Hauch von Parfüm, möglicherweise Chanel, wie er glaubte, angereichert mit eigenwilligen Zusätzen aus verschiedenen intimen Bereichen.

Auf der gestrigen U-Bahnfahrt hatte er dank eines Lichtausfalls die Gelegenheit nutzen können, sich einmal mit Sparkassen-Bärbel kurz und kräftig auszutoben. Als das Licht wieder anging, kullerten die Schweißperlchen über ihren Rückenausschnitt, sie wirkte leicht geistesabwesend, fuhr sich ordnend durchs Haar und zog sich etwas verlegen den Rock herunter.

»Am Bahnsteig 1 bitte zurücktreten«, kam die übliche Durchsage, »Zug fährt ein«.

Christian drängte sich mit der ganzen ungeduldigen Menge in den Waggon und stürzte sich schnellstmöglich auf seinen Stammsitzplatz. Dann nahm er ein Taschenbuch aus der Tasche und begann sofort zu lesen, jedenfalls tat er so. In Wirklichkeit suchte er aus den Augenwinkeln die schönste Frau des Banken-Quartetts, denn er wußte, daß Volksbank-Gesine sich immer direkt an die Stange neben dem Ausgang zu stellen pflegte. Wenn er schnell genug war, konnte er den Platz davor ergattern, der es ihm ermöglichte, mit seinen Knien an ihren Kniekehlen zu kosten. Sie schaute immer blasiert über ihn hinweg, als wäre er gar nicht da, aber in Wirklichkeit nutzte sie, so sein Eindruck, jede Kurve und jeden Brems- und Beschleunigungsvorgang, um sich an ihm zu reiben.

Da Christian sich mit den Knien nicht zufriedengeben wollte, schloß er die Augen und bereitete die zweite Verführung vor. Er zog Fräulein Gesine das Kleid mit einer einzigen geschickten und oft erprobten Handbewegung aus, so daß sie in aufreizender französischer Unterwäsche vor ihm stand. Dann drückte er sie kräftig auf seinen Schoß, den er zuvor startklar gemacht hatte. Nach zwei Stationen feuerte er seine Rakete ab, die den ganzen Sternenhimmel auf freier Strecke in grellbuntes Licht tauchte, Volksbank-Gesine rief begeistert »ah« und »oh« und »da capo«, offenbar war sie ein Feuerwerksfan.

»Haste mal zwei Mark«, fragte ein jugendlicher Parka-träger und unterbrach Christians sinnlichen Höhenflug.

»Wieso zwei?« wunderte sich Christian, wollte aber keine fruchtlose Diskussion anfangen und händigte dem Bedürftigen das verlangte Kleingeld aus.

Bei fünfundzwanzig Arbeitstagen im Monat, schoß es ihm durch den Kopf, kommen bei diesem Tarif mehr als fünfzig Mark zusammen, was seinen heutigen Aktienge-winn doch auf unerfreuliche Weise verminderte.

Beim Anfahren stieß der ungeschickte Bettler Volks-bank-Gesine so kräftig an, daß sie den Halt verlor und in Christians Armen landete. Er versuchte, diese Zufallsbe-rührung so lange wie möglich durch eine Hinhaltetaktik zu verlängern, doch die resolute Anlageberaterin befreite sich geschickt, etwas verwundert über seine unhöfliche Stoffe-ligkeit, und stand sofort wieder auf eigenen Beinen.

»Schönfließer Tal«, kam die Ansage mit mild blecherner Computerstimme über den Bordlautsprecher.

Christian mußte aussteigen. Er erhob sich, entschuldigte sich bei Volksbank-Gesine (die er früher schon einmal in der Mittagspause im benachbarten Bistro fast zum Kaffee eingeladen hätte) und stieg ziemlich hektisch aus. Dabei prallte er mit der Dresdner-Bank-Lady Marlene zusam-men, dem schärfsten Bank-Weibchen weit und breit.

Er mußte um jeden Preis hinter ihr auf die Rolltreppe kommen, denn das war die Chance auf den nächsten Schnellritt seit dem Verlassen des Bankinstituts. Marlene kannte selbstredend seine Absichten und richtete es immer so ein, daß sie direkt vor ihm, eine Stufe höher plaziert, die Rolltreppe hinauffahren konnte.

Da sie sehr schlank, sehr blond, sehr liebesfreudig war und auch nicht sehr groß, konnten die beiden Passagiere bei der Fahrt nach oben alle gewünschten Körperkontakte austauschen. Christian steigerte sich an dieser Stelle immer in einen wahren Liebesrausch, er war bei der gleitenden Vereinigung am Rande einer Ohnmacht, denn die Reise dauerte leider nur siebzehn Sekunden, und er mußte sich ganz schön ranhalten, um zum Ziel zu kommen. Aber dank der knackigen Formen, die Marlene zu bieten hatte, ging das immer gerade gut. Nur einmal war sie oben mit dem Absatz im Schlitz der Treppe steckengeblieben, worauf beide unfreiwillig übereinander fielen und sich kleinere Blessuren zuzogen.

»Wissen Sie, wo hier der Zeitungskiosk ist?« wollte ein älterer Herr wissen, der ihn von schräg hinten anzupfte.

»Gleich links, hinter dem Blumenladen«, antwortete Christian, erregt im höchsten Maße darüber, daß selbst diese Fahrt rüde gestört wurde.

Als er sich wieder zu Marlene umdrehte, verließ sie gerade die Rolltreppe und wurde von ihrem Freund in Empfang genommen, der trotz der sommerlichen Temperaturen einen tadellos sitzenden Anzug und eine Seidenkrawatte trug. Spießer, befand Christian wütend und machte sich auf die letzte Etappe, um endlich nach Hause zu kommen.

Es war ein Fußweg von acht Minuten, vorbei an der Villa Eberstein. Dort wohnte Gabriella Isano, die letzte Traumfrau vor dem Erreichen der eigenen Haustür. The same procedure as every day: Christian winkte der dunkelhaarigen Italienerin zu, die mit einem Pizzeria-Besitzer verheiratet war und sich zu Hause entsetzlich langweilte. Während ihr schmieriger Mann mit einigen Mafia-Mitgliedern die neuesten Fußballergebnisse der italienischen Liga durchdiskutierte und darüber stritt, ob Turin, Mailand oder Rom die Meisterschaft gewinnen könnte, träumte sie sehnsuchtsvoll von zarten Streicheleinheiten und knallhartem Sex. Gabriella winkte zurück und zwar wie immer ganz eindeutig, er solle doch spontan auf ein kleines gemeinsames Duschbad hereinschneien.

Bei dieser Hitze hätte ihr diesen Wunsch kein Mann abschlagen können. Er rannte also ins Haus und stürzte direkt ins Bad, wo sie ihn schon unter dem kühlen Erfrischungsstrahl der Dusche erwartete. Christian erfüllte ihr nun alle, auch die geheimsten Wünsche, die Palette der Dienstleistungen im Wasserwirbel reichte vom Einseifen bis zum Abbrausen, vom Eindringen bis zum Abheben. Ihr makelloser Körper blühte unter seinen Berührungen und Liebkosungen auf, und seine Leistung hätte jedem professionellen Latin Lover Ehre gemacht, glaubte er jedenfalls. Das Praktische an dieser heißen Nummer war, daß sie gekühlt ablief und die Akteure ermattet und gleichzeitig erfrischt in den Alltag zurückkehren konnten.

»Passen Sie doch auf, junger Mann«, schimpfte eine ältere Dame, die er fast umgerannt hätte. Unsanft auf den Boden der Realität zurückgeholt, winkte er ein letztes Mal seiner Italienerin zu und erreichte nach zwei weiteren Ekken, an denen keine erotischen Verlockungen, sondern nur noch Hundehaufen auf ihn warteten, sein eigenes Haus, ein Fünfziger-Jahre-Bau im Sozialwohnungsoutfit. Abgeschlafft, aber letztlich auf vielfältige Art stimuliert, stürmte er die Treppen zu seiner Wohnung hinauf.

Heißblütig stieß er den Schlüssel ins Loch und schloß wild auf, denn jetzt wartete Gisela mit der Salatplatte und dem Tiramisu auf dem Balkon. In freudvoller Erwartung eilte er durch die Wohnung und hoffte auf die Erfüllung all seiner feuchten Träume.

Auf dem Küchentisch fand er einen Zettel mit einer Nachricht: »Bin bei Mutter, komme erst spät. Buletten sind im Kühlschrank – Gisela.«

Christian holte sich ein kaltes Bier, biß lustlos in den viel zu kalten Fleischklops und klemmte sich dann vor den Fernsehapparat. Wie jeden Abend schaltete er den Nachrichtenkanal NTV an. Dort gab es immer um diese Zeit eine recht informative Börsensendung, direkt aus Frankfurt. Moderiert von einer rassigen Journalistin, deren Namen er sich nicht merken konnte. Aber das war auch völlig nebensächlich, denn er schloß die Augen und stürzte sich gierig in den Bildschirm, um ihr zu zeigen, wie sich die Kurse steil nach oben entwickeln können, wenn man nur genug Phantasie mitbringt. Vor laufenden Kameras und den Augen eines Millionenpublikums konnte er mit vollem Einsatz zu Werke gehen, bis sie die Augen verdrehte, ins Mikrophon stöhnte und nur noch mit äußerster Mühe ihren vorbereiteten Text vom Blatt ablesen konnte.

»Stabile Börse«, hörte er sie schwer atmend sagen und: »Allnova schloß auf dem Parkett 0,34 im Plus.«

Christian versuchte auch im Eifer des Gefechts blitzschnell eine neue Berechnung seines Gewinns durchzuführen. Er kam auf den Betrag von 17 Mark 50, der ihn nun nicht gerade mit Euphorie erfüllte. Doch davon ließ er sich in seiner Liebesstimmung nicht beeinträchtigen und besorgte es dem schönen TV-Engel, so gut er konnte.

Gerade, als er sich die schöne Moderatorin schon im Halbschlaf zum zweitenmal vornehmen wollte, hörte er die Stimme seiner Frau an der Tür.

»Komm ins Bett, Schatz, es ist schon nach Mitternacht, ich bin hundemüde.«

Er gehorchte natürlich aufs Wort, trollte sich ins Badezimmer, putzte sich die Zähne, schaute noch einmal schlaff in den Spiegel und legte sich dann ins Bett, um – nach dem obligatorischen Kuß für Gisela – auf der Stelle einzuschlafen.

Sein letzter Gedanke im Wegdämmern: »Noch sechseinhalb Stunden bis zum Klingeln des Weckers.«

Und bis zur Fahrt in die Gegenrichtung.

ARTHUR AMMINGER
Das Fenster zum Hoffen

Es war ein besonders schwerer Unfall gewesen, aber ich
hatte ihn überlebt. Mit den üblichen Folgen wie Schleuder-
trauma und verrenkten Halswirbeln. Ich sah einfach bescheuert aus mit meiner Halskrause und dem Gipsbein,
denn überdies war mein rechter Unterschenkel völlig zer-
trümmert.

Aus dem Krankenhaus hatte man mich auf eigene Ver-
antwortung entlassen, und man hat mir eine Unterschrift
abgenötigt. Ich war heilfroh, denn diese Karikatur von
Krankenschwester mit dem mitleidigen Wie-geht-es-uns-
denn-heute-Duktus hätte ich keine Stunde länger ertragen.
Ich hätte ihr wahrscheinlich das Maul gestopft, denn schon
allein die Luft in einem Krankenhaus macht mich hochgra-
dig aggressiv. Für mich hat dieser Antisepsisgestank immer
was von Tod. Ich kann schon keine Krankenhausbesuche
ertragen, denn mich überkommt auf diesen Fluren regelmäßig die Panik, daß man mich hier mit den Füßen zuerst
raustragen wird.

Vielleicht können Sie sich vorstellen, welche Qualen mir
unter diesen Umständen diese zwei Wochen Krankenhaus-
aufenthalt bereitet haben. Wenn Schwester Susanne – die
mit dem ausgeprägten Wir-Gefühl – wenigstens attraktiv
gewesen wäre. Überhaupt straft das, was ich im Franzis-
kus-Hospital erlebt habe, alle Ärzte-Soaps Lügen. Von wegen Schwester Stefanie, obwohl die nun auch nicht gerade
mein Typ ist.

Ich bin, was Frauen angeht, eher das schlichte Gemüt.
Sagt jedenfalls immer meine Freundin Kira. Nicht, weil ich

mit ihr zusammen bin, sondern weil ich Verona Feldbusch sexy finde. Also nicht unbedingt diese Frau persönlich, sondern diesen Frauentyp. Dunkel, langhaarig, schlank und vollbusig. Kira war blond, klein und bis auf die Oberweite ein wenig zu füllig, wie ich fand, aber man kann nicht alles haben im Leben.

Ich hatte versucht, ihr einen dezenten Hinweis zu geben. Die Zeitschrift mit den hundert Wunderdiäten, die ich sichtbar auf ihrem Kühlschrank deponiert hatte, haute sie mir um die Ohren, und das nicht nur im übertragenen Sinne.

Und gebrüllt hat sie: »Wenn du findest, daß ich zu dick bin, dann sag es gefälligst offen!«

»Aber Schatz«, habe ich versucht zu lügen, »ich finde dich doch nicht zu dick. Es ist nur, weil du immer selber nach geeigneten Diäten suchst, da dachte ich …«

Es hat weit mehr als eine halbe Stunde gedauert, sie wieder zu beruhigen. So was ist mir, ehrlich gesagt, auf Dauer zu stressig. Wegen zwei Kilo Hüftspeck! Also habe ich fortan meinen Mund gehalten. Es ist ja auch nicht so, daß ich sie deshalb nicht gemocht hätte. Nein, Kira war wirklich die Frau, die ich geliebt habe. Jedenfalls von Herzen. Deshalb hätte sie die Toleranz dafür aufbringen können, daß »Er« ab und zu mal auf andere Reize reagierte.

Ich gehöre eigentlich nicht zu den Männern, die ihrem Schwanz Namen geben und ihn beispielsweise »Willy« nennen. Im Gegenteil, er gehört zu mir, und ich möchte ihm ja gar kein ausgeprägtes Eigenleben zugestehen, aber immer, wenn er es doch macht, muß ich mich irgendwie von ihm distanzieren können. Sein gelegentliches Eigenleben wollte Kira allerdings partout nicht akzeptieren. Sie gehört zu den Frauen, die sogar am Strand verstohlen auf die Badehose ihrer Liebsten schielen, wenn eine dunkelhaarige, große, vollbusige Frau vorübergeht.

Schließlich hat sie mir gedroht: »Solltest du dem da auch nur ein einziges Mal nachgeben, kannst du was erleben!«

Und nachträglich kann ich nur sagen. Hätte ich bloß auf sie gehört!

Es fing alles ganz harmlos an. Kira holte mich also von dem Ort des Schreckens, diesem katholischen Krankenhaus, ab und brachte mich in meine Wohnung. Sie hatte alles in der ihr eigenen liebevollen Art vorbereitet. Auf dem Tisch standen frische Blumen, und sie hatte sich sogar erbarmt, überall Staub zu wischen.

Sie mußte mir versprechen, jeden Tag einmal nach mir zu sehen und mit dem Nötigsten zu versorgen: einer guten Flasche Rotwein und Zigaretten. Wir wohnten nicht zusammen. Dazu war ich noch nicht bereit, zumal Kira ein Kind hatte. Nicht, daß ich etwas gegen diesen netten kleinen Jungen gehabt hätte, aber für die Rolle des Ersatzpapas brauchte ich noch etwas Zeit. Da reichten die vier Jahre, die wir uns kannten, einfach noch nicht aus.

Kira hatte mir den Kühlschrank bis zum Rand gefüllt – vorwiegend allerdings mit nutzlosen Vitaminprodukten – und mir meinen Schreibtisch direkt ans Fenster geschoben. Ich war ja froh, daß ich zu Hause arbeiten konnte. Nichts tun ist mir ein Greuel. Ich bin Journalist bei einer Autozeitschrift. Nicht gerade mein Traumjob, aber immer noch besser als bei einer Sportzeitung. Das nämlich wäre damals die Alternative gewesen, und ich kann Fußball nun einmal nicht leiden.

Ich war ein wenig melancholisch, als Kira an diesem Sommertag meine Wohnung verließ, um mich meinem Schicksal zu überlassen. Sie sah sexy aus in ihrem geblümten Sommerkleid mit dem großen Ausschnitt, aber meine Versuche, mit ihr im Bett das Wiedersehen zu feiern, lehnte sie ab. Ich versuchte, ihr zu beweisen, daß nur mein Bein lädiert sei, das andere den Unfall hingegen unbeschadet überstanden habe, aber sie blieb hart. Vielleicht morgen, vertröstete sie mich.

Das war so leicht dahingesagt, denn schließlich hatte ich gerade zwei Wochen Enthaltsamkeit hinter mir. Nicht daß ich es nicht probiert hätte, mir Erleichterung zu verschaffen, aber immer wenn ich mit meiner Phantasie, die sich in einem sterilen Krankenzimmer gar nicht so einfach entwickeln läßt, kurz vor dem Höhepunkt angelangt war, schnarchte mein Bettnachbar, oder Schwester Susanne kam ins Zimmer. Schließlich ließ ich es bleiben, und es dauerte auch gar nicht lange, da hatte auch »Er« vor der Klinikatmosphäre kapituliert.

Kira brachte mich noch an meinen Schreibtisch, stellte die Krücken daneben und wünschte mir »viel Spaß«. Natürlich hatte sie damit meinen Artikel über den neuen BMW gemeint. Ich überlegte noch, ob ich nicht erst einmal ins Bett humpeln und mein Wiedersehen allein feiern sollte, da sah ich sie zum ersten Mal.

Ich sehe sonst selten aus dem Fenster und schon gar nicht, um in anderer Leute Wohnungen zu glotzen. Was habe ich davon, einer Hausfrau in ihrer Küche beim Bulettenbraten zuzusehen? Aber was ich jetzt wahrnahm, war alles andere als eine Hausfrau. Und auch keine Küche. Es handelte sich ganz offensichtlich um das Schlafzimmer einer Frau. Und was für einer! Groß, dunkel und schlank, soweit ich erkennen konnte, denn sie trug einen weiten Bademantel und hatte nasses Haar. Uns trennten vielleicht gerade einmal zehn Meter. Plötzlich war mir so, als hätte ich noch nie bewußt aus dem Fenster meines Arbeitszimmers geblickt. Kein Wunder, ich hatte den Schreibtisch sonst in einer dunklen Ecke des Zimmers stehen. Schließlich wollte ich dort arbeiten und nicht ...

Jetzt zog sie ihren Bademantel aus, und ich hatte die Gewißheit: Sie war sehr schlank, besaß schmale Hüften ... Sie werden es nicht glauben, aber ich zögerte einen Moment, bevor ich noch höher schaute. Als hätte ich es geahnt, daß mich dieser Anblick wie ein Blitz treffen würde. Ihre Brüste waren üppig. Es war wie ein Reflex. Der Griff ins rechte Schreibtischfach, wo ich seit Jahren ein völlig unnützes Fernglas verwahrte, das ich bereits mehrfach hatte wegwerfen wollen. Aber ich war zu sentimental, denn es war das letzte Geschenk meines verstorbenen Vaters. Ich hatte jetzt keine Zeit, einen dankbaren Blick zum Himmel zu werfen, sondern war damit beschäftigt, dieses Ding scharf zu stellen.

Ich betete – und das tue ich sonst nie –, daß sie sich ja nicht vom Fleck rührte. Der scharfgestellte Anblick lohnte sich wirklich: Sie hatte wunderbare Brustwarzen. Wie gesagt, ich liebe große Brüste, aber die Warzen dürfen auf keinen Fall zu groß sein und auch nicht dunkel, sondern rosig. Und wie rosig sie waren. Und nichts hing. Es war, als sei die Schwerkraft an dieser Frau völlig unbeschadet vorübergegangen. Einen kleinen Augenblick lang befürchtete ich, es sei Silicon, aber als die Frau einen Schritt auf das Fenster zumachte, sah ich, wie sie sich lebendig bewegten.

Ich starrte so gebannt auf die immer näher kommenden wunderbar wippenden Brüste, daß ich ganz vergaß, daß womöglich auch sie mich sehen konnte. Es gelang mir gerade noch, den Kopf zu senken beziehungsweise ihn zur Seite zu neigen, denn meine Halsverpackung erlaubte mir keine Akrobatik. Als ich es nach einer Ewigkeit wieder wagte, aus dem Fenster zu sehen, war alles vorbei. Dort, wo eben noch Träume wahr zu werden schienen, hatte jetzt Velux die Macht ergriffen. Es war zwar nur eine Jalousie, die mich von dem Schlafzimmer dieser Frau trennte, aber sie war schlimmer als die chinesische Mauer.

Ich ergriff umständlich meine Krücken und humpelte zum Bett. Keine Jalousie dieser Welt würde verhindern können, daß ich mich jetzt mit dieser Frau vergnügte: Sie war überrascht, als ich plötzlich hinter ihr stand und ihren nackten Bauch umfaßte, aber dann drehte sie sich ganz langsam um und küßte mich. Ich war ebenfalls nackt und hatte bestimmt kein Gipsbein. Als sie langsam an mir herunterglitt, um mich überall zu küssen, war es schon vorbei. Ich kam nicht einmal annähernd dazu, mit ihr zu schlafen.

Es war mein Handy, das mich aus – ich gebe zu, immer

noch – hocherotischen Träumen weckte. Ich sah verwirrt an mir herunter und fand den Anblick nicht besonders prickelnd. Ich lag mit heruntergezogenen Boxershorts auf meinem Bett, die Hand immer noch am Schwanz. Mein klobiges Gipsbein lag daneben, als gehöre es nicht zu mir. Glücklicherweise fand ich wenigstens rechtzeitig das Handy, das mir im Eifer des Gefechts wohl aus der Hemdtasche gerutscht war.

Kira fragte mitfühlend, wie es mir ginge. Jetzt bloß keinen Oberschwesternton! Ich antwortete halbwegs vernünftig, daß ich noch so schwach sei und ein wenig geschlafen hätte.

Kira war sehr verständnisvoll und sagte, ehe sie auflegte: »Du mußt doch auch noch nicht arbeiten. Tu dir heute einfach was Gutes!«

Lange lag ich auf dem Bett und grübelte. Über mich und was ich mir da soeben Gutes angetan hatte. Ich fand mich, ehrlich gesagt, ein bißchen sehr schlicht. Ich habe nichts gegen das Wichsen. Im Gegenteil, ich mache es leidenschaftlich gerne, aber eine Frau am Fenster auszuspannen und dann ... Das fand ich nun doch ein wenig primitiv. Kaum daß ich an sie dachte, riß der innere Dialog mit meinem Über-Ich abrupt ab, und ich mußte es einfach noch einmal tun. Ich kam dieses Mal ein kleines Stück weiter, aber schon als ich ihre Brüste anfaßte, war es geschehen. Ich möchte an dieser Stelle zu meiner Verteidigung sagen, daß ich sonst überhaupt nicht zu diesen Frühejakulierern gehöre!

Ich schleppte mich an diesem Tag noch zum Kühlschrank und mehrfach zur Toilette. Ansonsten blieb ich im Bett liegen und trank mehr als eine halbe Flasche Rotwein.

Als Kira mich abends besuchte, hielt sie meinen geschwächten Zustand für völlig normal. Ich bat sie, den Schreibtisch doch wieder in die dunkle Ecke zu schieben, aber sie bestand auf dem lichten Plätzchen am Fenster.

Am nächsten Tag vermied ich es hinüberzusehen, aber

dieser Vorsatz hielt nicht länger als drei Minuten. Es ist ja auch gar nicht einfach, stur auf den Computer zu starren und den Kopf nicht einmal zu heben. Ich hob ihn und wollte schon zum Fernglas greifen, als ich enttäuscht feststellen mußte, daß das Schlafzimmer leer war.

Mißmutig beschloß ich, meinen Artikel zu schreiben. Das war gar nicht so einfach. Nicht nur wegen der lauernden Gefahr dort drüben, nein, auch weil ich mich ja gerade ein paar Wochen zuvor mit einem ähnlichen Modell um einen Baum gewickelt hatte. Nachdem ich bereits eine Stunde »Tomb Raider« gespielt hatte, rief mein Chef an und wollte wissen, wie weit ich war. Ich log natürlich und sagte, die Hälfte hätte ich wohl schon ...

Das hatte mich für einen Augenblick von meinem frisch gebackenen Spannerdasein abgelenkt, doch als ich mehr zufällig zu jenem Fenster hinübersah, war sie wieder da. Dieses Mal mit einem kurzen Tigermäntelchen bekleidet. Komm, zieh ihn aus, zieh ihn aus. Und tatsächlich, sie ließ den Morgenmantel fallen, und da stand sie in schwarzen Dessous. Und als hätte ich es bestellt, sah ich jetzt, daß sie halterlose schwarze Strümpfe mit Spitze trug. Wie oft hatte ich Kira gebeten, wenn sie schon keine Strapse tragen wollte, sich wenigstens solche Teile zuzulegen. Vergeblich.

»Mann, du bist wirklich schlicht gestrickt«, war ihre lapidare Antwort gewesen.

Und nun standen Beine mit solchen Strümpfen nur wenige Meter von mir entfernt! Ich hatte es jetzt raus, das Fernglas auf die optimale Schärfe einzustellen, und holte sie ganz genüßlich noch näher heran. Sie hatte wunderschöne Beine und einen flachen Bauch. Der Slip war bei näherem Hinsehen ein String-Höschen, ein Dessousteil, dem sich Kira ebenfalls hartnäckig verweigert hatte.

»Glaubst du, ich will das blöde Teil immer zwischen den Arschbacken klemmen haben?« hatte sie barsch erwidert.

Hier klemmte mit Sicherheit nichts. Die Frau hatte einen kleinen festen Hintern. Nein, da klemmte wirklich nichts!

Es war gar nicht so einfach, das Fernglas in der Hand zu halten und mit der anderen in die Hose zu greifen. Dieses Mal wollte ich mir den Weg zum Bett ersparen. Außerdem mochte ich sie dabei nicht aus den Augen lassen.

Doch dann unterbrach ein Mann, der den Raum betrat, jäh mein gieriges Treiben. Er umarmte sie und schob sie langsam in Richtung Bett. Ich konnte mir durchaus einen flotten Dreier vorstellen und nahm mein Vorhaben wieder auf. In diesem Moment löste sie sich von dem Mann, ging zielstrebig zum Fenster, die Jalousie fiel, und ich blieb alleine zurück.

Trotzdem brachte ich es noch auf meinem Schreibtischstuhl zu Ende und starrte dann mehrere Stunden auf meine leere Computerseite. Und nicht nur die blieb leer. Auch in meinem Kopf war nichts außer der bangen Frage, ob ich eigentlich noch alle Tassen im Schrank habe. Ich nahm mir fest vor, umgehend aufzuhören. Ich brauchte noch den Rest meines Verstandes für anderes.

Aber man weiß ja, wie es mit Süchtigen und ihren Vorsätzen in der Realität aussieht. Sie versprechen, die Droge nicht mehr anzufassen, und haben sie im selben Moment schon wieder intus. Ich konnte gar nicht anders, als nur noch an dieses verdammte Fenster zu denken. Selbst ein Tuch, das ich mir von Kira angeblich wegen der blendenden Sonne vor das Fenster nageln ließ, hielt nicht länger als einen halben Vormittag. Das Objekt meiner Begierde war jeden Tag zu Hause und verbrachte viel Zeit in seinem Schlafzimmer.

Ich vermutete nach drei harten Tagen, daß sie eine Leidensgenossin war und wohl auch krank sein mußte. Sie bekam fast täglich Männerbesuch, und ich hatte den Eindruck, es waren immer Verschiedene. Ich gebe zu, daß ich mir die Kerle nur flüchtig angesehen habe. Meine Aufmerksamkeit galt nur ihr. Ich brauchte sie nur zu sehen oder an sie zu denken, schon war ich geil. Ich beobachtete sie immer hemmungsloser, aber immer, wenn es spannend wurde, betätigte sie die blöde Jalousie. Ich hatte immer noch nicht mit ihr geschlafen, aber kam ihr von Mal zu Mal näher. Es gab mir mittlerweile irgendwie einen Kick, daß es immer noch nicht bis zum Äußersten gekommen war. Vielleicht hatte ich auch ein wenig Angst, daß ich dann rettungslos verloren sein würde.

Kira merkte gar nichts bis zu dem Tag, an dem sie der Meinung war, jetzt könne man es ja mal trotz des Gipsbeins versuchen. Sie ging strategisch an das Projekt heran und kam zu dem Entschluß, sie würde sich wohl draufsetzen müssen. Das mußte ich verhindern. Mit allen Mitteln. Ich würde nicht mit ihr schlafen können. Nicht bevor ich es mit der schönen Unbekannten getan hatte. Kira war sichtlich enttäuscht, aber ich konnte ein Drama abwenden, indem ich sie, so gut es mir möglich war, verwöhnte. Sie konnte gar nicht glauben, daß sich bei mir so gar nichts rührte.

Ich schob das auf mein Gipsbein, woraufhin sie beleidigt sagte: »Hast du mir nicht vor ein paar Tagen einen Vortrag gehalten, daß dein Schwanz nicht in Mitleidenschaft gezogen ist?«

Mir fielen glücklicherweise noch Kopfschmerzen ein. Das ist ja nun bekanntermaßen das letzte Mittel der Frauen, wenn sie nicht wollen, aber ich wußte nichts Besseres. Schließlich habe ich, seit ich denken kann, noch niemals etwas vorschützen müssen. Ich atmete tief durch. Natürlich, die stickige Zimmerluft.

»Die Luft ist so schlecht«, sagte ich und versuchte, entsprechend leidend zu gucken.

»Stimmt, es ist total heiß heute«, entgegnete Kira und riß das Fenster auf. Zum Glück saßen wir in meiner Sofaecke, also keine Sicht hinüber.

Als Kira gegangen war, traute ich mich zu meinem Schreibtisch. Auch bei ihr stand das Schlafzimmerfenster offen. Und nicht nur das. Sie stand am Fenster und rauchte eine Zigarette. Ich versuchte, hinter dem Bildschirm zu verschwinden, aber konnte nicht umhin, noch einen Blick zu riskieren. Sie war gerade im Begriff, sich umzudrehen, aber mir war so, als hätten sich unsere Blicke noch getroffen. Erst als sie ganz vom Fenster verschwunden war, wagte ich zu atmen.

Ihr Bett mußte erhöht sein, denn ich konnte jetzt erkennen, daß sie sich auf die weinrote Überdecke legte. Wieder trug sie nur Dessous, aber dieses Mal fleischfarbene. Ich traute mich nicht, das Fernglas zu nehmen, um sie näher heranzuzoomen, aber das, was ich sah, genügte. Es war keine Halluzination. Dessen war ich mir sicher. Sie strich sich jetzt mit der Hand über ihre Schenkel und dann über den flachen Bauch. Mir war klar, was nun passieren würde, aber mein Hirn weigerte sich, es zu glauben. Sie faßte sich jetzt tatsächlich mit ihrer Hand in den Slip und sah dabei in Richtung Fenster, in meine Richtung.

Es gab keinen Zweifel. Sie hatte mich gesehen. Sie machte das für mich, und sie wußte, daß ich mitmachen würde. Es war fast so, als hätten wir denselben Rhythmus. Als es mir kam, schrie ich es laut heraus. Sie blieb noch einen Augenblick regungslos auf dem Bett liegen. Ich war kein billiger Spanner mehr. Es war viel schlimmer. Das hier war gerade im Begriff, sich in eine verhängnisvolle Affäre zu verwandeln. Dann stand sie auf, ging zum Fenster, schloß es und ließ die Jalousie herunter.

Ich erinnere mich nicht mehr genau, wie ich den nächsten Tag überstanden habe. Ich weiß nur noch, daß ich Kira bat, mich nicht zu besuchen. Ich hätte Fieber und wolle allein sein. Ich fühlte mich auch wirklich, als hätte ich vierzig Grad Temperatur. Wie im Fieber lauerte ich am Fenster und wartete und wartete auf den Augenblick, in dem endlich die Jalousie hochgezogen würde …, aber erst gegen Abend erbarmte sie sich.

Ich versuchte natürlich, noch rechtzeitig in Deckung zu gehen, aber sie hatte schon ihr Fenster geöffnet und winkte mir zu. Ungeschickt riß ich meinerseits das Fenster auf. Sie rief mir etwas zu, was ich nicht gleich verstand. Dann machte sie ein Zeichen. Telefon. Sie wollte meine Nummer. Daß ich das überhaupt kapierte, ist mir heute noch ein Rätsel, aber ich war tatsächlich in der Lage, ihr mit Hilfe meiner zehn Finger die Nummer zu geben.

Zehn Minuten später klingelte es. Sie hatte eine außerordentlich erotische Stimme und stellte sich zwanglos mit »Ulli« vor. Ich glaube, ich stotterte ein wenig, aber sie war herzerfrischend offen und kam sofort auf den Punkt. Ob sie mich mal besuchen solle, damit ich nicht immer am Fenster hängen müsse.

Ich fragte: »Wie kommst du denn da drauf?«

Sie lachte. Ein kehliges, volles Lachen. Ich war mindestens so aufgeregt wie vor meinem völlig mißglückten ersten Mal. Eine halbe Stunde später war sie bei mir. Ich war so konfus, daß ich nicht einmal das Fernglas verschwinden ließ.

Als sie mein Gipsbein und die lächerliche Halskrause sah, lachte sie schallend und meinte: »Das Fenster zum Hof, was?«

Ich befürchtete, ich würde nun stundenlang geistreiche Konversation mit ihr machen müssen, aber sie schien daran ebenso wenig interessiert wie ich.

»Willst du mit mir schlafen?« fragte sie unverblümt.

Bevor ich etwas antworten konnte, sagte sie: »Dreihundert!«

Ich verstand nicht ganz, sie schaute mich verwundert an.

»Ist das zuviel? Arm bist du ja nicht gerade.«

Sie ließ ihren Blick über meine Designermöbel und meinen gut und teuer ausgestatteten Medienpark gleiten.

Zum Glück fand ich jetzt meine Sprache wieder: »Wie, Geld?«

Es war bestimmt keine intelligente Frage, aber in dieser Situation durchaus berechtigt. Sie lachte wieder dieses kehlige Lachen.

»Glaubst du, ich mache es umsonst, weil du so schön bist, oder hoffst du auf einen Invalidenrabatt?«

Dabei sah sie grinsend auf mein Gipsbein.

»Nein, nein, schon klar ...«

Mehr brachte ich nicht heraus. Ich versuchte, cool zu klingen.

Sie sah mich fragend an: »Aber du hast doch nun gesehen, was ich jobbe. Ich meine, du beobachtest mich doch seit mehr als einer Woche.«

Ich muß sie ziemlich dämlich angeglotzt haben.

Sie lachte wieder: »Ich bin keine richtig Professionelle, wenn du das denkst. Ich verdiene mir nur ein bißchen Geld, um mein Studium zu finanzieren.«

Jetzt erst sah ich, daß sie ganz normal gekleidet war. Unspektakulär. Jeans und T-Shirt. In meinem Kopf ging alles wild durcheinander. Wo war ich da nur reingeraten? Natürlich würde ich nie im Leben mit einer Nutte ... Das wollte ich ihr gerade erklären, doch da hatte sie sich bereits das T-Shirt über den Kopf gezogen.

Ich sagte heiser: »In Ordnung«, und humpelte einen Schritt auf sie zu.

Sie roch wunderbar und half mir, mich auf meinen Schreibtischstuhl zu setzen. Dann zog sie ihre Jeans aus und lachte mich an. Da stand sie nun in ihren schwarzen Dessous.

»Komm«, flüsterte ich und strich ihr über den flachen Bauch.

Als ich ihre festen Brüste anfaßte, hatte ich eine Schrecksekunde lang das Gefühl, ich würde augenblicklich kommen. Nicht jetzt, flehte ich, noch nicht. Ich zog ihr etwas zu hastig den BH aus. Ihr schien meine hektische Unbeholfenheit nichts auszumachen, sie selbst stellte sich wesentlich geschickter an. Es gelang ihr sogar, mir aus meinen Boxershorts zu helfen.

Jetzt wußte ich, warum ich so lange gewartet hatte, um mit ihr zu schlafen. Wie oft hatte ich sie schon berührt, aber das hier übertraf meine kühnsten Phantasien. Ich hatte ja nicht geahnt, wie sie sich anfühlte, wie sie duftete.

Auch »Er« hatte begriffen, daß es nicht günstig wäre, vorzeitig zu kommen, obwohl sie ihn jetzt zu allem Überfluß auch noch intensiv berührte. Ich hörte es nur am Geräusch, daß sie eine Kondompackung aufriß, aber selbst die Art, wie sie es überstreifte, erregte mich.

Als sie sich gekonnt und langsam auf mich setzte, stockte mir der Atem. Das war erregender als alles, was ich jemals gefühlt hatte …, aber es war auch mein vorerst letztes Gefühl in dieser Richtung. Ich meine, Kira ganz verschwommen wahrgenommen zu haben … Jedenfalls erinnere ich mich an das Fernglas in ihrer Hand und den stechenden Schmerz in meinem Schädel. Dann war plötzlich alles dunkel.

Ich wachte erst im Krankenhaus wieder auf, als mir Schwester Susanne den Kopfverband anlegte und mitfühlend sagte: »Da haben wir aber eine böse Platzwunde und eine schlimme Gehirnerschütterung!«

PAULO GRAZIOTTI
Tierische Gelüste

Da saß er nun, beinahe bewegungslos, wie jeden Tag um diese Zeit an dem für die Größe des Raumes etwas zu wuchtigen Eichentisch. Längst gab es sie nicht mehr, die ruhelosen Momente, umringt von seinen Liebsten, ein jeder bemüht, sich den begehrten Platz an der Seite des Rudelführers zu sichern – hier war man vor den futterneidischen Angriffen der Konkurrenten am ehesten gefeit –, sie waren längst vorbei.

Nur seine tief zerfurchten Hände verrieten die Anstrengungen eines mühsamen Broterwerbs und pflichterfüllten Lebens. Gedient hatten diese Hände vor allem der Arbeit und – der Liebe. Trotz der Härte und Grausamkeit erfüllte ihn sein Tagewerk auf dem Hof mit Leidenschaft. Er genoß es, in aller Frühe die Welt zu begrüßen, im wohligen Gefühl, den anderen etwas ungeheuer Wertvolles vorauszuhaben, wenn er als erster die Unberührtheit der Natur, die Jungfräulichkeit des Tages in sich aufsaugen konnte. Liegt nicht das höchste Glück in der Frische des unverdorbenen Morgendämmerns, in dem vielleicht einzigen ungestörten Augenblick des brav der Pflicht gehorchenden Versorgers, des Fürsorgers für Mensch und Tier?

Allzu Menschlichem widmete er allerdings nur die nötigste Aufmerksamkeit. Wann immer der Wolf, so nannten ihn die anderen im Dorf, mit einem menschlichen Wesen zu tun hatte, stand dies beinahe ausschließlich im Zeichen des Wohles seiner Tiere. Der Mensch als Spezies bereitete ihm Unbehagen – er mochte ihn nicht. Für ihn war er unberechenbar, egoistisch und vor allem völlig der Natur entrückt.

Der Wolf schuf sich sein eigenes Rudel, bestehend aus Schweinen, Hühnern, Schafen, Katzen – und, trotz seiner Menschenscheu, seine eigene Brut, fünf an der Zahl. Und er hatte Hatty, die mütterliche Seele des Hauses. Ihr schenkte er Liebe, auch die seiner Hände.

Über die Entstehung ihres Kosenamens wußte niemand Auskunft zu geben, auch konnte keiner sagen, wie sie wirklich hieß. Das Urkundliche war nicht von Bedeutung. Bei Hattys Erscheinung entstand das Bild eines Wohligkeit und Leichtigkeit verströmenden Wesens. So wie der Wolf den Hof mit rastloser Kraft jeden Tag von neuem für den nächsten rüstete, so umhüllte seine treue Gefährtin in einer ihm in nichts nachstehenden Emsigkeit den Wohn- und Schlafplatz mit einer sich weit ins Dorf ausströmenden Wärme.

Der Duft von frisch gebackenem, noch dampfendem Brot – der war es, der mich zum ersten Mal an diesen Ort des Zaubers lockte.

Seit langem verbreitete sich die Kunde von Hattys hausfraulichen Künsten im ganzen Dorf. Regelrechte Menschenschwärme – es sollen sogar Touristen von weit her angereist sein – ließen täglich ihre Bestellungen persönlich vormerken. Hatty verstand sich jedoch nicht nur auf die Herstellung von schmackhaften Leckereien wie Brot, Ostergebäck, Zwiebelkuchen oder auch diversen Schnapsspezialitäten, sondern sie hatte zudem einen äußerst ausgeprägten Geschäftssinn.

»Sie hält im Hause Wolf das Geld zusammen!« pflegte man zu sagen.

»Einer muß ja schließlich was zur Seite tun! Für die geruhsameren Tage!«, mit einem fast vorwurfsvollen Augenaufschlag in Richtung Stall ließ sie das vernehmen.

Das machte mich innerlich schmunzeln: Die Vorstellung von einem irgendwann einmal realisierbaren Urlaub schien in ihrer blühenden Phantasie zu wachsen und blieb doch stets, was sie gleichwohl sehr gut wußte, Utopie.

Mein Verlangen nach Neuigkeiten wuchs in diesem Dorf

unerbittlich, konnte auch ich nicht immer nur aus dem Kelch der bloßen Phantasie schöpfen. Der Rückzug aufs Land, der mich hoffen ließ, im Einklang mit Natur und Schönheit der Schöpfung neue Kraft für meine Arbeit sammeln zu können, ließ mich nach unzähligen Stunden der Einsamkeit, einzig im Dialog mit meinem Notenpapier, nach Kontakten zur Außenwelt lechzen.

Nicht zum erstenmal in dem mir allzu bekannten Endstadium des Einsiedlertums zog es mich in Hattys Reich. Hatty übte auf mich eine eigenartige Anziehung aus – sie war für mich der Inbegriff weiblicher Geborgenheit. Gerne ließ ich dem Bild ihrer properen Hüften, die sich bei jedem ihrer flinken Schritte rhythmisch wiegten, Einlaß in die Welt meiner Phantasie – und die wohlige Erinnerung an ihre Brüste, die sich bei der geringsten Bewegung freudig in Schwingung versetzten, schob sich rasch über mein düsteres Chaos, ausgelöst von der vor mir liegenden Kompositionsarbeit, deren Termin längst überfällig war.

Ich wußte um die Zauberkraft ihrer Nähe und ließ mich unweigerlich von ihr einfangen. Auch empfand ich es als angenehm, daß Hatty stets über jedweden Klatsch und Tratsch, der im Ort kursierte, bestens informiert war. Das ersparte mir, mich anteilnehmend und indiskret kundig machen zu müssen, was an Wohl und Wehe der Dorfbewohner gerade wissenswert war. Und ich gestehe meine Neugier.

Wie ein Magnet zog mich der Hof an, besser gesagt, die Erwartung auf Hatty, und ich beschleunigte auf den letzten Metern meinen Schritt merklich. Die Vorfreude auf die nahen Momente, die mich im Hause Wolf erwarteten, und darauf, eingebettet zu sein in die unvergleichliche Atmosphäre, wurde gesteigert durch die typischen Gerüche.

Die Welt der Düfte und meine Phantasien! Sehr früh entdeckte ich an mir die eigentümliche Fähigkeit, die Erinnerung an gewisse Ereignisse, Personen oder Dinge beinahe ausschließlich über den Geruchssinn einzufangen. Die ganze Welt um mich herum war ein einziges Duftmeer.

Sollte dies mit der unnachahmlich markanten Größe und Form meines Riechorgans, welches mir die unendliche Güte Gottes zuteil werden ließ, in Zusammenhang stehen?

Die Klinke der vorderen Eingangstür, die ohne Umschweife direkt in die einer Backstube ähnlichen Küche führte, ließ sich nur mit einiger Mühe nach unten drücken. Obwohl ich für gewöhnlich lieber durch die hintere Stalltür ging, um so unmittelbarer in das bäuerliche Treiben zu gelangen, spürte ich einen unerklärlichen Drang – vielleicht war es Neugierde? –, den sonst für den gewöhnlichen Einkaufsbetrieb vorgesehenen Eingang zu benutzen.

Irgend etwas schien verändert. Einen kleinen Augenblick zögerte ich. Die Erwartung auf Hattys Begrüßung oder, so sollte ich gestehen, eher ihres prallen, für manchen Geschmack zu üppigen Hinterns, begann in einer geheimnisvollen Weise zu steigen. Die himmlischsten Gerüche erwarteten mich. Der wärmende Duft von gerade erst aus dem Ofen geholtem Brot begann meinen gesamten Körper zu durchströmen. So auch ein bis in die Nasenwurzel kribbelnder Anflug von frisch geerntetem Gras wie auch der etwas penetrante Geruch vom Schnapsgelage des Vorabends, der würzige Geruch des noch dampfenden Misthaufens, der an Großmutters Zeiten erinnernde, strenge Duft von Kernseife im Waschkeller – ja sogar das eigenartig anmutende Gemisch aller sich auf dem Hof ausbreitenden tierischen Ausdünstungen.

Weshalb hatten auch solche Gerüche, die bei den meisten Menschen Ekel herbeiführen, auf mich plötzlich eine derart anziehende Wirkung? Die Entdeckung einer mir bisher unbekannten Geruchswelt – auf dem Gebiet der Sinneslust war bisher die Großstadt mein Erfahrungsraum – verwirrte und faszinierte mich zugleich. Ich ließ mich in Welten wahrer Verzückung entführen, die mir nie zuvor gekannte Gefühlsregungen entlockten, die düstere Gedanken in wollüstige Phantasien verzauberten, aus der Tiefe meines eher schüchternen Wesens ungeahnte tierische Gelüste hoben ...

Ich trat ein – keiner da! Kein Wolf, der in gewohnter Stellung am Tisch sitzend sinniert, keine Hatty, geschäftig ihre Brote feilbietend, selbst die Tiere im angrenzenden Stall waren still. Ruhe vor dem Sturm? Welcher Sturm? Der starke Wolf war in meinen Augen nicht zu erschüttern. Vor welcher Gefahr sollte er Reißaus nehmen? Und Hatty? Nein, die beiden konnte so einfach nichts vertreiben. Doch irgend jemand mußte im Haus sein, ich meinte es zu spüren.

Immer noch vom Taumel meiner Duftphantasien betäubt, durchkämmte ich verwirrt und doch akribisch den Raum, untersuchte jeden Winkel. Stickige U-Bahn-Schächte, abgasverpestete, mehrspurige Straßenzüge, ozonbelastete Großstadtluft, schweißgetränkte, überfüllte Personenaufzüge, malzgeschwängerte Brauereirückstände, schweflige Kraftwerksschwaden ... – ich versuchte die wohlbekannte Ordnung der mir vertrauten Düfte wiederzufinden. Wo war Hatty? Wie ein Säugling rang ich gierig nach der Brust, nach der rettenden Oase der Geborgenheit ...

Eine unsanfte, aber weiche Landung brachte mich schließlich zum Stillstand. In wenigen Bruchteilen von Sekunden wurde meine Lust auf die einströmenden Düfte jäh unterbrochen, meine Nase bohrte sich immer tiefer in eine merkwürdige Materie.

Es war ein Fell, das ich spürte.

Der Umgang mit Fellen – genauer gesagt Schaffellen – war im Hause Wolf eindeutig geregelt: Zuerst wurden sie als flauschiger, wärmender Bettlakenzusatz während der kälteren Monate des Jahres eingesetzt, dann in den folgenden Sommermonaten umfunktioniert zu Gartenmöbelpolstern, um schließlich im Zustand völliger Verschmutzung auf den Höhen eines Traktors in dessen Sitzmulde letzten Dienst zu tun. Das war Hattys optimiertes Fellnutzungsprogramm.

Um ehrlich zu sein, ich geriet in eine prekäre Situation. Mein mir allerliebster Diener der Lust, mein wertes Riechorgan, war vergraben in einem, diesem Nutzungsprogramm noch nicht zugeführten Fell. Die Vorstellung einer in einem Nachtlager zu Ehren kommenden Unterlage war um einiges angenehmer als die grausame Realität, die sich mir hier darbot. Mit einem womöglich erotischen nächtlichen Erlebnis hatte der Anblick dieses von Blut befleckten Stücks Wolle, auch nicht das, was sich als klebrige, warme Flüssigkeit auf meiner Haut anfühlte, nun wahrlich nicht viel tun.

Ich erhob mich mühsam und entfernte die hartnäckigen Fellhaare aus meiner Nase.

Mein Instinkt hatte mich nicht getäuscht. Es war etwas Wundersames im Gange. Ich versuchte mich zu konzentrieren. Was irritierte mich so sehr? Die sonst verschlossene Tür stand entgegen jeder Gewohnheit weit offen. Dahinter bot sich mir ein Anblick, der mir für einen kurzen Moment den Atem verschlug. War hier ein Mord begangen worden? Das Zeugnis des Todes stellte sich mir mitleidslos in den Weg: Der mit weißen Kacheln ausgekleidete Raum war überzogen mit noch nicht getrocknetem, strahlend rotem Blut. Vor mir, wie aufgeknöpft, prangte ein dampfender Körper – beinahe stolz wirkte er, so als ob er durch seine bloße physische Existenz allem Schicksal zum Trotz dem Tod noch Paroli bieten wollte.

Wer hatte sich hier am Leben vergangen, wer sich schamlos zum Richter über Leben und Tod erklärt, wer sich über die letzte, der menschlichen Wesensart eigene Hemmschwelle zu töten, hinweggesetzt?

Zwei Kilo genau ... Soll ich's ihnen einpacken lassen ... Danke, stimmt so ... Wünsche gutes Gelingen ... Servus, ade! Auf Wiedersehen!

Die Erinnerung an meinen allwöchentlichen Einkauf im mir vertrauten Stadtviertel half meinem orientierungslosen Geist, ein aus den Fugen geratenes System wieder einigermaßen ins Lot zu bringen.

Fleisch!

Vor meinen Augen befand sich ganz einfach ein Stück Fleisch! Nicht mehr und nicht weniger. Dankbar grüßte ich in Gedanken meinen Fleischermeister ... Aber meine Beine wurden so entsetzlich schwer. Alles war weit weg. Nur es war da. Die Gliedmaßen schienen sich zu strecken, um mich unbarmherzig immer weiter in ihren Bann zu ziehen. Beinahe berührten sich schon unsere Körper, sein gerade ausgehauchtes Leben war wie bereit, sich mit meinem Herzschlag zu vereinen. Jungfräulich duftendes Blut zierte die Extremitäten – oder das, was nach dem kunstvoll durchgeführten Tötungsakt von ihnen übriggeblieben war.

Ich mußte es tun. Langsam, aber bestimmt begaben sich meine Hände auf Entdeckungsreise, entlang des unwiderstehlichen Korpus. Unter der klebrig feuchtwarmen Hülle schmiegten sich in jede meiner zärtlichen Berührungen sanft die Eingeweide. Ich schloß die Augen. Einem Blinden gleich, der sehend gemacht wird, gab ich mich willenlos meinem Boten der Lust hin.

Wie eine stets wiederkehrende Brandung streichelten mich zuerst sanft Düfte, die mich schließlich immer heftiger umkreisten. Es drang ein beinahe neutraler, Melkfett ähnlicher Duft durch die Poren der nach wie vor straff gespannten Haut und verschmolz innig mit dem purpurnen Lebenssaft meines Gegenübers. Es war wie das wiederkehrende Motiv einer Komposition, die stets von neuem aufbrechend, auf den Höhepunkt zutreibend die Lust durch ständige Variationen zum Anschwellen bringt.

Das Tier und ich, vereint, eingetaucht inmitten eines Orchesters der Düfte. In einer perfekten Inszenierung musizierten lagernde Strohballen mit frisch geerntetem Heu, modrige Holzplanken mit Rindenmulch, leicht angedaute Magen- und Darmsäfte mit von Fliegen bedeckten Exkrementen, kräftig parfümiertes Desinfektionsmittel mit eingeölten Stahlketten ... und immer wieder der Geruch von Blut, Blut, Blut.

Von irgendwoher kam der Gedanke, daß es kein Geheimnis war, daß der Wolf seine Tiere zu sehr liebte, um sie mit eigenen Händen töten zu können. Für die unliebsame Aufgabe des Schlachtens mußte sich immer ein geeigneter Exekutor finden.

Blut, Blut, Blut … Das Orchester schien führungslos zu sein, sein Dirigent fluchtartig den lasterhaften Ort verlassen zu haben, die Partitur war von Geisterhand unspielbar gemacht, jedes Instrument außer Rand und Band, das Spiel ein einziges Chaos. Was blieb, war der Kampf um die Vorherrschaft. Welchem Duft würde es gelingen, mich bis zum Höhepunkt der Lust zu treiben?

Die Spannung wurde bald unerträglich. Vergeblich forderte ich im Taumel der Gefühle meinen Diener der Lust bis aufs äußerste: Würde die purpurne Königin der Düfte tatsächlich … Ich erschrak!

Was geschah mit mir? Hatte sich meine anfängliche Scheu umgekehrt in eine plötzliche und unbezähmbare Lust gegenüber dem Tier, dem Tod? War es möglich, daß der Duft des Blutes solche erotischen Züge annehmen konnte? Oder war es etwas anderes, was mich so unrettbar in seinen Bann zog?

Das Tier. Der Tod. Das Blut. Der Exekutor. Jemand hatte diesen Akt auf dem Gewissen. Jemand war zu einer solchen Tat imstande. Der war ohne Furcht vor dem Angesicht des Todes. Wie ein Jäger. Er stellte sich dem Tod … Und er siegte. Was für ein Mann! Mein Krieger, mein Kämpfer, mein Todesmutiger, mein Sieger … Blut, Blut, Blut. Ich mußte ihn finden.

Wehmütig ließ ich das Opfer der Lust zurück, einzig noch gezeichnet von seinem Schlächter. Eben noch als Objekt der Begierde mißbraucht, baumelte es nun an seinen verstümmelten Vieren. Seine Zeit war um, es war überflüssig geworden. Aber wie ein Komplize hatte das Opfer mich auf eine Spur gebracht … Ich mußte den Schlächter finden!

Ungeduld überkam mich. Allein gelassen kurz vor dem Höhepunkt der Lust, nahm ich hungrig die Fährte des

Herrn über Leben und Tod auf. Die Partitur war noch nicht zu Ende gespielt. Ich wollte das Finale! Ich forderte Wahrheit und Licht im Dunkeln! Wie ein Publikum, das auf das Grande Finale eines bis ins Unerträgliche anschwellenden Musikstücks zufiebert, die Hände bereit zum tosenden Applaus, spürte ich in mir die beinahe zerberstende Spannung steigen. Elektrisiert, unter Strom gesetzt, der natürlichen Funktionen beraubt – der mir bis zu diesem Augenblick unbekannte Zustand lähmte jede meiner Bewegungen.

Wo war mein Erlöser?

Sein Arm legte sich fast unmerklich um meine Schultern. Geborgenheit begann mich zu umhüllen. Selig sog ich den lieblichen Duft des Blutes in mich ein.

Einzig der Geruch des frischgebackenen, noch dampfenden Brotes störte das harmonische Zusammenspiel des Schlächters und seines neuen Opfers.

Verwirrt drehte im mich um. Der letzte Paukenschlag ertönte. Der letzte Vorhang hatte sich gehoben. Hatty lächelte ...

CHRISTOPH SPIELBERG
Die Strandläuferin

1

»Heute bitte nicht.«

Das hatte seine Mutter auch gestern gesagt. Vorgestern ebenfalls. Er stellte sich die Laune seines Vaters beim Frühstück vor. Verdammt dünne Wände in diesem Strandhotel!

Seltsam. Während des Schuljahres schaffte er es kaum vor der zweiten, dritten Stunde, halbwegs wach zu werden. Und jetzt, in den Ferien, fühlte er sich schon am frühen Morgen total ausgeschlafen. Natürlich grenzte zu Hause sein Zimmer auch nicht unmittelbar an das Schlafzimmer seiner Eltern.

Leise stand er auf, zog seine Bermudas über und lief an den Strand. Große Ferien mit den Eltern, meine Güte! Mit fast sechzehn Jahren sei er zu jung, um mit seinen Freunden zu verreisen! Was sollte er denen übernächste Woche bloß erzählen? Sie würden auch nach Mädchen fragen. Wie seine Eltern. »Hast du schon eine kleine Freundin gefunden?« Eine »kleine Freundin«! Das hörte sich an wie: »Ihr werdet doch keine Dummheiten machen ...« Schön wär's!

Es tobten zwar genug Mädchen am Strand herum, keine Frage. Aber auch genug siebzehn- oder achtzehnjährige Konkurrenz. Keine Chance. Er fand einen versteckten Platz in den Dünen mit Blick auf den noch leeren Strand und das Meer. Er schob seine Hand in die Bermudas, aber nach dem peinlichen Dialog seiner Eltern konnte er es sich nicht einmal selbst machen. Auch nicht mit Hilfe der Fotos, die er sich aus dem Internet heruntergeladen hatte. Schöne Ferien!

169

Schon letztes Jahr hatte Mitschüler Manfred es mit seiner Cousine getrieben und am nächsten Tag zum Beweis das Handtuch mitgebracht, das sie untergelegt hatten. Klar, Manfred machte die Klasse zum zweitenmal, war schon siebzehn, aber das hieß doch nur, daß der damals sechzehn gewesen war, so alt wie er heute, fast.

Bei den Geschichten, die sonst noch so erzählt wurden, mochte die eine oder andere Übertreibung mitspielen, aber trotzdem, lange würde es nicht mehr dauern, und er wäre die letzte Jungfrau in der Klasse. Ob es den Mädchen genauso ging? Dachten Frauen auch immer nur an das eine? Sicher nicht. Bernd hatte ihm mal erzählt, Frauen hätten dabei sowieso keinen Spaß. Sie machten nur mit, weil die Männer es wollten. Ob das stimmt? Wahrscheinlich, denn Bernd kannte sich ganz gut aus.

Mißmutig nahm er eine Hand voll Sand und ließ ihn durch die Finger zu einer kleinen Düne rinnen. So verrannen auch diese Sommerferien. Langsam müßte er sich eine einigermaßen glaubhafte Geschichte für Manfred, Bernd und die anderen ausdenken.

2

Er sah sie schon von weitem. Ein einsamer Punkt, der zügig näher kam. In konzentriertem, regelmäßigem Tempo joggte sie den Strand entlang. Genau auf seiner Höhe blieb sie stehen und zog ihr Gymnastikprogramm durch. Schön anzuschauen. Sie mochte Anfang Dreißig sein, vielleicht ein bißchen mehr, er konnte Frauen schlecht schätzen. Plötzlich zog sie ihr T-Shirt über den Kopf, stieg aus den Shorts und rannte ins Meer. Doch das Wasser war noch ziemlich kalt, schon bald würde er die Frau wieder besser sehen. Er schaute sich vorsichtig um, er war weiterhin allein in den Dünen.

Tatsächlich hielt sie es kaum fünf Minuten aus. Zurück

am Strand, turnte sie sich trocken. Das dauerte erfreulich lange, dann zog sie sich an und joggte in die Richtung, aus der sie aufgetaucht war. Er wartete, bis er sie nicht mehr sehen konnte, bevor er zum Frühstück ging. Die schlechte Laune seines Vaters nahm er kaum wahr, vor seinen Augen lief ein ganz anderer Film.

3

Am nächsten Morgen war sie genauso pünktlich wie er, ebenso an den folgenden Tagen. Er hatte ein Fernglas erwogen, sich aber dagegen entschieden. Ein Fernglas schien ihm nicht in Ordnung, denn er sah sie gut, und sie ließ sich weiterhin viel Zeit mit ihren Übungen zum Trockenwerden.

Am Freitag verzichtete seine Mutter auf ihr Heute-bitte-Nicht, die entsprechenden Geräusche von nebenan machten ihn noch nervöser, und er nahm seinen Posten in den Dünen früher als sonst ein. Er konnte sie also kaum versäumt haben, und trotzdem tauchte der einsame Punkt nicht auf. War sie abgereist? Krank? Hatte sie sich erkältet? Vielleicht hatte sie nur verschlafen, zehn Minuten würde er noch warten.

»Guten Morgen!«

Erschrocken fuhr er zusammen. Sie stand direkt hinter ihm, etwas erhöht am Rand seiner Senke. Heute trug sie einen Rock, er sah von unten deutlich den Streifen weiße Baumwolle zwischen ihren Schenkeln.

»Darf ich mich zu dir setzen?«

Eine einfache Frage, doch ehe ihm eine passende Antwort einfiel, saß sie ihm gegenüber im Sand, die Beine angezogen, die Knie aneinandergepreßt, die Unterschenkel leicht abgewinkelt – eine zweckmäßige Haltung für Wohnzimmer und Gartenbank, weniger geeignet am Strand. Er wußte, er könnte wieder den weißen Baumwollstreifen sehen, traute sich aber nicht, hinzuschauen.

»Wie alt bist du?«

»Siebzehn«, die erste Lüge.

Sie schaute ihn an, nickte. Ihr Nicken schien sich weniger auf seine Antwort zu beziehen als auf etwas, das ihr im Kopf herumging.

»Du erinnerst mich an jemanden.«

Er fand, er sehe Tom Cruise ziemlich ähnlich, vielleicht meinte sie das. Aber sie sagte nichts weiter, lehnte sich zurück und schaute auf das Meer, während sich ein Grashalm in ihrem Haar verfing. Er riskierte wieder einen Blick.

»Kuckst du mir unter den Rock?«

»Nein«, die zweite Lüge.

»Ich glaube, du sagst nicht die Wahrheit. Du hast mich die ganze Woche beim Baden beobachtet.«

Er schüttelte den Kopf, konnte aber fühlen, wie ihm die Hitze ins Gesicht schoß. Er legte sich auf den Bauch, um es zu verbergen. Sie saß jetzt direkt neben ihm. Die Hand zum Trichter geformt, ließ sie Sand auf seinen nackten Rücken rieseln. Die Wirbelsäule entlang, vom Hals bis hinunter zum tiefstehenden Bund seiner Bermudas. Der Sand kitzelte zwischen seinen Pobacken, er schüttelte sich etwas. Vorsichtig entfernte sie den Sand aus der Falte.

»Du brauchst dich nicht zu schämen, daß du mich beobachtet hast. Alle Jungen machen so etwas. Es hätte mich nur gestört, wenn es ein älterer Mann gewesen wäre.«

Sie strich jetzt auch den übrigen Sand von seinem Rücken. Ihre Hände fühlten sich warm an, warm und zart.

»Dreh dich wieder um. Wirklich, es gibt keinen Grund, sich zu schämen.«

Er tat es. Sie kniete sich direkt über ihn, ihre Schenkel links und rechts neben seinen Beinen. Ein paar Schamhaare schauten seitlich des Baumwollsteges hervor. Langsam, ganz vorsichtig, zog sie ihm die Bermudas über die Beine und stieg aus ihrem Höschen. Den Rock behielt sie an.

Es fühlte sich ähnlich an, wie wenn er es sich selbst machte, aber doch anders, irgendwie voller, kompletter.

172

Was hatte er nicht alles darüber gelesen! Aber die Welt um ihn herum verschwand nicht, im Gegenteil, er nahm sie sogar genauer wahr als eben noch. Er sah die Möwen, die sich um einen Rest Brötchen stritten, roch den Tang, den die Brandung ans Ufer spülte, hörte den Wind über das Dünengras streichen. Alles war ganz deutlich, und doch war egal, was er sah, roch oder hörte, alles wurde Teil dessen, was er so intensiv fühlte.

Ihm gingen die seltsamsten Sachen durch den Kopf, zum Beispiel, was würden seine Eltern sagen, wenn sie ihn jetzt sähen, oder daß er dies hier nicht in dem üblichen Aufsatz »Mein schönstes Ferienerlebnis« beschreiben könnte.

Er wagte es, sie kurz anzusehen – sie hatte ihm ihr Gesicht zugewandt, die Augen geöffnet. Was erwartete sie von ihm? Sollte er nach ihren Haaren greifen, ihrem Rücken, ihrem Po? Sollte er etwas sagen? »Ich liebe dich«? Oder: »Ich liebe Sie«? Wollte sie irgendwelche Ferkeleien hören?

Während er fühlte und fühlte und ihm tausend Dinge und nichts im Kopf herumschwirrten, hatte sein Körper sich ganz dem Rhythmus ihres Körpers angepaßt. Ein neues Geräusch war hinzugekommen, auch rhythmisch, aber näher und schneller als die Brandung, und steigerte seine Lust ebenso wie der feine Sand zwischen ihnen, der an ihren schwitzenden Körpern haftenblieb.

Bald würde es vorbei sein, das wußte er, aber bitte noch nicht jetzt, bitte noch nicht jetzt. Und dann war es vorbei. Doch im Gegensatz zu seinen bisherigen einsamen Erlebnissen, stets gefolgt von dieser Mischung aus leisem Ekel und schlechtem Gewissen, erfüllte ihn jetzt, von einer Sekunde auf die andere, ein Gefühl tiefster Befriedigung und innerer Ruhe, so wie er sich den Tod vorstellte. Beinahe vergaß er zu atmen.

Er wartete eine ganze Weile, ehe er erneut vorsichtig die Augen öffnete. Sie saß immer noch über ihm, schaute ihn an und – sie hatte Tränen in den Augen! Hatte er ihr weh getan? Nein, bestimmt nicht. Aber er hatte gelesen, daß Frauen manchmal danach weinen, vor Glück. Hatte er sie glücklich gemacht? Das konnte er sich auch nicht so recht vorstellen.

Und dann tat sie plötzlich etwas Seltsames. Auch davon hatte er schon gelesen, sogar Fotos auf dem Schulhof gesehen. Allerdings hatte er nie gedacht, daß Frauen so etwas wirklich machen, außer für Geld, oder, wenn sie dazu gezwungen werden. Aber er merkte, es war irgendwie etwas anderes, hatte eine andere Bedeutung. Neulich hatte er auf einer Wiese beobachtet, wie eine Kuh ihr eben geworfenes Kalb sauber schleckte. Was sie gerade mit ihm machte, erinnerte ihn mehr an diese Szene als an die Fotos auf dem Schulhof.

Als sein Körper, eben noch bis in die letzte Faser entspannt, wieder zu reagieren begann, zog ihm die Frau seine Bermudas wieder hoch und gab ihm einen flüchtigen Kuß. Bevor sie danach unversehens verschwunden war, hatte sie noch etwas geflüstert. Wie hatte sie ihn genannt?

Natürlich wartete er am nächsten Morgen wieder in der Düne, aber die Frau tauchte nicht auf, auch nicht in den nächsten Tagen. Ebensowenig fand er sie tagsüber, wenn er den gesamten Strand nach ihr absuchte. Einmal glaubte er, sie in einem Café sitzen zu sehen. Aber er war sich nicht sicher. Außerdem waren seine Eltern dabei.

4

Er hatte ihn schon lange gefürchtet, den »letzten Abend«. Nicht die Tatsache, daß nun die Ferien vorbei waren. Er hatte zuletzt ohnehin nicht mehr damit gerechnet, die Frau noch einmal zu sehen, und ereignislos hatte sich ein Tag an der See verschwitzt an den anderen geklebt. Es war auch nicht etwa so, daß er das Interesse an den Mädchen seines Alters verloren hätte, aber es hatte sich weiter nichts ergeben, und ein wenig kindisch waren sie ihm jetzt doch erschienen, wie sie eben noch verführerisch in ihren knappen Bikinis in der Sonne lagen und wenig später mit einem Wasserball zwischen den Strandkörben herumtollten.

»Letzter Abend« hieß, daß es Streit mit den Eltern geben würde, das war sicher. An den anderen Abenden hatte seine Mutter in der Ferienwohnung gekocht, in der Küchenzeile des sogenannten Wohnzimmers, in dem er auf der Couch schlief. Für den letzten Abend aber waren ein »ordentliches« Hemd und eine »ordentliche« Hose angeordnet, und die Eltern hatten in irgendeinem langweiligen Restaurant einen Tisch bestellt. Mit Hilfe seiner Mutter hatte er an den anderen Abenden Disko bis Mitternacht durchgesetzt, heute aber hatte sein Vater darauf bestanden, daß der Abend der Familie gehöre, »so wie früher«.

Also hatte es Streit gegeben. Das Restaurant hatte er noch mitgemacht, aber danach Karten oder Mensch-ärgere-dich-Nicht spielen war nicht in Frage gekommen. Morgen, auf der Autobahn, würde er die Konsequenzen zu tragen haben. Jetzt aber stand er mit seiner Cola neben der Tanzfläche und versuchte, nicht gelangweilt auszusehen.

»Warst du letztes Jahr auch hier?«

Hatte er gerade diese originelle Eröffnung abgelassen? Nein, tatsächlich, das Mädchen neben ihm hatte ihn angesprochen. Er traute sich kaum, sich zu ihr umzudrehen. Sicher war sie dick, pickelig oder trug eine Brille.

»He, sprichst du nicht mit jedem?«

Sie war weder pickelig, noch trug sie eine Brille. Morgen, auf der endlosen Autobahn würde ihm einfallen, was er hätte antworten sollen, etwas wie: »Deine Schuld, du machst mich ganz sprachlos.«

Aber jetzt sagte er nur: »Nein. Letztes Jahr war ich in Griechenland. Kreta.«

»Wir kommen immer hierher. Jeden Sommer, solange ich denken kann. Hast du Lust zu tanzen?«

175

»Ja«, sagte er.

Was immer sie vorschlug, er würde es machen.

»Ich nicht. Laß uns lieber am Strand spazierengehen.«

5

Am Strand zog sie ihre Sandalen aus und trug sie an den Riemchen. Sie liefen in Richtung Dünen und sprachen über Gott und die Welt. Als sie fragte, ob er mit seinen Eltern hier wäre, und er ihr über den Streit von heute abend berichtete, erstaunte ihn das selbst. Normalerweise hätte er geantwortet, daß er schon siebzehn sei und seit langem alleine verreise.

»Ich bin auch mit meinen Eltern hier. Aber die merken sowieso nicht, ob ich im Hotel bin oder nicht. Die knallen sich jeden Abend die Birne voll. Ist doch Urlaub, sagen sie. Und am Strand schlafen sie dann den ganzen Tag.«

Als sie die Dünen erreichten, zog auch er seine Tennisschuhe aus. Sie setzten sich in die Vertiefung mit Blick auf den Strand, in der er jeden Tag auf die Frau gewartet hatte. Hier sei er »zum Mann geworden«, würden seine Eltern sagen.

»Du lächelst. Woran denkst du gerade?«

»Daß du einen hübschen Bauchnabel hast.«

Ihren Bauchnabel, frei sichtbar zwischen den tiefsitzenden Jeans und dem kurzen T-Shirt, zierte ein kleiner Ring. Eigentlich stand er nicht auf Piercing, bei ihr allerdings fand er es wirklich sexy. Jedenfalls hatte ihr die Antwort offensichtlich gefallen. Sie küßte ihn, aber nur kurz.

»Siehst du die Frau dort?« fragte das Mädchen.

Jetzt bemerkte er sie auch. Sie mußte schon am Strand gesessen haben, als das Mädchen und er sich hier hingelegt hatten. Gerade stand sie auf und lief langsam nach Norden, in die Richtung, aus der die Frau immer morgens gekommen war. Er war sich nicht sicher. Die Figur schien die gleiche, die Größe paßte, aber es war zu dunkel, um das Gesicht zu erkennen.

»Mm, was ist mit ihr?«

»Ich weiß nicht, ob sie es ist. Es hat einen schrecklichen Unfall gegeben, vor zwei Jahren, genau hier.«

Er griff nach einem Grashalm und kitzelte ihren Nabel. Er wollte jetzt nichts über einen schrecklichen Unfall hören. Aber das Mädchen ließ sich nicht ablenken.

»Sie könnte es sein. Es war ihr Sohn. Er ist beim Sturmsurfen ertrunken, sein Brett hat ihn am Kopf getroffen. Die Leiche ist erst am nächsten Morgen hier angespült worden. Er muß in deinem Alter gewesen sein.«

Das Mädchen schaute in die Richtung, in der die Frau verschwunden war.

»Doch, das war sicher seine Mutter. Sie kommt weiter jedes Jahr hierher.«

Er schaute in die Sterne, bis sich das Mädchen zu ihm drehte. Den Kopf auf die Hand gestützt, konnte er jetzt ihre Brüste sehen und, wenn sie einatmete, auch den Ansatz ihres Höschen. Vielleicht war sie sich dessen bewußt, denn sie fragte plötzlich:

»Hast du es schon einmal gemacht, so richtig?«

Er drehte sich zurück und studierte wieder die Sterne. Je länger er hinschaute, desto mehr hoben sie sich gegen das Dunkel ab.

»Nein«, antwortete er schließlich.

Und dieselbe Antwort würde er nächste Woche seinen Freunden geben.

SKY NONHOFF
Kochen mit Stella

Auswandern

Nathan blättert weiter durch die Seiten, die lächelnde Teepflückerinnen mit roten Punkten zwischen den Augenbrauen und die Fresken der Wolkenmädchen an der Felsenfestung Sigiriya in satinblauer Abenddämmerung zeigen. Sein Blick schweift zum Höhlentempel von Dambulla, während die ihm gegenübersitzende junge Dame mit ihrem Zeigefinger auf ein weiteres Katalogbild deutet. Sie lächelt, aber das kann Nathan nicht sehen, da er seine Baseballkappe fast bis auf die Augenlider heruntergezogen hat. Da verpaßt er was, denn es handelt sich um ein auffallend apartes und ganz und gar nicht professionell eingesetztes Lächeln, wie es nur einer lächeln kann, dem jemand von Anfang an gefallen hat. Nathan hingegen hat sie nur einmal kurz angesehen, als sie ihn gebeten hat, Platz zu nehmen. Im Grunde hat er sie bislang keines Blickes gewürdigt.

»Die Ruinenstadt Polonnaruwa«, sagt sie, »die zweite Hauptstadt des einstigen singhalesischen Königreichs. Ein unvergeßliches Erlebnis. Und natürlich das Beachlife. Korallengärten, Riesenschildkröten, traumhafte Lagunen – Sie werden begeistert sein.«

Nathan ist sich da nicht so sicher. Je länger er die palmengesäumten Postkartenstrände betrachtet, desto unangenehmer sticht ihm das gebündelte Gleißen in die Augen, und wieder und wieder entdeckt er gutgemeinte Ratschläge in den Ortsbeschreibungen, die ihm zudringlich in den

Ohren klingen. *Halten Sie auf jeden Fall Ihre Kamera be-*
reit! Versäumen Sie nicht die Bootsfahrt auf dem Giritale-
See! Beachten Sie, daß gemäß der buddhistischen Religion
in der ersten Vollmondnacht des Monats kein Alkohol aus-
geschenkt wird! Während er den Kopf gerade so weit hebt,
daß er das Namensschildchen seines Gegenübers – Marina
heißt sie – im Blick hat, gibt er ein kurzes Räuspern von
sich, das im großen und ganzen bedeuten soll, daß derart
generalstabsmäßige Planungen eher nicht so ganz seinen
spontanen Neigungen entsprechen.

»Haben Sie vielleicht etwas, äh ... Abgeschiedeneres?«
sagt Nathan.

Sie sitzen sich jetzt seit etwas mehr als einer Stunde gegenüber. Nachdem sie Nathan darüber aufgeklärt hat, daß
die autonome Mönchsrepublik Athos nur einen Höchst-
aufenthalt von drei Nächten genehmigt und die Eremitage
kein klösterliches Stift, sondern ein Museum in St. Peters-
burg ist, ist sie bereits die halbe individualtouristische Palette mit ihm durchgegangen.

Dieser Kunde darf getrost als schwierig bezeichnet werden, aber abgesehen davon, daß Nathan – der zudem attraktiv übernächtigt wirkt – genau ihr Typ ist, handelt es
sich bei diesem Umstand um jenen kleinen Unterschied, der
Marina an Männern seit jeher am meisten reizt. Sie dreht
sich zu den Regalen hinter ihr und schichtet ein paar Pro-
spekte um, bevor sie zwei weitere Hochglanzseiten vor Nathan ausbreitet.

»Das könnte das richtige für Sie sein.«

Nathan erkennt nur Gletscher.

»Ja?«

»Kotzebue, Alaska.«

Selber schuld, daß Nathan jetzt nicht auf ihre Lippen
sieht.

»Eine Eskimosiedlung an der Beringsee. Sie erhalten sogar ein Zertifikat, wenn Sie den Polarkreis überfliegen.«

»Totale Ruhe«, murmelt Nathan.

»Und nachts kannst du zuhören, wie die Buckelwale singen«, sagt Marina. »Es muß wunderschön sein.«

Da Nathans Gedanken gerade in eine völlig andere Richtung abschweifen, hat er weder etwas von der vertraulichen Wendung in Marinas Diktion mitbekommen noch von dem träumerischen Tonfall, den ihre Stimme angenommen hat. Ein hektischer Blick auf die Uhr bestätigt ihm, daß er mal wieder zu spät dran ist.

»Entschuldigung«, sagt er, während er den Klappstuhl mit den Kniekehlen nach hinten drückt. »Ich muß dringend weg. Danke.«

Und schon ist er an der Tür, ein halbes Dutzend Kataloge in der Hand, während Marina ihm nachdenklich hintersieht, mit einem leicht zu deutenden Blick, in den sich aufrichtiges Bedauern mischt, auch wenn Nathan selbst bei einer abrupten Kehrtwendung – könnte ja sein, daß er das Serviceheft über Alaska doch noch mitnehmen will – nichts davon bemerken würde, weil er an eine gewisse Stella denken muß, an die Wettervorhersage und an dampfende Töpfe, in denen leicht bekömmliche Teigwaren rapide dem Al-dente-Zustand entgegensieden. Kein Vergessen noch Vergeben ist mit ihm, kein Mitleid noch Gnade, nur eines will er noch sein, und dabei fällt ihm ein, daß Japan überhaupt nicht zur Auswahl stand.

Scharfrichter des Shogun

»Komm in die Gänge, Junge«, brüllt Jimmy. »Alles muß genauso aussehen wie in Key West.«

»Und wie sieht's da aus?« ruft Nathan von der Leiter herunter.

»So wie hier, wenn wir fertig sind.«

Jimmy eilt mit Siebenmeilenstiefeln durch die Bar, nimmt den Tacker vom Boden und hält ihn Nathan hin.

»Wie willst du das Teil befestigen? Bist du Houdini, oder was?«

Nathan greift sich den Tacker und nagelt die Girlande über der improvisierten Bühne fest, während Jimmy nervös von einem Bein auf das andere tritt. Verständlich, daß eine leise Unruhe Besitz von ihm ergriffen hat, schließlich soll in drei Stunden alles dekoriert sein, ganz abgesehen davon, daß er noch zwanzig Kilo frische Shrimps vom Großmarkt besorgen muß.

»Und hör bloß auf, hier einen auf Regenwetter zu machen. In Key West sind alle gut drauf. Wenn ich auch nur eine Beschwerde höre, bist du ein für allemal weg vom Fenster, verstanden?«

»Jetzt laß ihn endlich mal in Ruhe, Jimmy«, sagt Norma, die gerade den Tresen mit Sand und Plastikmuscheln schmückt. »Wir schuften uns doch sowieso schon halbtot für deine Macho-Show.«

Nathan grinst nur fett, so fett, als hätte ihm jemand Kleiderbügel in die Kiefer montiert, aber wer glaubt, das sei seine Antwort auf Jimmys Forderung nach karibischer Ausgelassenheit, ist schief gewickelt, da Nathan dem Organisator des heutigen Abends gerade mit einem virtuellen, aber um so akribischer geschliffenen Samuraischwert das häßliche Haupt vom Rumpfe trennt.

Wenigstens bringt das wieder ein bißchen Sonne in sein verfinstertes Gemüt, doch gelingt es ihm nicht, seinen kontemplierten Triumph in aller Breite auszukosten, da das Schrillen des Telefons ihn unvermittelt vom souveränen Blutvergießer in eine, nun, sagen wir, eher tragische Größe verwandelt. Das hat mit einem unlängst geführten Ferngespräch zu tun. Mit ihrem Anruf gestern abend.

Jimmy zeigt dem Teilnehmer am anderen Ende, warum der mutige Stentor den Trojanischen Krieg beinahe im Alleingang gewonnen hätte. Aber Nathan hört sowieso nur Stellas Stimme.

»Nathan.«

»Hey, Stella.«

»Ich komme grad vom Schwimmen.«

Er stellt sich vor, wie sie barfuß auf den Fliesen steht und ein paar Tropfen von ihren Haarspitzen über die Schultern in die Schlüsselbeinkuhlen perlen.

»Das Wasser ist ganz warm, nur ab und zu sind kalte Ströme dazwischen. Und wenn man auf dem Bootssteg sitzt, kommt man gar nicht zum Lesen, weil alles so glitzert. Oh – und heute morgen war ein Gecko unter meinem Bett.«

»Die sind nicht gefährlich«, sagt Nathan.

»Natürlich nicht.« Stella lacht. »Ich hab ihm die Verandatür aufgemacht, und er hat sich noch ein bißchen gesonnt. Schade, daß es die nicht auch bei uns gibt.«

»Hm«, sagt Nathan.

»Und du wirst es nicht glauben«, sagt Stella.

»Was?« sagt Nathan.

»Wer nebenan wohnt.« Sie macht eine kleine Kunstpause. »Vincenzo Ulmer. 'ne Riesenvilla hat er. Wenn er mit seinem Motorboot rausfährt, winkt er mir immer zu.«

Nathan faßt es in der Tat nicht.

»Vincenzo Ulmer? Der Wetterfrosch?«

»Er hat mir verraten, daß er eigentlich Vinzenz heißt. Und das mit dem italienischen Akzent macht er bloß fürs Fernsehen.«

»Falscher Fuffziger«, knurrt Nathan.

»Ach was«, sagt Stella. »Du müßtest ihn mal kennenlernen. Vincenzo ist einfach total nett. Er kann sogar kochen. Er hat mich für morgen abend eingeladen. Linguine alle vongole, oder so ähnlich. Puh, ist das heiß hier. Ich glaube, ich muß gleich mal den Ventilator anmachen.« Sie hält kurz inne. »Liebster?«

Mit einemmal fühlt Nathan sich merkwürdig indisponiert.

»Ja?«

»Weißt du, was ich gerade mache?«

»Nein«, lügt Nathan.

»Jetzt sei nicht so«, sagt Stella. »Du weißt genau, wie gern ich das habe.«

Aber Nathan fühlt sich gerade nicht danach. Ganz im Gegenteil: Er wünscht sich, er hätte niemals den Hörer abgenommen, es einfach weiterklingeln lassen. Er wünscht sich, er müßte gerade nicht an Marilyn Monroe und ihren berühmten Satz über den Rundfunk denken, der ihm nicht mehr aus dem Kopf gehen will: *Ich hab das Radio an.* Er wünscht sich, er wäre nicht geboren. Er wünscht sich …

»Das hab ich gern!« brüllt Jimmy, während Nathan sein Bestes versucht, die Balance auf der Leiter zu halten. »Wie lange muß ich noch warten, bis die Käfige mit den Papageien hängen? Hast du 'ne Ahnung, was Papa mit einer Lusche wie dir veranstaltet hätte?«

Bevor Jimmy ihn endgültig zum Latrinendienst verdonnert, steigt Nathan doch lieber von den Sprossen, um sich Bohrmaschine und Dübel zu greifen.

Die Holzpapageien hinter den Drahtstäben starren ihn argwöhnisch an. Völlig anders als Norma, die sich gerade darüber klargeworden ist, daß Nathan eigentlich schon immer ihr Traummann war.

Papas Bester

»Und eben diesem warmen Luftstrom haben wir das mediterrane Klima der kommenden Tage zu verdanken. Die liebe Sonne ist wieder bereit, unsere Herzen zu erobern. Aber Sie fragen sich sicher schon, welchen Ausblick unsere Isabella für das Wochenende hat. Isabella, bist du da?«

Vincenzo Ulmer ist Meteorologe. Millionen Menschen schalten ein, wenn der applausverwöhnte Charmeur sich der meistgestellten Frage auf dem Planeten widmet. Er ist Anfang Dreißig, Akademiker, einfach lässig und mit jenem markanten Kinngrübchen ausgestattet, das Frauen so unwiderstehlich finden. Außerdem firmiert er als Erfinder von Isabella, der sprechenden Markise, die das wetterkundliche Geschehen mit naseweisen Kommentaren würzt: »Feindliches Wolkengeschwader aus Südsüdwest, Signore Vincenzo. Ich glaub, ich roll mich für heute ein.«

Und Stella findet das auch noch witzig; sie könnte sich jedesmal kringeln vor Lachen. Nathan stützt sich auf den Waschbeckenrand und fixiert sein Spiegelbild, das für die kreativen Höchstleistungen des Sonnendachplauderers nur ein abfälliges Kopfschütteln übrig hat, als eine wohlbekannte und ebenfalls kaum heiter zu nennende Miene sein Blickfeld trübt.

»Was machst du so lang hier drin? Drei Margaritas, einen Bermuda-Cocktail mit Angostura und zwei Gimlets an Tisch 14, aber zack, zack!«

Dabei hätte Jimmy allen Grund, vor Enthusiasmus völlig aus dem Häuschen zu sein, denn sein Abend zu Ehren von Papa, dem Patron aller Sportangler und harten Hechte, erweist sich als Kassenfüller, der ihn auf Monate hin saniert. Zwar könnte das Ambiente von *Sloppy Joe's*, jener mythischen Bar im fernen Key West, an deren poliertem Tresen Papa allabendlich seinen Schlummertrunk zu nehmen pflegte, eine Spur naturalistischer nachempfunden sein, doch mit tropischem Temperaturanstieg und expandierendem Alkoholausschank erlangen selbst die bei Jimmys letztem Segeltörn auf dem Stausee geknipsten Fotos pazifische Qualitäten, und daß alles stilecht ist, weiß der findige Gastronom spätestens, seit ein ortsbekannter Tierschützer versucht hat, einen der Papageien aus seinem Gefängnis zu befreien. Die Stimmung ist bestens. Zeit, zum nächsten Höhepunkt des Abends zu schreiten.

Während Jimmy sich seinen Weg durch die Menge bahnt, um die Teilnehmer am mit freien Margaritas für eine Woche ausgelobten Papa-Lookalike-Wettbewerb auf die Bühne zu bitten, ist Nathan gerade dabei, zwei Cuba Libre zu mixen. Er wischt sich den Schweiß von der Stirn.

Ein kurzer Blick auf die Uhr sagt ihm, daß es kurz vor zehn ist. Und dabei fällt ihm ein, daß im Süden immer erst später gegessen wird. Sicher kredenzt er ihr gerade den ersten Aperitivo aus der Karaffe, bevor er sie durch die großzügigen Räumlichkeiten und schließlich auf die Terrasse führt, von der man die Lichterketten am anderen Ende des Lago sehen kann. Wahrscheinlich gibt er ihr momentan ein paar Humorproben aus dem anregenden Repertoire der blaugestreiften Isabella (»Also, bei der Windstärke mach ich die Flatter«), und plötzlich muß er daran denken, daß sie ja offenbar auch schon auf du sind, weil Vincenzo so unglaublich, ungewöhnlich, unbeschreiblich *nett* ist.

Nathan bemerkt erst, daß er bereits die halbe Flasche Rum in das längst übergelaufene Glas gegossen hat, als sich Jimmys Hand zärtlich um seinen Oberarm schließt.

»Alles in Ordnung?« Jimmys wohlwollender Tonfall läßt Friedensfürst und Landesvater zu einer Einheit verschmelzen. »Sag mal, kannst du mir kurz einen Gefallen tun?«

»Was denn?« sagt Nathan.

Jimmy weist zur Bühne.

»Wir haben nur drei Freiwillige, die Papa ähnlich sehen. Mit dir wären's immerhin schon vier.«

»Aber ich habe doch nicht mal 'nen Bart«, sagt Nathan.

»Vergiß es.«

»Völlig egal.« Jimmys Zuneigung verfliegt von einer Sekunde auf die andere, als er den überfluteten Tresen sieht. »Du kommst jetzt mit, sonst kannst du die Sauerei aus eigener Tasche bezahlen.«

Und so steht Nathan mit einemmal auf der Bühne, neben drei ziemlich fülligen und mit graumelierten Vollbärten bewehrten Herren, die sich augenscheinlich nur noch mühsam auf den Beinen halten können. Jimmy allerdings denkt gar nicht daran, eine Woche freie Margaritas ohne intellektuelle Gegenleistung zu verschenken.

»Den ersten Preis gewinnt«, deklamiert er, »wer als erster die richtige Antwort auf Papas berühmte Frage geben kann.«

Und mit diesen Worten hält er dem ersten Probanden das Mikro unter die Nase: »Ist Sterben schwer, Daddy?«

Nummer eins überlegt nicht lange: »Da mußt du mal meine Schwägerin fragen, da vorne steht sie. Edith, kannst du mal ...«

Nathan möchte eigentlich nur noch im Boden versinken. Bald gibt es Pasta, und Vincenzo hat zwischendurch schon mal die Kerzen angezündet. Man muß den genauen Zeitpunkt abpassen, nur dann sind die Linguine auch wirklich al dente. Eine Kunst, *ragazza*. Und nach dem Essen habe ich noch eine kleine Überraschung für dich.

Nummer zwei zieht ebenfalls eine Niete: »*Daddy?* Zur Hölle, nenn mich nicht noch mal Daddy!«

Puh, ist das heiß hier, sagt Stella. Kein Problem, sagt Vincenzo. Wir sind doch unter uns. Leg einfach ab, hier ist weit und breit niemand, den das stört. Er taucht die Gabel in das siedende Wasser und läßt die gefischte Nudel genießerisch zwischen den Lippen verschwinden. Noch eine Minute, dann können wir auftragen.

Nummer drei fällt mit einem dumpfen Aufprall von der Bühne.

Warum hat Nathan nicht einfach angerufen? Schließlich ist Vincenzos Nummer am Lago ohne weiteres über die Auslandsauskunft zu erfragen. Ah, ist der Topf heiß! Kannst du vielleicht eben mal rangehen, ragazza?

Nathan: Sag mal, was hast du eigentlich heute abend an?

Stella: Ich? Ich hab den Ventilator an.

Nathan ist am Ende, und auch Jimmys nachdrücklicher Stoß in die Rippen löst ihn nur unmaßgeblich aus seiner Starre. Vor seinem inneren Auge sieht er lauter Eidechsen, die vorsichtig unter einem frisch bezogenen Doppelbett hervorlugen. Außerdem hat er noch nie etwas von Papa gelesen.

186

»Und zum vierten«, intoniert Jimmy. »Ist Sterben schwer, Daddy?«

Und Nathan hat sein junges Leben so genossen. »Na ja«, stammelt er, während ihm die Zunge fast am Gaumen klebenbleibt. »Das kommt drauf an.«

Es dauert ein paar Sekunden, bis um so heftigerer Beifall aufbrandet und Jimmy seiner bewährten Aushilfe mit nicht ganz unberechtigtem Stolz auf die hängenden Schultern schlägt. Eine Woche freie Margaritas, und obwohl Nathan die dringend brauchen kann, bringt er nicht mal den Anflug eines Lächelns zustande. Noch drei Stunden, dann kann Norma ihn nach Hause bringen. Und das will sie schon den ganzen Abend tun.

Notturno

Norma ist eine Süße. Das hätte Nathan schon früher feststellen können. Die geschmeidigen Bewegungen, mit denen sie die Popcornmaschine bedient hat, sind eine Klasse für sich, und wenn sie sich beim Limettenschneiden auf die Unterlippe beißt, kann man die kleine Lücke zwischen ihren Zähnen erkennen. Man muß nur genauer hinsehen, denkt Nathan, der jetzt liebend gern einen Arm um sie legen würde. Er braucht etwas, woran er sich festhalten kann.

Und Norma weiß genau, was passieren wird, während sie neben Nathan durch die stillen Straßen geht und nichts zu hören ist außer dem leisen Geräusch ihrer Schritte. Den Rest muß man spüren, das Schwingen ungesagter Worte, geahnter Ideen und unbestimmter Möglichkeiten, so wie Nathans Seitenblick, von dem er meint, Norma hätte ihn nicht bemerkt. Die letzten Meter schlendern sie, bevor sie vor Nathans Haustür stehen.

Ja, kein Zweifel. Jetzt wird es gleich passieren.

»Danke, daß du noch ein Stück mitgegangen bist.« Nathan räuspert sich. »Gute Nacht.«

»Gute Nacht, Nathan.«

Das klingt so, wie es gemeint ist, und dabei legt sie den Kopf leicht schief, kommt ihm ein winziges Stück entgegen, keine Aufforderung, vielleicht eine Andeutung, und dann ist Nathans Wange an ihrer, während ihre kühle Handfläche in die seine gleitet. Er verschränkt seine Finger mit ihren und schließt die Augen, als wäre das alles nur ein Traum, ihr Mund schmeckt nach Limejuice, er spürt ihren Atem, ihre Zunge, die nicht zögert, nur sachte tastet, nichts tut, was er nicht will. Sie küssen sich lange, so, wie man sich nur dieses eine Mal küssen kann.

Dann sehen sie sich eine Ewigkeit mit ernsten Augen an, bevor Nathan fragt, ob sie noch mit hochkommen will.

Norma könnte jetzt stundenlang so weitermachen, aber sie schüttelt nur den Kopf.

»Ein andermal«, sagt sie. Sie hält Nathan einen Stapel Reisekataloge hin. »Hier – die hast du bei Jimmy vergessen.«

Nathan sieht ihr hinterher, bis sie um die Straßenecke verschwunden ist. Und jetzt schüttelt auch er den Kopf, während er langsam die Stufen nach oben nimmt, so langsam, daß das Flurlicht schon lange erloschen ist, als er vor seiner Tür ankommt. Ausgerechnet Norma. Wenn er ihr sonst bei der Arbeit zusieht, käme er nie auf die Idee, daß sie Funken regnen lassen kann.

Es ist kurz nach zwei. An Schlaf ist nicht zu denken, und so blättert Nathan noch in den Prospekten, die ihm Marina heute mittag mit auf den Weg gegeben hat. Seltsam, daß ihn die Mongolei jetzt nicht mehr so recht locken will. Feuerland war auf jeden Fall in der engeren Wahl, und auf den Äußeren Hebriden liegt erst recht der Hund begraben. Er ist gerade bei den Färöer-Inseln angekommen, als ihn das Läuten des Telefons jäh aus seinen solitären Betrachtungen reißt.

Heb schon ab, Nathan. Du weißt, wer dran ist.

Aber Nathan tut so, als hätte er nichts gehört. Regenzeug und feste Schuhe, so liest er, sollten auf jeden Fall ins Reisegepäck kommen, da das ständig wechselnde Wetter für die Inselwelt im Nordatlantik charakteristisch ist. Bei einer Durchschnittstemperatur von elf Grad Celsius kommt man nicht ohne Wollpullover aus. Das sind wichtige Informationen, doch das Telefon will einfach nicht verstummen. Keine Chance. Und so tut Nathan das, was er schon vor einer Minute hätte tun sollen.

»Hab ich dich geweckt?« sagt Stella.

»Nicht so schlimm«, sagt Nathan.

»Ich wünschte, du wärst hier«, sagt Stella. Sie lacht leise. »Im Dunkeln kann dich hier keiner auf der Veranda sehen. Außer den Zikaden natürlich.«

»Hm«, sagt Nathan. Ein bestimmter Name brennt ihm auf der Zunge, aber er bringt es nicht über sich, nach ihm zu fragen.

»Ich hab mir den Sonnenuntergang angesehen«, sagt Stella. »Schade, daß man sich in der Stadt nie die Zeit dazu nimmt.«

»Ich dachte, du ...«

»Ach«, sagt Stella, »das haben wir auf übermorgen verschoben. Vincenzos Kleine hat Fieber bekommen.«

»Welche Kleine?«

»Seine Tochter. Vincenzo hofft bloß, daß sich die Zwillinge nicht auch noch angesteckt haben. Aber das glaube ich nicht. Liebster?«

»Ja?«

»Weißt du, was ich gerade mache?«

Leugnen ist zwecklos. Nathan weiß genau, was Stella gerade macht. Das, was sie fast immer tun, wenn sie miteinander telefonieren. Nicht ausgeschlossen, daß manche das für unhygienisch halten, so wie Stella jetzt ihre Zungenspitze gegen die Sprechmuschel drückt, dabei die Augen schließt und die nackten Füße gegen die Armlehnen des ihr gegenüberstehenden Korbsessels stemmt, während Nathan plötzlich dämmert, daß es nicht dieser eine Name ist, der ihm so schwer auf der Zunge liegt, sondern jener zarte Hauch von Zitrone, der einfach nicht verschwinden will, als hätte er erst kürzlich an einer Eiskugel geleckt.

Doch dann, als seine Augen diesen einen, unlängst von Marina mit Kugelschreiber umkringelten Satz erfassen, daß sich unweit von Fuglafjördur diese Quelle befindet, deren Wasser der Legende nach Liebende ein Leben lang zusammenbleiben läßt, legt er die Zunge ebenfalls an den Hörer, was gut so ist, weil er sonst vielleicht Dinge aussprechen würde, die nichts mit ihm und Stella zu tun haben. Und dabei spielt es nicht die geringste Rolle, daß ihm die Färöer gerade im Eiltempo von den Knien rutschen.

PHILIP WILLIAM ADAM
Meisterstücke

Gelegentlich führt mich meine Arbeit als Reisejournalist nach München. Ich mag die Stadt, deren südländisches Flair nur im Sommer vom dumpfen Geruch nach geschmolzenem Gummi überschattet wird. Schwer dringt er aus den U-Bahn-Schächten nach oben und vermischt sich mit dem süßen Duft der blühenden Bäume. Ich liebe es, in den Straßencafés zu sitzen, einen kühlen Weißwein zu trinken und das Gewimmel an den großen Boulevards zu beobachten, immer wieder überrascht von der Vielfalt der Menschen. Ich kam gerade aus Rom zurück, und bevor ich endgültig nach Hause fuhr, legte ich einen Zwischenstopp in der bayerischen Hauptstadt ein.

Ich saß im Garten des Cafés Tambosi im Schatten einer Kastanie, die Zeitung und ein kühles Glas Weißwein vor mir, als ein dunkelhäutiger junger Mann herankam, der meine Aufmerksamkeit sofort erregte. Nicht nur, daß er außergewöhnlich groß war, vielmehr war er auch von außergewöhnlicher Schönheit. Ich schätzte ihn auf Ende Zwanzig, und die Bewegungen seines perfekt modellierten Körpers waren so geschmeidig wie die eines Raubtieres.

Nach ein paar Minuten wurde mir bewußt, daß ich ihn allzu auffällig betrachtete, und setzte meine Sonnenbrille auf. Durch die getönten Gläser beobachtete ich, daß sich auch fast sämtliche Frauen verstohlen nach ihm umdrehten. Doch er schien all die Aufmerksamkeit nicht zu bemerken, was ungewöhnlich war, denn als Mann in mittleren Jahren wußte ich, daß die Eitelkeit meiner Geschlechtsgenossen in solchen Situationen gewöhnlich keine Grenzen kennt.

Er aber war ganz in sich versunken und gönnte nicht einmal der tiefdekolletierten Serviererin, die ihm einen Cappuccino brachte, einen Blick. Je länger ich ihn betrachtete, desto mehr interessierte mich sein Leben. Sein aufrechter Gang voller Stolz, die Elastizität seines Muskelspiels und die Sensibilität seiner schlanken, kräftigen Hände ließen mich an einen Tänzer denken. Ich sah auf die Uhr und merkte, daß über meine Betrachtungen viel Zeit vergangen war und ich zu spät zu meiner Verabredung kommen würde. Ich zahlte und ging.

Am anderen Tag zog es mich gegen fünf Uhr wieder in das Café am Hofgarten. Nur ein einziger Tisch war noch frei, und ich setzte mich.

Eine halbe Stunde später wurde meine Geduld belohnt, und ich erkannte den jungen Mann mit seinen raumgreifenden Schritten schon von weitem. So unauffällig wie möglich verschanzte ich mich hinter meiner Zeitung, als gleich darauf eine Männerstimme mit heiserem Timbre fragte, ob der Platz neben mir noch frei sei. Ich bejahte und bedeutete ihm, sich zu setzen. Genau wie am Tag zuvor schien er nur mit sich beschäftigt und nahm von dem, was um ihn herum passierte, kaum Notiz. Nur zu gern wäre ich mit ihm ins Gespräch gekommen. Was faszinierte mich so an ihm? War es nun seine beinahe schon ungehörige Schönheit oder die Vermutung, daß er hinter seiner glatten Stirn ein quälendes Geheimnis barg?

Die Serviererin brachte ihm einen Cappuccino, und als er genauso gedankenverloren wie am Tag zuvor den Milchschaum umrührte, betrachtete ich ihn unverhohlen. Das Oval seines bronzefarbenen Gesichts war von einer Ebenmäßigkeit, wie man sie auch bei Frauen nur selten findet. Die Brauen wuchsen tiefschwarz und im vollendeten Bogen über den samtig braunen Augen, deren feuchter Schimmer ihm einen Hauch von Melancholie verlieh. Die Nase war gerade groß genug, um maskulin zu erscheinen. Das Auffälligste an ihm aber war die sinnliche Wölbung seines

Mundes, dessen Unterlippe, das sollte ich später noch mehrmals beobachten, sich in Momenten der Konzentration trotzig nach vorn schob.

Während ich noch überlegte, ob und vor allem wie ich ihn ansprechen könnte, kam er mir zuvor.

»Entschuldigen Sie, brauchen Sie Ihre Zeitung noch?«

Ich blickte ihn erstaunt an.

»Ich suche eine Wohnung«, sagte er und überließ es mir und meiner Phantasie, seine wortkarge Erklärung richtig zu deuten.

Nun, nachdem er das Gespräch eröffnet hatte, sah ich keinen Grund mehr, meine Neugier weiterhin zu bremsen.

»Sie wohnen noch nicht lange hier?«

»Wieso?«

Die Art, wie er mir mit seiner Gegenfrage beinahe ins Wort fiel, verblüffte mich. Im Gegensatz zu seinem makellosen Äußeren hatte sein Tonfall ein kantiges Stakkato, und seine Frage klang fast unfreundlich und voller Argwohn.

Ich fühlte mich von ihm überfahren und antwortete steif: »Tut mir leid, ich wollte Ihnen nicht zu nahe treten. Meine Frage war nur höflich gemeint.«

Sein Gesicht nahm einen verlegenen Ausdruck an, und als wolle er sich für sein unwirsches Verhalten entschuldigen, beugte er seinen Oberkörper ein wenig in meine Richtung.

»Ich wohne in der Wohnung eines Freundes. Und ich muß raus da. Am besten so schnell wie möglich. Man kann die Leute ja nicht ausnutzen.«

Im Gegensatz zu anderen Menschen begann er einen Satz nicht mit einer Erklärung, sondern warf die Essenz dessen, was er zu sagen hatte, schnörkellos in den Raum. Es war ein wenig verwirrend, denn seine Art des Dialogs zwang einen geradezu, ständig das zu ergänzen, was ungesagt geblieben war.

Sein Geständnis schien ihn selbst zu überraschen,

machte ihn aber auch gesprächiger. Er lebe tatsächlich noch nicht lange in München, sondern sei erst zwei Monate zuvor von Kiel nach Bayern gezogen. Davor habe er ein paar Jahre in Los Angeles verbracht.

Während er erzählte, gönnte er mir einige Male sein freimütiges Lächeln, das eine Reihe perlweißer, makelloser Zähne offenbarte, nur am linken oberen Eckzahn fehlte ein winziges Stück, und gerade diese kleine Unregelmäßigkeit gab ihm jene verwegene Art von Sex-Appeal, die auf Frauen so anziehend wirkt. Ich begann mich zu fragen, ob er sich seiner Wirkung bewußt war und wie viele Frauen es wohl sein mochten, die sich mehr als nur ein Lächeln von ihm wünschten.

Noch an diesem Abend beschloß ich, länger in München zu bleiben. Eine gute Gelegenheit, sagte ich mir, den Kontakt mit den Kollegen aufzufrischen, doch heute weiß ich, daß ich nur aus einem einzigen Grund blieb: Ich wollte wissen, wer Raoul wirklich war.

Wir trafen uns in den darauffolgenden Tagen regelmäßig, immer kurz nach sechs Uhr abends, als hätten wir eine stillschweigende Übereinkunft getroffen. Er blieb nie länger als eine Stunde und erwähnte kein einziges Mal, wohin er anschließend ging.

Je öfter ich ihn sah, desto mehr entstand in mir das Gefühl, als hätte er ein merkwürdig kindliches Vertrauen zu mir gefaßt. Es schien, als suche er nach jemandem, der ihm bedingungslos seine Aufmerksamkeit schenkte. Ich, der mit seiner Welt nur wenig zu tun hatte, schien für ihn der perfekte Zuhörer zu sein, obwohl das, wovon er sprach, nicht wirklich von Bedeutung war.

Er war Friseur in einem der Society-Salons der Stadt, Chez Gérard. Er frisierte rundliche Prinzessinnen, habichtäugige Fürstinnen und deren verschwägerte Von und Zus. Er kreierte den neuesten Look für PR-Damen und Schauspielerinnen und verschaffte Lehrerinnen und Chefsekretärinnen einen Hauch von kühnem Luxus.

Als er davon erzählte, fiel mir plötzlich ein, daß ich gerade vor ein paar Tagen von ihm gehört hatte. Ich war zu einem Dinner bei meiner alten Freundin Margarete Gräfin Maydell eingeladen – verheiratet mit einem Industriemagnaten, füllte sie ihr Leben mit Wohltätigkeit aus. Zwischen Kalbsbries und Crème brûlée war sein Name gefallen, und sämtliche Charity-Ladies begannen statt von dem vortrefflichen Dessert sofort nur von ihm zu schwärmen.

Sie rühmten Raouls sensible Hände, sie bejubelten seinen unnachahmlichen Stil, sie waren entzückt von seiner Einfühlsamkeit und der Leidenschaft, mit der er ihnen ihre Wünsche erfüllte. Ich erinnere mich noch genau, wie mich die plötzliche Offenheit in einem solchen Kreis exquisiter Damen verwirrte. Aber sie priesen ihn nicht etwa als Liebhaber, sondern ausschließlich als Figaro, obwohl mir das begehrliche Glitzern in den Augen einiger Frauen verraten hatte, daß sie nicht nur ihr Haar dem Geschick seiner Hände überlassen würden.

Jetzt, da ich ihn kannte, konnte ich die Aufregung um ihn durchaus verstehen. Auch fiel mir wieder ein, wie jäh das Gespräch an jenem Abend verstummt war, als Elena Baronas den Raum betreten hatte. Ich hatte nicht weiter darüber nachgedacht. Doch nun, als ich Raoul gegenübersaß, mußte ich daran denken, daß Elena, verheiratet mit dem weitaus älteren Gregor Baronas, für ihren sexuellen Appetit bekannt war. Angesichts des plötzlich verstummten Gesprächs fragte ich mich, ob es eine Verbindung zwischen ihr und Raoul gab. Die Neugier plagte mich, und ich hätte Elena, die ich von früher kannte – damals hieß sie allerdings noch Lene Schuster und kellnerte während ihrer Studienzeit in meiner Stammkneipe in Münster –, gerne gefragt, aber die Gelegenheit ergab sich an jenem Abend nicht.

Und selbst wenn sie sich ergeben hätte, wäre es schwer gewesen, so vertraulich mit ihr zu sprechen. Denn die burschikose Kameradschaftlichkeit, die Lene Schuster einst ausgemacht hatte, war bei Elena Baronas verschwunden. Vielmehr war sie dieser distanzierten Aura gewichen, die man bei Frauen ihrer Couleur häufig findet.

Waren es früher ihre gute Laune, ihre leuchtenden Farben und ihre gesunde Frische gewesen, die ihre Erscheinung anziehend gemacht hatten, so mußte man jetzt sagen, daß aus dem hübschen, natürlichen Mädchen eine schöne Frau geworden war. Sie hatte Chic bis in die Spitzen ihrer hell lackierten Fingernägel, und die durchscheinende Weichheit ihres Teints schenkte ihrem Gesicht einen besonders pikanten Reiz. Es zeigte nichts von der eisernen Härte, mit der Lene Schuster ihren ehrgeizigen Weg aus den Tiefen westfälischer Provinz in die oberste Riege deutscher Society gegangen war. Elena Baronas war mit ihren zweiundvierzig Jahren auf dem Höhepunkt ihrer Schönheit und gesellschaftlichen Karriere.

Obwohl sich zwischen Raoul und mir inzwischen eine gewisse Vertrautheit entwickelt hatte, wagte ich nicht, ihn nach Elena Baronas zu fragen, denn trotz aller Offenheit gab es Momente, in denen ich deutlich spürte, daß es über seinen freimütigen Charme hinaus eine verborgene Seite gab, die er – aus welchem Grund auch immer – im dunkeln ließ. Etwas Getriebenes ging dann von ihm aus, wie bei einem Tier, das man in einen Käfig gesperrt hatte.

Eines Abends saß ich zur üblichen Zeit in unserem Café, aber Raoul erschien nicht. Auch am nächsten Tag und am Tag darauf ließ er sich nicht blicken. Ich mochte es mir zwar nicht eingestehen, aber sein Fernbleiben beunruhigte mich. Ich hatte ein Gefühl der Zuneigung zu ihm entwickelt, das weit über das übliche Maß einer Bekanntschaft hinausging. Ja, ich spürte fast so etwas wie Eifersucht.

Als ich ihn am vierten Abend wieder traf, begegnete ich ihm nicht mit derselben Freundlichkeit wie in den Wochen zuvor, vielmehr mußte ich mich bemühen, meine schlechte Laune nicht allzusehr zu zeigen. Die Begrüßung fiel merklich kühler aus, doch Raoul schien meinen Unmut nicht zu bemerken, und ich dachte, was für ein Egoist er doch war.

Nachdem wir unsere Getränke bestellt hatten, saßen wir einige Zeit schweigend am Tisch. Doch als ich sein Gesicht, das ich so verschlossen noch nie gesehen hatte, betrachtete, wurde ich versöhnlicher, und mein Unmut verwandelte sich allmählich in väterliche Besorgnis.

Bislang hatten wir es immer vermieden, über das Thema Frau zu sprechen, doch in einem Anflug von selbstquälerischer Neugier sprach ich ihn jetzt darauf an. Raoul hob erstaunt den Kopf. Der verschlossene Zug um seinen Mund bekam etwas Verächtliches.

»Frauen ...«, sagte er in wegwerfendem Ton.

Doch dann sprach er weiter, in gewohnt wortkarger Manier, allerdings fehlte es seiner Sprache nicht an Kraft, und häufig war ich überrascht, mit welch treffender Sicherheit er eine Pointe setzte. Als ich seine Geschichte hörte, wurde ich den Verdacht nicht los, daß er im Grunde seiner unsteten Seele ein einsamer Mensch sein mußte.

Monate später erzählte mir Elena Baronas ihre Version. Ich hatte richtig vermutet, und es lag wohl an unserer früheren Vertrautheit, daß sie für einen Abend ihre gewohnt distanzierte Süffisanz ablegte und mir die ganze Zerrissenheit offenbarte, die an ihr fraß.

Elena & Raoul

Elena Baronas hatte einen Friseurtermin bei Chez Gérard – und denkbar schlechte Laune. Und als man ihr in der Eingangshalle aus kühlem Marmor erklärte, daß Renate, ihre bewährte Friseurin, plötzlich krank geworden sei und man sie kurzerhand dem »Neuen« zugeteilt habe, wuchs ihre Unzufriedenheit noch mehr. Sie hatte sich am Morgen wieder einmal mit ihrem Mann gestritten, und jetzt wurde sie auch noch im vornehmsten Friseursalon der Stadt herumgeschubst. Eine perfekte Frisur trug wesentlich dazu bei, daß sie mit sich selbst im reinen war. Und sie wechselte niemals – *niemals!* - ihren Friseur.

Renate wußte seit Jahren, wie sie mit Elenas schwerem Haar umgehen mußte – sie verfuhr so meisterhaft mit Kamm und Schere wie ein Bildhauer mit Hammer und Meißel – und ihre Frisuren ließen sich durchaus mit einem Kunstwerk vergleichen. Wie Seide glänzte Elenas dunkelbraunes Haar und reflektierte das Licht. Es fiel weich und voluminös auf die Schultern mit jenem Schwung nach außen, der das Markenzeichen von Chez Gérard war. In Elenas Augen die perfekte Kreation für eine perfekte Frau.

Einen Augenblick lang überlegte sie, ob sie wieder gehen und auf Renates Genesung warten sollte. Andererseits brauchten ihre Haare dringend einen neuen Schnitt. Sie gab sich einen Ruck und folgte Kai, dem gepflegten und graziösen Rezeptionisten, in den hinteren Teil des Salons. Raoul, so hieße der Neue, komme gleich.

Niemals, so sagte sie mir, würde sie den Moment vergessen, als er auf sie zutrat: Seine große breitschultrige Gestalt, sein selbstbewußter Gang wirkten im Kreis seiner feingliedrigen und farblosen Kollegen wie eine Lichterscheinung. Und sie, so schön und gesellschaftlich so hochstehend, so souverän, erbebte bei seinem Anblick wie eine englische Gouvernante vor dem ersten Kuß.

Er lächelte auf seine strahlende Art, und sofort war ihr Unmut verflogen. Man wusch ihr die Haare, und Elena versuchte mit aller Macht, ihre Fassung zurückzugewinnen. Sie kannte viele gutaussehende Männer, aber keiner hatte ihr bisher den Atem geraubt. Was sie so erregte, war Raouls provozierende sexuelle Ausstrahlung. Sie wollte ihn berühren, ja, in ihn hineinkriechen.

Sie sah ihren Körper, wie er sich gegen seine schweißglänzende Bronzehaut preßte, sie sah ihre Zunge, wie sie fest und feucht über diese gewölbte Unterlippe glitt, ihre

Hände, die sich an ihm festkrallten. Bilder ineinander verschlungener Leiber zuckten durch ihren Kopf, und sie hörte sich wollüstig stöhnen.

Es erschreckte sie zutiefst, daß sie sich in aller Öffentlichkeit dieser Vorstellung hingab und das mit einem Mann, den sie nicht länger als drei Minuten kannte. Unwillkürlich drückte sie ihre Schenkel zusammen, ohne zu ahnen, daß Raoul ebenso fasziniert war.

Er sei ein sinnlicher Mensch und seine Abenteuer zahllos. So hatte er mir gesagt. Sex machte ihm Spaß. Er gab ihm eine gewisse Macht. Es berauschte ihn, den Körper einer Frau zu besitzen, und er liebte es, das ewige Spiel der Eroberung zu spielen. Gleichzeitig verachtete er die Frauen dafür, wie leicht sie es ihm machten.

Er wählte die Frauen aus wie kostbare Perlen und warf sie hinterher fort wie Tand. Als er Elena Baronas sah, wußte er, daß er sie haben wollte. Und er würde sie nehmen, das stand für ihn außer Zweifel. Aber instinktiv fühlte er, daß ihn diese Frau um den Verstand bringen würde.

Sie saß vor ihm auf dem Stuhl, und er kämmte ihr das nasse Haar wie einen schweren Vorhang in die Stirn.

»Sind Sie verheiratet?« hörte er sich fragen.

Für einen Augenblick hielt sie inne, hob den Kopf und schob mit einer trägen Geste das Haar zur Seite, dann sah sie in den Spiegel und ihm direkt in die Augen.

»Ja. Warum? Möchten Sie auch?«

Seine Frage verblüffte sie ebenso wie ihn ihre Antwort. Er ließ die Schere, die er schon zum Schneiden angesetzt hatte, für einen Moment sinken, und sie bemerkte einen Ausdruck der Verwunderung auf seinem Gesicht. Elena lächelte und strich beiläufig über ihr Dekolleté. Sie fühlte sich wieder sicherer. Das Magische des Augenblicks entglitt ins Nichts. Im Spiegel verfolgte sie, wie Raoul die schwere Länge ihres Haares über seinen Arm gleiten ließ.

»Die müssen ab«, sagte er.

»Wie bitte?«

Ihr Blick war mehr als erbost. Er ignorierte das Blitzen ihrer Augen, blieb statt dessen ruhig und sicher.

»Ihre Haare sind schön, aber sie verstecken, wer Sie wirklich sind. Vertrauen Sie mir, und ich zeige es Ihnen.«

Er berührte sie sacht mit beiden Händen an den Schultern und zog sie zurück an die Lehne. Elena blickte ihn noch immer zweifelnd an, aber da war wieder diese bezwingende Kraft, gegen die sie machtlos war.

Für einen Moment schloß sie die Augen.

»Tun Sie es.«

Und ihr Herz begann wieder rasend zu klopfen.

Strähne um Strähne fiel auf den Boden, und es war wie ein Akt der Hingabe. Schweigend und mit großen Augen beobachtete sie, als er, wie im Rausch, zuerst ihren feinen Nacken entblößte und dann ihre kleinen Ohren freilegte. Ihr dunkles Haar bauschte sich voll um den Hinterkopf und fiel in kurzen, weichen Fransen in ihr Gesicht. Die federigen Konturen betonten den sinnlichen Reiz ihres Gesichts, hoben die Wangenknochen noch stärker hervor und ließen den üppigen Mund noch voller erscheinen.

»Eine neue Frau«, sagte er, und seine Stimme klang rauh.

»Nein. Sie war schon immer da. Und Sie wußten das.«

Die Intensität ihres Blicks überwältigte ihn, und es wurde ihm eng in der Kehle.

»Haben Sie heute abend schon etwas vor? Mit der neuen Frisur?«

Der Versuch, seiner Stimme einen beiläufigen Klang beizumischen, scheiterte.

»Ja.«

Sie schenkte ihm das Lächeln einer Sphinx.

»Ich bin sehr hungrig. Ich werde mit Ihnen essen gehen.«

Sie sprachen nicht viel an jenem Abend im Dolce Sosta. Das Essen blieb beinahe unberührt auf dem Porzellan liegen, nur ein paarmal stocherte Elena in ihren Seezungenröllchen, während Raoul in hastigen Zügen mehrere Gläser Prosecco trank. Keiner der Kellner fragte, ob etwas mit dem Essen nicht stimme, denn die Spannung zwischen den beiden flackerte spürbar im Raum.

Ihre Konversation bezog sich lediglich auf das Bestellen der Speisen und Getränke, doch sobald der Ober sich vom Tisch entfernt hatte, versanken beide in Schweigen. Es war nicht das Schweigen, das aus Langeweile oder Mangel an Themen entstand. Es war vielmehr dieses Schweigen, das durch unausgesprochenes Begehren und Atemlosigkeit entfacht wurde. Sie sahen sich an, und in seinen Augen lag ein Brennen, das sie fast ängstigte. Und gleichzeitig zog es sie zu ihm hin wie noch zu keinem Mann zuvor. Er spürte deutlich, wie sie sich gegen ihn zu wehren versuchte, wie ihr Inneres sich wand. Er sah die Angst in ihren Augen und fühlte ihr Verlangen. Der Triumph würde ihm sicher sein. Raoul fühlte sich wie Gott.

Elena war es bisher gewöhnt, das Spiel der Verführung zu bestimmen. Doch das, was sie jetzt erlebte, war völlig anders. Er beherrschte sie, und das machte sie wütend. Aber als Raoul vorsichtig nach ihrer Hand griff und sie die Berührung seiner Lippen in der Innenfläche spürte, fühlte sie, wie ihr Widerstand schwand.

»Ich möchte Sie eine Nacht lang nur küssen«, flüsterte er dicht an ihrem Ohr.

Und als er später neben ihr im Wagen saß und es draußen in Strömen goß, glaubte sie, die Spannung nicht mehr ertragen zu können. Der peitschende Regen bot ihr den Vorwand, den Wagen anzuhalten, doch in Wirklichkeit ertrug sie es nicht mehr länger, ihn nicht berühren zu können. Sie parkte das Auto am Straßenrand und wandte sich ihm zu.

»Komm her«, flüsterte er sanft und wollte sie an sich ziehen.

Aber sie war schneller und zog seinen Kopf zu sich. All die Sehnsucht, all das Begehren, all die unerträgliche Spannung der vergangenen Stunden entlud sich in diesem Kuß.

Es war, als prallten zwei Kometen aufeinander. Sie spürte seine jungen Lippen, und ihre teilten sich im selben Augenblick. Seine Zunge nahm ihren Mund völlig in Besitz, schien jeden Millimeter erforschen zu wollen. Die Heftigkeit, mit der sie seinen Kuß erwiderte, war ihr fremd.

»Küß mich ganz sanft«, raunte sie.

Und er fuhr fort, sie mit einer Zartheit und Innigkeit zu küssen, die sie bei anderen Männern noch nie erlebt hatte. Er tat Dinge mit seiner Zunge, von denen sie bisher noch nicht einmal geträumt hatte, und Scham stieg tief und heiß in ihr auf und schwand wieder, als er Minuten darauf ihre Augen, ihre Wangen, ihre Stirn, ihre Nasenspitze mit der Hingabe eines Kindes küßte. Jede Faser seines Körpers drängte danach, in ihr zu sein.

Später in seiner Wohnung, als er zum ersten Mal die Vollkommenheit ihrer festen Brüste in seinen Händen fühlte und ihre heiße, nasse Vagina mit seinen Fingern erforschte, begann er zu ahnen, daß nicht sie seine, sondern er ihre Beute war. Unwillkürlich packte er sie an den Handgelenken und drückte sie tiefer in das Kissen. Sein großer Penis drängte gegen die dunkle Seide ihres Höschens, und er hörte, wie ihr Atem flog. Und dann öffnete sie die Schenkel und bäumte sich ihm entgegen. Endlich. Doch plötzlich hielt sie in der Bewegung inne und schob ihn von sich.

»Was hast du?« fragte Raoul verwirrt.

»Alles, was sich zu besitzen lohnt, ist es auch wert, daß man darauf wartet.«

Sie strich ihm mit einem Lächeln noch einmal über die Brust, brachte ihre Kleider und ihr Haar mit einer Gelassenheit in Ordnung, als würde sie sich nach einem erfolgreichen Businesslunch von einem ihrer Geschäftspartner verabschieden. Minuten später war sie verschwunden. Raoul blieb zwischen den zerwühlten Laken liegen und spürte noch ihren Duft auf seiner Haut. Er legte die Hand um sein Glied und kam sofort.

Es dauerte eine Woche, bis sie sich bei ihm meldete. Sie

hatte nach ihm gefiebert, sie war so lüstern wie nie, das Verlangen nach ihm wurde schmerzhaft. Und trotzdem ließ sie ihn warten. Oder gerade deswegen.

Schon am ersten Tag nach ihrer Begegnung hatte sie ihn anrufen wollen. Hundertmal hatte sie zum Hörer gegriffen und wieder aufgelegt. Je länger er wartete, desto stärker war ihre Macht über ihn. Macht. Macht hatte von jeher Elenas Leben bestimmt, und sie würde sie auch diesmal nicht aufgeben. Nicht wegen eines kleinen Friseurs, der weder klug war noch reich, der einfach nur schön war. Ein Bel Ami eben. Ein Tier. Als sie ihn schließlich anrief, waren ihre Worte ebenso aufreizend wie kalkuliert.

»Ich bin ganz naß.«

Es waren nur diese vier Wörter, und Raoul wußte sofort, wer am Telefon war. Er hatte mit diesem Anruf nicht mehr gerechnet, hatte versucht, die Begegnung mit ihr aus seinem Gedächtnis zu wischen. Und dann diese vier Wörter.

Sie trafen sich wieder in seiner Wohnung. Diesmal blieb sie, und was sie erlebte, übertraf all ihre Phantasien. Der Mann so schön, die Erregung so heftig, der Akt so überwältigend. Die totale Erfüllung.

Und dann begann alles von neuem.

Wieder kniete er zwischen ihren Schenkeln, um sie mit noch mehr Kraft zu nehmen als zuvor, um endlich ganz tief in sie vorzudringen, um immer wieder das feuchte Saugen ihres weichen Fleisches zu spüren. Und sie, wie sie immer lüsterner, brünstiger wurde. Neue Finger, neue Lippen in ihr reagierten auf sein Eindringen, bis sie wie ein einziger vibrierender Nerv offen vor ihm lag. Endlich gehörte sie ihm.

Von nun an trafen sie sich fast täglich, und jedes Mal übertraf ihr Liebesspiel das vorherige. Sie waren voneinander besessen, waren nur noch keuchende Leiber, offene Münder, gierende Hände. Wenn sie dann erschöpft nebeneinander lagen, sprachen sie nicht viel. Das, was sie voneinander wissen wollten, wußten sie bereits. Das, was sie voneinander haben wollten, gaben sie sich gegenseitig. Keine Liebe, nur Obsession.

Und dann die Wende.

Ganz plötzlich an einem Nachmittag. Sie lagen noch immer nacheinander fiebernd in den zerwühlten Laken, Elenas Kopf an seiner Brust, als sie ihn fragte, was er gemacht hätte, wäre er nicht Friseur geworden.

Obwohl sie sich irgendwelche Gedanken über ihn verboten hatte, hatte sie doch manchmal darüber nachgedacht, ob es ihn tatsächlich erfüllte, sich tagtäglich mit dem Spliß der oberen Zehntausend zu beschäftigen. Und jetzt entschlüpfte ihr die Frage, ohne daß sie es wollte.

Sofort verschloß er sich. Es verwirrte sie, es verletzte sie, als er sich so plötzlich abwandte. Es schien ihr fast, als wäre diese eine kleine Frage für ihn viel intimer als das, was sie kurz zuvor miteinander getrieben hatten, und der düstere Ausdruck in seinem Gesicht erschreckte sie.

»Maler«, sagte er knapp und stieg aus dem Bett.

»Maler?« wiederholte sie hilflos und sah ihm zu, wie er sich eine Zigarette anzündete.

Sie verstand sich selbst nicht. Mehr als Sex hatte sie schließlich nicht gewollt. Lust, nicht Last. Aber, und das wurde ihr in diesem Augenblick schneidend klar, er war nicht nur in ihren Körper, sondern auch in ihre Seele eingedrungen. Sie hätte schreien können bei dem Gedanken daran, denn das, was sie am meisten befürchtet hatte, war Wirklichkeit geworden.

Es war, als hätte sich diese Szene wie ein Schwert in Elenas Kopf gebohrt. Der Gedanke, weshalb Raoul so abweisend auf ihre Frage reagiert hatte, ließ sie nicht mehr los. Tag und Nacht suchte sie nach dem Warum, und die Tatsache, daß sie sich ohne Pause mit ihm beschäftigte, ließ den Drang, seine Seele zu enträtseln, immer weiter wachsen.

Wie hätte sie wohl reagiert, wenn sie den Grund für sein Verhalten auch nur geahnt hätte? Ich wußte es von ihm: Raoul hatte keine Achtung vor Frauen. Sie waren für ihn keine Menschen aus Körper und Seele, hatten keine Vergangenheit, keine Geschichte, kamen aus dem Nichts. Sie waren leer, ohne Bedeutung. Etwas, mit dem man nicht sprach, dem man sich nicht anvertraute. Sie waren Fleisch für ihn. Fleisch, das dazu geboren war, die sinnlichen Bedürfnisse eines Mannes zu befriedigen.

Als Halbwüchsiger hatte Raoul sein Leben gehaßt, das aus einer Reihe von Affären entstanden war. Die Gegenwart einer Frau war für ihn gleichzeitig die Gegenwart seiner Mutter, die nichts anderes als ihren üppigen Leib dargeboten hatte, um Männer zu locken und zu erobern. Einen Vater hatte es nie gegeben, aber das affektierte Gelächter seiner Mutter klang noch immer in seinem Ohr, ihr niedliches und banales Geplapper, und er verabscheute Pralinen, mit denen sie sich pausenlos den gierigen kleinen Mund vollgestopft hatte. Er hatte weder Liebe noch Achtung für seine Mutter empfunden, und irgendwann formte sich in seinem Kopf ihr Bild zu dem einer ewig klaffenden Vulva.

Lene Schuster wäre nicht Elena Baronas geworden, hätte sie es nicht meisterhaft verstanden, das, was sie fühlte, hinter einer lächelnden Maske zu verbergen. Um in den Olymp der Gesellschaft aufzusteigen, hatte sie sich in Gleichgültigkeit geübt. Sie lernte, freundlich zu lächeln, während sie sich unter dem Tisch mit einer Zigarette den Handrücken verbrannte. Sie wurde nicht nur undurchschaubar, sondern eine virtuose Täuscherin.

Als ihr bewußt geworden war, wieviel Raoul ihr tatsächlich bedeutete, hatte sie sich nach dem ersten Aufwallen gellenden Zorns zusammengerissen und war ihm wieder lächelnd begegnet. Aber das Duell mit ihm war noch nicht beendet, und, das hatte sie sich geschworen, er würde nicht als Sieger daraus hervorgehen.

Der August neigte sich bereits seinem heißen Ende entgegen, eine schläfrige Langsamkeit umhüllte die Stadt wie ein durchsichtiges Gespinst. Raoul kam früher als sonst nach

Hause. Er öffnete die Wohnungstür, und eine angenehme Kühle streifte seine Haut. Nur durch die Ritzen der Jalousien drangen träge ein paar Sonnenstrahlen. Es war alles so, wie er es am Morgen verlassen hatte, und doch hatte er das Gefühl, daß etwas anders war.

Keinen weiteren Gedanken daran verschwendend, zog er sich schon im Flur die verschwitzten Kleider aus und ging ins Schlafzimmer, um ein frisches Handtuch zu holen. Die Vorfreude auf eine erfrischende Dusche wich jäh aufwallender Hitze, als er Elena in seinem Bett erblickte. Den grazilen Körper lässig hingestreckt, strahlte sie jene anmutige Sinnlichkeit aus, die ihn immer wieder zur Raserei brachte. Ihre Dessous aus auberginefarbener Spitze glichen exakt dem Farbton ihrer aufgerichteten Brustwarzen. Die Glätte ihrer sonnengebräunten Haut und das obszöne Schimmern der Seide flossen unwiderstehlich ineinander.

Ihr Blick fixierte seine dunklen Pupillen, wanderte dann langsam über seine Brust zu der kleinen Insel aus Haaren unterhalb seines Nabels und heftete sich auf seinen aufragenden Phallus. Langsam und träge spreizte sie ihre Schenkel und ließ ihre Hand aufreizend über den dunklen Hügel gleiten, bis ihr Mittelfinger sein Ziel erreichte.

Raoul kam näher, bis er nackt und groß über ihr stand. Sein Mund fiel auf ihre Kehle und biß in ihr Fleisch, als wollte er sie verschlingen. Seine Finger waren kräftig und herrisch, und seine bohrende Zunge kannte Verstecke, wo die Nerven besonders sensibel waren. Als er in ihr war, stieß er immer fester zu, als wollte er ihr mit jedem Stoß ein noch lauteres Stöhnen entringen.

Noch nie hatte er sie so erlebt, völlig außer Kontrolle, fast wahnsinnig vor Lust. Er hatte das Gefühl, als könne er alles von ihr verlangen.

Er glitt aus ihr heraus, kniete sich über sie und zog ihren Kopf an sein geschwollenes Glied. Elena blickte ihn an, dann wandte sie sich heftig zur Seite. Ihre Augen signalisierten ein Nein, das keinen Widerspruch duldete, mit dem er sich aber nicht zufriedengeben wollte. Wieder packte er ihren Kopf und zog ihn an sich, wieder stemmte sie sich dagegen.

»Alles«, sagte sie, »aber das nicht.«

»Wieso?«

»Für keinen, auch nicht für dich. Niemals.«

Sie rollte auf den Bauch, worauf er ihren festen kleinen Hintern mit groben Händen packte und wütend in sie hineinschnellte. Es war ein Kampf, und als dann die Erlösung kam, war sie für beide von ungeahnter Heftigkeit.

Elena war mit sich und der Darbietung, die sie gegeben hatte, sehr zufrieden. Auch Raoul war bester Laune. Sein Glaube an sich und daran, daß er sie ganz und gar erobert hatte, war wiederhergestellt, und ein kleiner Schlüssel untermauerte diese Vorstellung noch.

»Komm übermorgen vorbei«, hatte sie ihm zwei Tage vorher, bevor sie gegangen war, ins Ohr geflüstert und ihm dabei jenen Schlüssel in die Hand geschoben.

Ihr Mann sei auf Geschäftsreise, hatte sie hinzugefügt, während ein kleines verheißungsvolles Lächeln auf ihren roten Lippen lag. Und dann hatte sie noch einen Satz hinzugefügt, bei dem er schon wieder steif geworden war.

»Ich werde dir einen unvergeßlichen Nachmittag bereiten.«

Dabei hatte sie auf ihre bestrickende Art gelacht und ihm leichthin über seine Erektion gestrichen. Noch ein lasziver Hüftschwung, und sie war aus seiner Wohnung verschwunden. Ihre festen Pobacken hatten sich unter der feinen Seide ihres Kleides abgezeichnet.

Raoul hatte dieses Bild noch immer vor sich, als er jetzt den Schlüssel in der Tür zu ihrem Garten umdrehte. Es war das erste Mal, daß sie ihn zu sich eingeladen hatte, worüber Raoul einen nicht geringen Triumph verspürte. Er wußte, daß er der einzige Mann war, der ihre Glut wirklich stillen konnte, zumal sie mit Gregor Baronas, den sie ohnehin nie geliebt hatte, seit Jahren nicht mehr schlief. Das hatte sie ihm in einem Augenblick völliger Hingabe gestanden, und Raoul, eitel wie alle Männer, glaubte ihr.

Er schloß die schmiedeeiserne Tür hinter sich und lief durch den riesigen Garten, in dem nichts als weiße Rosen und Lavendel blühten. Er ging am Swimmingpool vorbei Richtung Terrasse, als er aus dem Badehäuschen girrendes Lachen hörte. Er blieb stehen und lauschte.

Es war Elenas Lachen, jenes Lachen, das er selbst schon so oft gehört hatte. Dazwischen eine dunkle Männerstimme. Leise und mit klopfendem Herzen schlich er näher und spähte durch den Spalt in das Innere des kleinen Hauses. Alles atmete ungenierten Reichtum und erlesene Lebensart. Liegestühle mit weichen Polstern aus französischem Leinen standen zwischen üppig gewachsenen Palmen, und in der hinteren Ecke stand vor einem riesigen Spiegel eine Récamière, die mit dickem hellblauem Brokat überzogen war.

Er sah Elena und einen Mann, der seine Hand um ihren Nacken gelegt hatte, um ihren Oberkörper und ihr Gesicht nach unten in die Kissen zu drücken. Der Mann schien weitaus älter als sie zu sein, aber er hatte sich gut gehalten: das Haar voll und weiß, der Körper braun gebrannt und sehnig. Er war von hinten in sie eingedrungen und bewegte sich in einem hämmernden, besessenen Rhythmus.

Das Blut in Raouls Adern pochte. Er sah, wie sie ihren Hintern kreisen ließ, er sah, wie der Mann in sie hineinglitt und wieder aus ihr heraus, er hörte sie stöhnen mit jenem gutturalen Klang tief aus ihrem Rachen. Der Anblick war ihm fast unerträglich, aber wie hypnotisiert starrte er immer weiter auf die Szene, die sich vor ihm abspielte, und unwillkürlich öffnete er die Tür ein Stückchen mehr.

In diesem Moment ließ der Mann von ihr ab, und sie drehte sich zu ihm herum. Sie hatte Raoul längst im Spiegel entdeckt, und jetzt hob sie den Kopf und blickte ihm mit unbeteiligter Grausamkeit in die Augen. Gleichzeitig ließ sie sich auf das Geschlecht ihres Liebhabers sinken und nahm ihn in sich auf. Dann begann sie sich zu bewegen,

erst langsam, dann immer schneller. Den Oberkörper hielt
sie weit zurückgebeugt, den Kopf in den Nacken geworfen,
die Augen weit geöffnet. Als es ihr kam, schrie sie einen
Namen: Gregor. Der Name ihres Mannes.

In diesem Augenblick begriff Raoul, daß er nicht als Zu-
schauer an ihrem Spiel teilhaben sollte, sondern daß sie
sich an ihm rächte. Für etwas, dessen Grund er nicht
kannte. Er wollte gehen, doch dann fixierte sie ihn wieder
mit den Augen, und als wären seine Füße in den Boden ze-
mentiert, blieb er stehen und sah ihr weiter zu.

Ihr Mann hatte seinen Höhepunkt noch nicht erreicht,
und sie machte sich zu seiner eifrigen Helferin, in dem sie
seinen Penis tief in ihren Mund schob. Ihre Lippen glitten
voll darüber, saugten und leckten virtuos, bis sich das Bek-
ken des Mannes ihrem Mund immer weiter entgegenhob.
Während sie tat, was sie Raoul verweigert hatte, blickte sie
ihn unverwandt an, und ihr Gesicht zeigte jenen Ausdruck
hochmütiger Genugtuung, der eine triumphierende, wilde
Bestätigung der eigenen Macht war.

Raoul warf ihr einen letzten Blick zu und wußte, daß er
sie nie wiedersehen würde.

Der Abend, an dem Raoul mir seine Geschichte erzählte,
sollte auch für mich ein Abschied werden. Es war mir bewußt geworden, daß ich gehen mußte, wollte ich mich
nicht weiter in etwas verstricken, das am Ende nur Trauer
versprach. Ich hatte ihm voller Anteilnahme zugehört und
glaubte, seine komplexe Persönlichkeit dabei ein wenig
entschlüsselt zu haben. Die Frage, warum er den Beruf des
Friseurs ergriffen hatte, stellte ich mir nicht. Ich betrachtete
es als eine Art Heilungsversuch. Im Grunde hatte er ein
häßliche Vorstellung von Frauen, konnte aber auch nicht
von ihnen lassen. Indem er ihnen die Haare schnitt und sie
damit verschönerte, war es auch für ihn eine Möglichkeit,
das Bild, das er von ihnen hatte, zu einem anderen, besse-
ren werden zu lassen.

Während er sprach, gab er sich alle Mühe, so teilnahmslos wie möglich zu wirken. Aber hin und wieder trat ein Ausdruck in seine Augen, der seinen Schmerz verriet. Und das, was er sich damals noch nicht eingestehen wollte, wußte ich bereits: Er liebte diese Frau, weil sie unerreichbar für ihn war.

Ich habe schon einmal erwähnt, daß Raoul die Angewohnheit hatte, Themen abrupt zu wechseln, und so war es auch an jenem Abend. Kurz nachdem er mir seine Geschichte erzählt hatte, sah er mich auf seine eigene intensive Art an und äußerte diesen Satz, der mir mein ganzes Dilemma offenbarte.

»Sie sind doch auch in mich verliebt.«

Ich erschrak und fragte, um Zeit zu gewinnen, leichthin, wie er darauf käme.

»Ich weiß nicht, nur so ein Gefühl. Würden Sie sonst soviel Zeit mit mir verbringen?«

Mit einem Lachen, das in meinen Ohren gezwungen klang, schüttelte ich den Kopf. Ich war nicht in ihn verliebt. Ich liebte ihn bereits.

Am nächsten Morgen stand ich auf, packte meine Koffer und fuhr nach Hause.

Raoul habe ich nie wiedergesehen. Aber als ich vor ein paar Jahren eine Reportage über eine kleine unbekannte Insel im Malaiischen Archipel machte, entdeckte ich eines Tages eine bescheidene Galerie. Ich war der Malerei schon immer sehr zugetan und betrachtete interessiert die Auslage im Fenster. Es waren Bilder von ungewöhnlich leuchtender Intensität, die Farben geradezu obszön. Am auffälligsten aber war das Motiv der Gemälde. Sie zeigten immer wieder dieselbe Frau, die ich erst nach einer Weile erkannte: Elena Baronas.

Es war ein merkwürdiges Gefühl, als ich die Bilder einer Frau, die zur besten Gesellschaft Deutschlands gehörte, auf einer kleinen grünen Insel in der Südsee entdeckte. Obwohl ich es längst wußte, ging ich hinein, um zu fragen, wer sie

210

gemalt hatte. Der Besitzer, er war ein freundlicher Mann, der gern plauderte, gab mir bereitwillig Auskunft. Er sprach von Raoul, einem gutaussehenden, wortkargen jungen Mann, der einige Jahre auf der Insel verbracht hatte. Viel mehr hatte er nicht über ihn zu sagen, denn Raoul habe nie über sich gesprochen und sehr zurückgezogen gelebt. Niemand hatte so recht gewußt, wovon er sich ernährte, denn seine Bilder brachten nicht viel Geld ein. Dann, vor drei Monaten, sei er weitergezogen.

In einem Anflug von Sentimentalität kaufte ich eines seiner Werke und wünschte mir im stillen, daß er eines Tages imstande wäre, das Bild zu malen, das ihm die ersehnte Freiheit schenken würde.

Elena Baronas habe ich hin und wieder getroffen, und bis auf das eine Mal, als sie mir ihre Version der Geschichte erzählte, habe ich nie wieder ein vertrauliches Wort mit ihr gewechselt. Sie trug ihr Haar wieder lang. Was sie wirklich fühlte, konnte ich nicht sagen, aber sie war nach wie vor eine umschwärmte und begehrte Frau. Nur Renate, die sie jetzt wieder frisierte, wußte, daß damals, als Raoul verschwunden war, ihr Haar über Nacht weiß geworden war. Aber welche Frau gibt uns nicht Rätsel auf?

FRED BREINERSDORFER
Auf der anderen Seite des Hofes

Später Sommer. Es war heiß draußen, die Glut der Nacht vibrierte sichtbar über den Dächern der Stadt, aber hier, nackt im Bett, gelegentlich gestreift von einem leichten Lufthauch, ließ es sich einigermaßen aushalten, zumal Billys Mädchen mit dem Kopf auf seinem Bauch lag und seine Haut streichelte. Aus der Küche kam Billys Katze und sprang auf die Fensterbank, von wo sie in die Nacht verschwand.

Billy starrte hinaus in den Stadthimmel, der nie richtig dunkel wird. Die Silhouette des gegenüberliegenden Daches mit zwei hohen Kaminen und einem bizarren Buckel hatte Billy schon oft skizziert und gemalt. Er hatte sie gebogen, kubistisch zerhackt, in Momentaufnahmen von innen her explodieren lassen, in Rot, vornehmlich in einem seltsamen roten Ton. Billy liebte dieses Rot. Rohes Rot. Die Farbe, wie sie in der Mitte der erregten weiblichen Scham vorkommt.

Ein Fenster auf der anderen Seite des Hofes, halb verborgen hinter den zitternden Blättern einer Pappel, war wie so oft in diesem späten Sommer noch erleuchtet. Es fehlte darüber ein sommerlicher Taghimmel, und das Haus mit Baum und hellem Fenster hätte gewirkt wie das »Empire de la lumière« von René Magritte.

Billy konnte auch diesmal nicht genau erkennen, wer drüben im Fensterausschnitt zu sehen war, nur daß es wohl ein Mann mit eigenartig gebeugtem Rücken war, der sich am Tisch sitzend mit hängendem Kopf betrank. Schlaflos wohl. Der Mann geisterte genauso wie die Silhouette des

Hauses durch die Skizzenblöcke und über einen Teil der Leinwände von Billy.

Der Trinker war eingezogen, kurz nachdem Billy sein Mädchen aus Marbella mitgebracht hatte. Und seither studierte Billy die Einsamkeit des fremden Mannes, den er nie auf der Straße oder in einer der Kneipen oder Geschäfte der Gegend sah. Er hätte ihn vermutlich auch nicht erkannt, denn die stets unruhigen Pappelblätter und die fahle Beleuchtung im Fenster auf der anderen Seite des Hofes verhinderten einen klaren Blick und erzeugten statt dessen Phantasiebilder, die mit den Wahrheiten eines Trinkerlebens nichts gemeinsam hatten und nur auf die Leinwände eines Billy Wosdabczik paßten.

Billy versuchte, sich mit seinen Lippen Elkes Geschlecht zu nähern, kein Vorwand, um das Rot in der Scheidenmitte zu studieren, sondern weil sich Billy nach körperlicher Liebe in heißen Nächten sehnte, doch sein Mädchen entzog ihm ihren Körper. Aber sie begann sofort, Billy an den aufregendsten Stellen zu liebkosen. Es geschah öfters, daß Elke ihm ihren Körper entzog und ihn gleichzeitig noch weiterreizte, auch wenn er schon gierig genug nach ihr war.

Sie beugte sich über seinen Schwanz und lutschte daran herum. Es war ein fast unkörperlicher Liebesakt. Nur ihr Kopf berührte seinen Bauch ein wenig. Ihre Haare spürte er. Und er genoß es, wenn sie mit einer Hand weich und liebevoll seinen Hodensack hielt und mit den Fingern der anderen Hand dafür sorgte, daß seine Eichel in ihrem Mund nicht von seiner Vorhaut bedeckt war, während ihre Zunge ihr Spiel spielte. Aber sonst spürte er nichts von ihrem Körper. Ganz anders, wenn er sie morgens nach dem Aufwachen liebte, wenn sie schlaftrunken die Beine anzog, um es ihm einfach zu machen, in sie einzudringen, und ihn fest an sich preßte, um soviel wie nur möglich von seiner vom Schlaf trockenen und durchwärmten Haut in der Morgenkühle spüren zu können.

Im Radio begann das gemeinsame Nachtprogramm der ARD. Elke unterbrach ihre Liebkosung und ging zu dem Apparat, um einen anderen Sender zu suchen. Sie fand ein Lied, das ihr besser gefiel. Ein Saxophonquartett spielte auf einem freien Sender Gershwin. Billy hatte wenig für Gershwin übrig, aber er ließ sie gewähren. Er wartete voller Ungeduld auf ihren Mund.

Elke legte sich wieder zu ihm und fuhr fort, mit ihrer Zunge zu spielen, bis es ihm kam. Sie saugte aus seinem Ding, wie sie aus einem Strohhalm ihre Diet Coke in der Gluthitze des spanischen Sommers in Marbella gesaugt hatte, als sie bei Billy in einem Sommerkurs für Malerei als Aktmodell gejobbt hatte.

Dabei hatte Billy festgestellt, daß Elke sehr talentiert für Landschaftsmalerei war. Noch nie hatte sie gemalt, und sie stellte ruhige, klare Farbflächen aus Acryl in ein Verhältnis zueinander, so daß Landschaften förmlich vor dem Betrachter aufwuchsen. Doch sie verlor schon bald die Freude an ihren Farbflächen. Elke blieb seit Marbella bei Billy und sprach gelegentlich von ihren Plänen in der Schule.

Billy tat nichts, um sie davon abzuhalten, ihr Abitur abzulegen. Es gab viel zu viele Malerinnen, wenngleich Elke begabter war als die meisten, die Billy kannte. Billy hatte wegen seiner Malerei nie Abitur gemacht. Er fand es für sie besser, das Abitur zu machen und nicht zu malen, aber er war sich nicht sicher, ob Elke seine Meinung an diesem Punkt interessierte.

Als Billy seufzend sein Sperma ausgestoßen hatte, küßte ihn Elke und schenkte ihm dabei mindestens die Hälfte seines Samens. Er schmeckte in Billys Mund warm und merkwürdig rauh.

Die beiden lagen nach Billys Erguß noch einige Zeit auf dem Bett und sagten dies und das; leise, müde, langsam. Billy studierte den Schwung des Beines des Mädchens, das sie so über den Bettrand hängen ließ, daß der Säufer gegenüber ihre Scham hätte bewundern können, wenn er ein

214

Voyeur gewesen wäre. Aber er war nur ein einfacher Trinker, dachte Billy.

Die beiden zündeten sich eine Zigarette an. Es war zu heiß zum Schlafen, zu heiß zum Reden. Elke war eine Mollige, manche würden sogar sagen, sie war prall. Aber Billy war das egal. Er nahm fast nie den ganzen menschlichen Körper wahr, eher nur Fragmente. Billy liebte es, wenn Elke ihre Hüfte beim Rauchen im Bett seitlich herausstellte. Das gab einen schönen Schwung. Billy war aber nicht der Künstler, der es schaffte, einen so schönen Schwung abzubilden. Er fuhr deswegen die Linie ihrer Hüfte mit der Hand nach. Er tat das nicht ohne wieder aufblühende Leidenschaft.

Und Elke ließ sich plötzlich doch von ihm entzünden. Sie spreizte mit ihren Fingern die Lippen zwischen ihren Beinen. Und Billy verfluchte sein Alter, in dem es immer schwieriger wird, kurz nachdem man ausgesaugt worden ist, noch eine zweite Erektion zu produzieren. Um so länger dauerten seine Liebkosungen und um so zärtlicher wurde das Mädchen. Billy ließ sich verführen, sein Mädchen zu verführen. Elke begann vor Aufregung zu seufzen.

Die beiden waren endlich eins geworden. Elkes Stöhnen hallte schon längere Zeit über den Hof, bis sie ihn schließlich umklammerte und schrie, wie es Billy noch nie bei ihr gehört hatte.

Später, als Billy vom Klo kam, wo er versucht hatte zu pinkeln, sah er durch die Blätter der Pappel, daß der Trinker seinen Platz verlassen hatte, ohne das Licht zu löschen. Er ließ eine Bemerkung darüber fallen, bevor er sich wieder zu ihr legte.

Elke trank aus einer Sprudelflasche und saß im Schneidersitz auf dem Bett und betrachtete dabei schweigend die herumstehenden Leinwände mit aufgeplatzten Silhouetten von Häusern, Kirchen, Banken und den Porträts heruntergekommener Menschen, Leinwände, die kaum jemand kaufen wollte, was Elke nicht verstand.

215

»Mach den Vorhang zu«, sagte das Mädchen beiläufig. »Ich will nicht, daß der Mann da drüben hereingafft.«

»Er sitzt nicht mehr da.«

»Deswegen.«

»Er kann doch durch die Pappelblätter gar nichts sehen«, sagte Billy. »Warum meinst du, daß er gafft?«

»Wer ist das eigentlich?«

Billy zuckte mit den Schultern und streichelte über Elkes Haar und Wangen.

»Warum soll der gaffen?«

Nach einem weiteren kleinen Schluck Wasser huschte ein selbstbewußtes Lächeln über ihr Gesicht.

»Warum soll sich ein anderer Mann nicht dafür interessieren, was hier so geht?«

»Dann mach doch den Vorhang zu«, sagte Billy.

Billys Mädchen ging an das Fenster und zog den Vorhang zu. Das Radio sendete ein Intermezzo. Eine Frau rezitierte feierlich ein selbstgeschriebenes Gedicht, das damit zu tun hatte, wie herzlos Menschen miteinander umgehen können. Es war ein trauriges Gedicht. Elke war am Fenster stehen geblieben und starrte durch einen Spalt des zugezogenen Vorhangs. Billy hörte der Frau im Radio zu, weil er oft dachte, daß die anderen mit ihm roh umgingen, und weil er glaubte, daß er das nicht verdient habe, weil er eigentlich ganz fair und rücksichtsvoll zu anderen war, nicht so schwierig wie viele andere Maler. Nach dem Gedicht spielte die Frau eine banale Musik und zerstörte damit den Zauber ihrer Worte.

»Man sieht nichts«, sagte Elke.

Es klingelte an der Wohnungstür. Es klingelte ein zweites Mal. Die beiden sahen sich an. Im Radio erklärte jetzt ein Hobbyfunker, wie man mit Leuten in Australien per Tastfunk Verbindung aufnimmt. Im Schreck registriert man die verrücktesten Details.

»Du machst doch nicht auf, oder?« flüsterte das Mädchen.

Es klingelte wieder. Noch einmal. Und noch einmal. Es klingelte in Abständen, ohne zu drängen. Kurz, preußisch.

»Wer ist das?«

»Irgendein verdammtes Arschloch«, zischte Billy.

»Wir sind einfach nicht da«, flüsterte Elke.

Billy löste sich trotzdem von dem Mädchen. Sie zuckte wegen der abrupten Bewegung zusammen.

Es klopfte an der Tür. Tock, tock, tock.

»Guck doch durchs Guckloch in der Tür«, sagte Elke.

Billy ging gucken, doch sie kam mit und drängte sich neugierig vor. Elke prallte zurück, als hätte sie den Teufel gesehen. Billy nahm sie instinktiv in den Arm und sah selbst durch den Spion.

»Jemand erkannt?«

Elke antwortete nicht.

Im Fisheye sah Billy einen Mann im Anzug ohne Krawatte und barfuß, der dem Trinker hinter der Pappel auf der anderen Seite Hofes irgendwie ähnlich sah. Billy meinte, ihn an seinem gebeugten Rücken zu erkennen.

»Hau ab, Spanner«, rief Billy durch die Tür.

Das Gesicht vor der Tür kam dem Fisheye ziemlich nahe, war deshalb verzerrt, grinste scheinbar, fletschte die Zähne, die Augen zu gelben Blasen mit braunen und schwarzen Ringen aufgequollen, je näher das Gesicht dem Spion kam.

Er klingelte wieder, diesmal quälend lang.

Der Mann sagte: »Nur einen Moment, wenn Sie die Zeit hätten. Verstehen Sie? Ich verlange doch nichts Unbilliges.«

Er klingelte wieder. Kopf und Gesicht vor der Tür schrumpften zu einer kleinen Kugel, weil der Mann zurücktrat und sich auf dem Treppenabsatz umsah, als fürchte er, andere Bewohner im Haus geweckt zu haben. Das Flurlicht erlosch, es flackerte sofort wieder auf.

»Hol die Bullen«, sagte Elke laut.

Billy riß sich von dem Anblick des Fremden mit dem gebeugten Rücken los, weil er spürte, wie sein Mädchen in seinen Armen zitterte. Ihre Haut fühlte sich plötzlich ungesund kühl und feucht an.

»Oh, ja, gleich die Polizei«, sagte die Stimme vor der Tür. Und das Gesicht mit den gelben Augen pendelte plötzlich noch näher vor dem Fisheye herum. »Gute Idee, Elke, hole die Polizei!«

»Angst«, würgte das Mädchen kaum vernehmbar hervor.

Billy umschlang sie mit beiden Armen. Der Mann hatte sich vor der Tür an den Rand des von innen sichtbaren Bereichs gepreßt.

»Wer ist das?«

Elke schwieg.

Billy zischte: »Wer das ist, will ich wissen!«

Die Tür flog unvermittelt krachend auf.

Mit dem Mann drang der Geruch von altem Schweiß und frischem Schnaps in Billys Wohnung. Das paßte nicht zu dem eleganten Anzug, den er trug, und zu dem teuren Hemd. Er schwankte auf seinen nackten Füßen und rieb sich die Schulter.

»Hau ab, hau sofort ab«, schrie das Mädchen und verkrallte sich förmlich in Billys nackte Haut.

»Ja, ja«, sagte der Mann in beschwichtigendem Ton. »Elke, ich möchte nur an diesen Menschen hier eine Frage stellen.«

Sein Finger deutete auf Billy.

Unvermittelt griff das Mädchen den Trinker an, schlug nach ihm, versuchte, ihn hinauszudrängen. Auch Billy griff an. Doch das Handgemenge endete, weil der Mann mit zwei entschlossenen Hieben seiner Fäuste sich Raum verschaffte.

Keuchend stand er da und sagte: »Herr Wosdabczik, bitte, gestatten Sie mir eine Frage. Eine einzige nur. Sie wissen vielleicht, daß Elke und ich, daß wir ein Verhältnis hatten?«

»*Das* ist Ringleben?« fragte Billy mit Blick auf Elke.

»Ringleben!«

»Ich war mit ihr zusammen. Vor diesem Job in Marbella. Vor Ihnen, Herr Wosdabczik. Es war Liebe. Nicht so wie bei Ihnen, mit allem Respekt. Auch wenn noch ein paar Jahre mehr zwischen ihr und mir liegen als bei Ihnen. Liebe und viel Leidenschaft!«

»Laber nicht, hau ab«, fuhr Elke dazwischen.

»Ich bin zu Hause fortgegangen und habe mir die Wohnung gegenüber genommen, um immer in deiner Nähe zu sein.«

Der Mann griff sich an den Hemdkragen, als wolle er einen nicht vorhandenen Schlips richten, während Elke auf die Bemerkung von ihm schnaubend die Luft ausstieß.

»Keiner hat dich darum gebeten.«

»Also, die Frage an Sie ist die, Herr Wosdabczik ... Ich habe übrigens keinen Zweifel gehabt, daß Elke mit Ihnen schläft.«

Elke lachte wütend.

»Ich kenne Elke gut, besser, als sie sich selbst kennt. Besonders ihren Körper, müssen Sie wissen, Herr Wosdabczik. Schlafen kann sie von mir aus, mit wem sie will. Da passiert bei ihr nämlich nichts. Ich weiß das, weil ... Ich habe nie *gehört*, wenn Sie beide etwas miteinander gehabt haben. Bei uns dagegen, Elke, sag, daß es stimmt, bei uns war sogar die körperliche Liebe noch viel tiefer. Ich bin der Mann, der jedes Mal die Saiten in Elke zum Klingen gebracht hat.«

»Gehen Sie, und trinken Sie einen«, sagte Billy, der nicht die Absicht hatte, auf die Frage zu warten, die der Mann immer noch nicht herausgebracht hatte.

Doch der Trinker blieb unerschütterlich.

»Frage: War das heute nacht das erste Mal, daß sie bei Ihnen so erregt schien, daß man ..., daß man ihre Leidenschaft *hören* konnte?«

»Das geht Sie nichts an, und jetzt hauen Sie ab«, sagte

Billy und versuchte diesmal überfallartig, den Mann aus der Tür zu drängen.

Doch der gab nicht auf.

»Ich habe ein sehr feines Gehör«, sagte der Trinker keuchend. »Ich weiß, daß sie Ihnen vorhin was vorgespielt hat.«

Elke griff nicht in das Handgemenge ein, zumal Billy den Mann fast schon über die Schwelle geschoben hatte und im Begriff war, die Tür zu schließen. Mit einem kleinen Lächeln, in dem noch Reste von Verständnis und Zuneigung für den Trinker mitschwangen, begann sie zu sprechen.

»Ringleben, du hast auch deine Zeit gebraucht, bis ich zum ersten Mal so weit war, und bei Billy und mir hat es heute nacht richtig geklingelt, da war nichts gespielt.«

»Ausgeschlossen!«

Mit ungeahnter Kraft gelang es Ringleben, Billy zurück in die Wohnung zu stoßen.

»Elke, du kannst *mich* nicht täuschen.«

»Doch! Es ist endgültig, verstehst du.«

Ein metallisches Licht blendete die beiden Nackten in der Tür, weil der Trinker mit der blitzenden Klinge eines Stiletts plötzlich Lichtreflexe erzeugte. Billy wollte zupacken und ihm das Messer entreißen, und Elke versuchte noch, sich hinter die Tür zu flüchten. Doch der Mann war schneller.

FRANZOBEL
Rudolf und Mary – ein Mayerling-Ejakulat

Rudolf hofft auf die Erfüllung höchster Seligkeit. Er sieht den blauen Wölkchen seiner Zigarette versonnen nach. Taubengrauer Georgette in dicken Falten, gehalten von einem Gürtel aus türkisfarbenen Perlen. Malachittropfen an den Ohrläppchen, ein dazugehöriger Ring an der linken Hand. Tizianrot im Haar und Goldgrün in den Augen. Wirklich bezaubernd, aber unbequem, bittet der Raucher die Dame, etwas Bequemeres anzuziehen. Er schließt die Augen, den weiteren Lauf original zu erleben.

Wundervoll ist's zu warten, mit einem brennenden Herzen, dessen Glut nicht zu löschen ist, dessen Blut fiebernd durch die Adern jagt nach der geliebten, einzigen Frau, nach der es verlangt. Dieses Hinüberträumen in den Garten der Erfüllung läßt ihn erschauern.

Eine Tür schiebt sich auseinander. Wie eine Welle, die ihn anstürmt, fühlt er die Vetsera näher kommen, noch hält er seine Augen geschlossen, jetzt steht sie vor ihm, er fühlt es, ein hauchzarter Cypreduft streift sein Gesicht ..., wie damals in der Bar auf dem schwimmenden Serail, ja, wie damals. Und heute?

Weiche Frauenhände legen sich um sein Haar, ein Mund berührt es und löst sich wieder! Jetzt erst öffnet er die Augen: »Süße Frau, schönste du.«

Sie schmiegt sich in die Couch, zieht die Füße, die in grünen Sammetpantöffelchen stecken, nach und läßt wohlig den Kopf in die seidenen Kissen sinken. Das lange wallende lindenblütenfarbene Georgettegewand breitet sich fließend über ihren Körper, verrät die Umrisse ihrer schlanken Fesseln, läßt die schöngeformten Beine und Knie ahnen, gibt Arme und Hals frei. Unter der Brust hält ein gleichfarbiges Seidenband den duftigen Traum zusammen. Kein Schmuck stört die Harmonie der Linien. Der Goldglanz ihres Haares fällt weich um ihre Wangen. Überwältigt vom Anblick dieser Frau, die alles in sich zu vereinigen scheint, was ein Mann sich erträumen kann, wagt er kaum zu atmen.

»Dich ansehen, Mary, diesen Anblick genießen wie ein Märchen, das nicht Wirklichkeit sein kann und doch ist. Oh, Mary, du, Zauberin du.«

Rudolf kauert sich vor ihr nieder, legt sein Gesicht in ihre Hand, die er mit Küssen bedeckt. Kein Wort kommt von ihren Lippen, nur ihr Herz spricht, ihr Körper gleicht einer lodernden Fackel. Jetzt hebt sich sein Gesicht zu ihr, und er sieht Tränen in ihren Augen, die langsam über die Wangen laufen.

»Vor Glück, Geliebter, vor Glück.«

Augen versenken sich ineinander, Herzen schlagen in rasendem Takt, verlangende Lippen lösen den versengenden Durst, sie kann nicht mehr denken, Zeit und Raum entschwinden ihrem Bewußtsein gleich himmlischer Musik, sie fühlt sich von zwei Armen emporgehoben wie ein Kind und hinübergetragen auf das große, weiche Bett, das vom schimmernden Goldgelb der zierlichen Wandleuchter in dämmernd warmes Licht getaucht ist, während am stillen Nachthimmel die Sterne leuchten und dem Mond das Geleit geben in die Unendlichkeit. Oh, Sinn des Lebens, wo beginnst du? Tausend Melodien, die zum Klingen gebracht werden können, wenn Seele und Herz so ganz verbunden sind. Traumhafte Wirklichkeit oder wirkliches Träumen schüttet seinen Reichtum in das goldene Gefäß liebender Seelen und beschenkt es mit holder Phantasie, die sich unentwegt erneuert.

Der nächtlich dunkle Schleier wird allmählich in lichtes Dämmern verwandelt, bis sich im Osten das erste Nahen der aufgehenden Sonne zeigt und den samtenen Hauch in schimmerndes Blaurosa verzaubert, darinnen die Sterne der Nacht wunschlos versinken und dem Leuchten des Tages das Vorrecht lassen. Oh, Sommernacht, du Nacht der Liebe, du bist nun schlafen gegangen mit einem Märchen der Glückseligkeit, das sich in deinen Armen erfüllte. Rufzeichen. So ist es geschehen, was zu geschehen hatte: in etwa so, wie es zu erwarten war.

Leise muß man sein, der gute Bratfisch weiß es zwar, doch will man ihn nicht überstrapazieren, sein Gehör nicht an Verheimlichtes erinnern, räuspern, wenn bloß das Bett nicht knarren täte, wie es tut, das verdirbt den ganzen Spaß noch, Gelächter, um die Spannung zu lösen, die einkrampft – jeden für sich, daß die Wände auch so dünn sind. Was er wohl denken mag? Was tun? Psst! Er spricht im Schlaf, verdammt, das macht er oft, bloß nicht daran denken. Hingeben und Hingabe spielen, dann wird es schon. Na, wer sagt es denn, geht doch. Der Bratfisch schnarcht, der Gute, Gottseidank. Woran die Mary jetzt wohl denken mag? Sie jauchzt ein wenig, aber etwas klein. Dann war es also noch nicht soweit. Oder doch? Leise muß man sein. Hingeben und Hingabe spielen, dann wird es schon. Wie lange dauert das bloß? Jetzt ist es plötzlich leise, sind sie also fertig, denkt der Bratfisch, Gottseidank kann ich mich endlich in den Vorraum schleichen, die plötzlich volle Blase zu entleeren. So ist es oft, kommt eben vor, wenn es nicht soll. Wie er zurückkommt, hört man Stöße und Stöhner nur, lauter werdend, endlich ahhh. Ob sie ihm einen bläst, geblasen hat? Bratfisch weiß genau noch, wie das geht. Oder denken die, er sei blöd? Vielleicht.

An der Wange kratzt sein Bart, reibt Bürsten gegen Aprikosen, tief hineingebeugt wirbelt er über das, was von mir am Rücken liegt, stülpt seine Lippen gegen meinen Hals. Ins Ohr flüstert er: »Mary, Süße du« und ist in Gedanken schon ganz woanders, tauchen seine Hände ab, greifen die übrigen, die müssen mir gehören, und schleichen sich daran entlang, bis sie zum Liegen kommen auf meinen beiden Leuten, am Nippel ziehen, daran bimmeln.

Was er wohl denken mag? Wie habe ich ihn gern. Sind klein, meine Duttln, so bretterflach, daß es ihn sicher sehr enttäuscht. »Mary, Süße du«, flüstert er mir ins Ohr und »Ich liebe dich!« und knöpft an meinem Georgettegewand, ich habe ihn wirklich gern, ich helfe ihm.

Langsam, will ich sagen, laß dir Zeit, liegt seine Zunge mir im Mund, der nackte Oberkörper über mir, an der Wange kratzt sein Bart. Ein Knie hat sich zwischen meine Schenkel gemogelt und reibt daran und glaubt, das mache mich geil – dabei bin ich das doch schon.

Und während er die Zunge parkt in meinem Mund, Schenkel reibt das Knie, krampft sich rückwärts eine Hand, rollt Zehen aus den Stutzen. Wenn ihn das bloß nicht verkrampft. Eine Hand zieht am Nippel, bimmelt daran, die dazugehörige stiehlt sich über meine Brüstung, reibt am Nylon, der Verpackung meiner Schenkel, flüstert: »Mary, Süße du« und flutscht hinein ins krause Löckchen, massiert den Hügel und die Keulenkanten, flüstert »Mary, süße Venus du. Ich liebe dich« und stellt erleichtert fest: Sie ist schon feucht, Gottseidank.

An der Wange kratzt sein Bart, reibt Bürsten gegen Aprikosen, wirbelt als Finger an meiner Person, daß mir Dusche einfällt und daß er das kann. Langsam, will ich sagen, laß dir Zeit, seine Zunge parkt mir im Mund. Schon stöhne ich beinahe, kralle ein, da wird meine Person allein gelassen, fährt die Zunge fort und richtet sich Hineingebeugtes auf. Er hilft mir aus dem Nylon, aus dem Häuschen, ich helfe ihm dabei und hebe mein Gesäß, und schwupp klebt sein Gesicht darin und zuzelt meinen Saft, hievt mir den Hintern in die Höhe, die Beine auf die Schultern gelegt. Ob ihm das schmeckt? Ganz gehörig, wie es schmatzt, wie angenehm das kitzelt.

Jetzt dreht er sich, kommt auf mir zu liegen, gibt mir einen Stups, daß ich auf seinem Gesicht sitze, diesen

Augenblick im Mund spüre. Ganz gehörig, wie es schmatzt, wie angenehm das kitzelt, schmeckt es ein wenig nach Arsch, nach Austern irgendwie, nach Zungenkrampf. Auf der Wange kratzt die Scham, reibt Bürsten gegen Aprikosen, wirbeln Lappen um die Zunge, daß mir Schlecken einfällt und daß sie das kann. Dann steigt sie runter, dreht sich und zieht, daß ich vor ihr knie, ihr Gesicht in meinen Händen fühle und es schüttle als Melone, sie den little Buddha wie ein Bonbon weglutscht, ich kommen könnte und schließlich zu dem Gedanken, daß die Vereinigung uns doch ein Stückchen näherbringt.

Die verfrühte, unkontrollierbare Ejakulation, oder Ejaculatio praecox, ist die häufigste aller sexuellen Schwächen. Ungefähr zwanzig Prozent aller Männer leiden an einem mehr oder weniger ausgeprägten Mangel an Kontrolle. Der normale Geschlechtsverkehr dauert mindestens zwei Minuten, das heißt, vom Einführen des Gliedes, bei ununterbrochenen Gleit- und Stoßbewegungen, bis zur Ejakulation. Aha. Die Durchschnittszeit liegt zwischen drei und dreißig Minuten. Eine Ejakulation in weniger als zwei Minuten muß als verfrüht bezeichnet werden, muß, das heißt, ist eine Ejaculatio praecox, während in extremen Fällen, wo es überhaupt kaum zur Gliedeinführung kommt, man von Ejaculatio praecoxissima sprechen muß. Ahso.
Der vorzeitige Samenerguß ist das Zeichen eines überreizten Organismus und eines unvollkommenen Orgasmus. Die Entladung des Nervensystems und das begleitende psychische Glücksgefühl variieren in ihrer Intensität von einem zum anderen Orgasmus. Sie können den Mann restlos und durchdringend befriedigen oder ihn nur teilweise entspannt und halbglücklich lassen. Die resultierende physische und psychische Enttäuschung erstreckt sich in nicht minderem, doppeldeutigem Maße auf die Frau. Ihre Liebesgefühle sind erregt und in Wartestellung. Sie mag wohl durch andere Liebkosungen zur Klimax ge-

bracht worden sein, aber wonach sie sich wirklich sehnt, ist nicht sein noch so erfahrener Finger. Es ist, wonach sie sich wirklich sehnt, das Sichvereinigen mit dem kleinen Buddha und das Insichbewahren seines Speichelmuses.

– Bist du glücklich?
    – Es geht. Bratfisch jault. Der träumt.
    – Wir sollten ihn behalten.
    – Beim Hund geht es um unbedingte Liebe und Abhängigkeit.
    – Wie geht der Spruch?
    – Wir sollten ihn behalten. Du, diese kritiklose Abhängigkeit und Treue, auch wenn es ihnen schlechtgeht, sie in den Arsch getreten werden und gehauen, sogar die bösesten Menschen werden freundlich. Das geht nicht. Ich meine, nicht umsonst hatte der Hitler zwei Schäferhunde, hat sie geliebt. Geht es dir gut? Ich glaube, ohne Führung kann ein Hund nicht leben, geht ein. Menschen auch. Aber der Hund macht eine Konjunktion in eine andere Körperzeit. Impuls. Dein Körper hat einen bestimmten Rhythmus, aber wenn du einen Hund streichelst, bist du in einer anderen Empfindsamkeit, Nebensatz, da geht es um Streicheln und Pipimachen und um Essen und nichts mehr. So weit geht das. Wir sollten Bratfisch behalten.
    – Soweit kommt es noch, mir geht es um Erkenntnis.
    – Aber Rudi, geh. Die Menschen streicheln und können lachen. Die Hunde machen keine Differenz, durch ihre Niedlichkeit wird jeder lieb, verfügbare Zärtlichkeit, abrufbare, das ist das Wort für mich, abrufbare Liebe.
    – Bist du glücklich?
    – Bis aufs Fell, das ist das einzige, was uns ad hoc noch bindet, Haare sind der Rest, der uns vom Tier noch bleibt. Wir sollten ihn behalten. Wenn man streichelt, wird man Tier, da geht es dir genauso. Das ist unser reptilisches Gehirn.
    – Reptilisches Gehirn? Was ist das, Mary?

226

– Es gibt ja verschiedene Stockwerke im Hirn, erst das reptilische, dann kommt das nächste, das geflügelte, da hat es schon mehr Aussicht, und so weiter bis zum Säugetier, finde ich aufschlußreich, weil wir ohnehin so eine Reviergesellschaft sind mit Eingezäuntheit, Verteidigung und Angst. Im Moment fühle ich mich auch mit Bratfisch identifiziert. Da mache ich Pipi, da fresse ich, da möchte ich mein Herrchen, der mich streichelt, und ich möchte ihn abschlecken und im Bett mit ihm schlafen. Bussi. Geht's dir gut? Ich meine, im Haus gibt es auch Lieblingsplätze. Bratfisch setzt sich just, wo ich gesessen bin. Das ist vielleicht auch der Geruch.

– Ja, aber Geruch ist Gelebtes.

– Aber arg ist die Larisch, wenn sie zuviel hat, getrunken meine ich, dann beginnt sie, den Bratfisch zu streicheln, streicheln, streicheln. Das ist ihre Art von Zärtlichkeit. Ein Loch. Es kommt ja auch etwas zurück. Entweder lehnt der Hund ab, daß du ihn streichelst, oder nicht.

– Nicht dein Hund, nicht wenn du sein Herrchen bist.

– Bratfisch schon.

– Nicht, wenn du rufst. Auch das ist mannigfach: Bratfisch komm, na komm, oder da gehst her, hier! Fuß! Das ist Abrufbarkeit von Liebe, Mini-Sklaventum. Der Zaun nach außen, und das Streicheln ist nach innen. Weil jeder Hund sich traut, hinter einem Zaun zu bellen, kann ja nichts passieren. Nach der Schrift gesprochen, ist das nicht auch ein Zaun? Die Freiheit, in einem Gefängnis zwei Bauklötze zu haben oder wie wild herumzureisen, ist das gleiche.

– Meinst du das ernst?

– Nimm die Larisch, wenn sie den Bratfisch streichelt, jede Hand macht trrllt, trrllt, da ist so viel Intention, so viel Instinkt. Das ist witzig, das ist wie eine Hund-namens-Beethoven-Hollywood-Perspektive. Sie sind ja witzig, die Tiere. Durch ihre andere Körperlichkeit verfremden sie alles. Und das finden wir urkomisch. Vor allen Dingen liebe ich, das ist die vollste Hingabe, wenn mir Bratfisch mit offenem Maul an die Gurgel geht und nicht zudrückt, das ist instinktiv, und er beißt dich, um dich zu haben, am Hals oder an der Schlagader, aber das macht er sehr selten, weil es ein Zeichen vollster Liebe ist. Da geht's dir gut. Es ist dann ganz normal, daß sie im Bett schlafen dürfen. Bratfisch darf das nicht, früher waren sie auch in der Hundehütte! Aber nicht die Fürstenhunde. Wenn dem wer nicht gefallen hat, ist er aus seinem Amt geflogen. Und das waren halt die, die im Bett schlafen durften. Die Bauern nicht oder die ganzen südlichen Völker, die malträtieren den Hund. Je ärmer das Land, um so schlechter geht's ihm. Je reicher, desto umgekehrt, und desto weniger Kinder gibt's. Oder Funktionshunde. Für die Blinden ist der Hund ja Gold. Riesen-Teddybär, so wie du, deshalb will ich ihn behalten. Ja, Rudi-Lulli, tust lachen statt wedeln. Ein Hundi will immer an das Herrchen schauen, pumpi pumpi. Warum hast du so viele Härchen? Bist du vielleicht überhaupt ein Nackthundi? Tust lachen statt wedeln. Düngst du mich? Machst pumpi pumpi mir? Nach der Schrift gesprochen, meine ich, düng mich doch, dring in mir ein und heiße mich, ich meine nach der Schrift gesprochen Umstandswort, nicht Kleid, pumpi pumpi mich, verantworte es doch, in Wörtern her und hin, nach der Schrift gesprochen, meine ich: nimm, nein, breche mich.

Zehn Minuten später:
   – So entspannt im Bett reden ist wirklich nahe am Glück.
   – Bin ich dein Millionenrad?
   – Ja. Gewonnen!
   – Bist du glücklich?
   – Sehr. Bratfisch jault.
   – Der träumt.
   – Wir sollten ihn behalten. Führst du mich Gassi? Die ganze Hundemanie. Der Hund verkörpert genau die Tiere, die mir gefallen: die Katze, der Bär, der Wolf – die stam-

men alle von diesem prähistorischen Tier ab, das ist ihr Neandertaler, ihr Homo sapiens, stell dir mal vor. Der Hund erweckt in uns den Affen. Wie die Leute über den Hund sprechen, die Hand über den Hund streicheln. Ich über deinen Rossini.

– Rossini war ein Musiker.

– Wahnsinnig schmackhaft. Bin ich nicht zum Fressen?

– Au!

– Hat das weh getan?

– Nein, gut. Du hast den Olivenkern gleich erwischt. Man muß sich vorstellen, daß dein Hirn wie ein Olivenkern ist. Das kleine ausgelutschte Ding. Die Oliven sind eh wie Menschen, haben die gleiche Konsistenz – und dieses Fleischi, nicht wahr, dann stößt man gleich an die Zähne der Olive. Ich habe die Definition von Zärtlichkeit: eine warme, gekochte Marille, Kompottmarille, die hat noch die Popschi-Form, und du machst mhm, das ganze Fleisch lauwarm und zärtlich, mhm machst du, weil es nicht scharf ist, nicht ultrasüß, mhm, es ist schön süß, fleischig und warm, und du machst mhm, das ist für mich die Definition von Zärtlichkeit. Sex ist mehr wie eine Olive, aber Marille ist süßliche Zärtlichkeit, die über alles geht, über zwei Erwachsene, über Erwachsene und Kinder, über bis zur Mütterlichkeit, diese weite Branche. Marille ist Streicheln oder Massage, man spürt's, wenn man Marillenknödel ißt, wenn noch das Häutchen darüber ist, die Härchen, und drinnen diese Konsistenz, süß und wäßrig, es gibt nichts Sinnlicheres. Auch ein Bauch ist Marille. Du bist Marille. Ja, ich bin eine warme Marille, nicht mal Tomate. Ein warmer Pfirsich, aber der zergeht nicht so im Mund. Eine große warme Marille.

– Und du?

– Vielleicht ein Karfiol?

– Nein, bist du nicht.

– Eine Avocado?

– Ja, schon eher, vielleicht bist du auch eine Banane im

Mund, mhm, wenn ich dir so von hinten in den Rücken beiße.

– Au!

– Avocado liegt näher, aber da bist du zu wenig süßlich. Nein, du bist großzügiger, du bist ... Zuckermelone? Genau, du bist eine Zuckermelone. Wenn ich dich anfasse, habe ich das Gefühl, da ist eine schöne Schicht zum Anfassen, aber drinnen ist ein Hohlraum voller Kerne, aber voll. Meine Zuckermelone, mhm. Und ich bin eine warme Marille mit einer Litschi-Frucht drinnen, wenn du reinbeißt, hat es noch eine kleine, die haben so Panzerungen, dann das Fleisch, und drinnen wieder ein Kern, der schnell ausspuckbar ist, oder schluckbar. Du hast dafür einen Avocadokern, der sich nicht bewegt. Er verpflanzt sich ja gerne.

– Ja?

– Noch nie eine Avocadopflanze gemacht? Die wachsen irrsinnig schnell. Zitronen werden auch Bäume. Ei, Rudi, alles wird Bäume. Ei, habe ich Blähungen. Ganze Wälder. Du, aber man riecht einen Furz in der Hitze weniger als bei Kälte, ich weiß nicht, warum.

– Ja klar, der eine expandiert sich sofort so fort, und der in der Kälte kann nicht weg, sich nicht verschmelzen, bleibt beisammen. Da sieht man, daß Leben nicht verdirbt, sich nur verändert.

ZÉ DO ROCK
Silvesta mit un pocco di fiesta

Die europäer brachten vilen teilen der welt die zivilisazion und die syfilisazion, aber die badekultur ham sie sicher nich mitgebracht. Abgeseen von den alten römern, leider ham die späteren europäer viles verlernt, was die römer gelernt.

Klar, inzwischen ham die meisten menschen häuser oder wonungen, in denen eine badewanne oder zumindest eine dusche stet. Stet eigentlich die dusche? Oder liegt sie? Ich weiss das nie im deutschen, in andren sprachen heisst es ›is eine dusche‹, aber im deutschen muss man spezifisch sein, die dusche muss ›sten‹ oder ›ligen‹, und die genauigkeit get meistens in die hose: dic deutschen verspäten sich vil mer als andre völker, weil sie exakt sein wollen und urzeiten angeben. Die Stadtwerke sagen ›der buss kommt um 15.30 ur‹. Brasilianische Stadtwerke würden nie so was sagen, weil sie wissen, das sie das nich einhalten könnten.

Die deutschen denken, sie könnten das einhalten. Und dann kann der farer es doch nich, genauso wenig wie ein brasilianischer bussfarer. So is das auch mit dem sten und ligen. Ein auto stet, obwol es eigentlich vil mer liegt, wenn es sich schon ein meter in der vertikalen und 4 bis 7 meter in der horizontale befindet.

So is die deutsche sprache, die gesprochen wird in einem land, wo heutzutage die merheit der häuser ein bad oder eine dusche ham. Leider bin ich schriftsteller und gehör nich zu diser merheit. Wobei ich betonen möchte, das ich unter den schriftstellern ein gut verdinender bin, ich kann immerhin davon leben, auch wenn eer schlecht als recht.

231

Egal, tatsache is, das nich wenige deutsche und andre europäer in der gegend, obwol die europäer ach so reich sind, keine bad- oder duschmöglichkeit ham, wärend in Brasilien sogar slumhütten duschen als grundausrüstung ham.

Damals, als ich etwas ärmer war als ich jetz bin, hatte ich immerhin eine bademöglichkeit, nur war sie eben am ende des ganges. Ein weg von ca. 5 metern trennte meine wonung von der badewanne. Und das badezimmer war nich geheizt. Das is in Brasilien auch nich anders, keine heizung, wenigstens keine künstliche, aber dort hat man immerhin die heizung, die mutter natur uns schenkt. Im süden Brasiliens, wo's im winter relativ kalt wird, gibt es weniger slumhütten, das nützt aber wenig. Auch die häuser der mittelschicht sind ser selten geheizt.

Wenn man schon eine bademöglichkeit hat, wird man sie vor der glorreichen silvestanacht schon mal benützen dürfen, oder? Also nix wie schnell durch den kalten gang und rein ins warme vergnügen, der spass am nachmittag vor dem spass am abend.

Meine wonung besteet aus eim zimmer und einer kochnische. Für ein menschen reicht es grade noch, aber ich hab grade besuch aus Berlin, ein typ der dann monate lang bleibt weil ihm meine wonung besser gefällt als seine. Das is so weil ich immerhin eine bademöglichkeit hab, wärend er in Berlin keine hat.

Ich lig da im warmen wasser und träum vom näxten jar, das rosig sein wird. Wenig aufträge, dafür vil geld. Dann vileicht mal ein par wochen auf den Seychellen, eine portion garnelen, mit salz und ein par tropfen zitronen, am strand gegrillt, eh, madame, encore une portion, sil vou plai! Mädels, soll ich für euch noch ein par mitbestellen? Natürlich sind die mädels in engen shorts.

Da ruft Christoph vom gang: Traudl, bis späääääääter. Und tu dich schön waschen, vor allem unten rum, weil des mögen wir Männer gar net, wenns aus der Muschi rausriecht!

Ja, so spricht er halt, kann ich nix für. Und er nennt mich Traudl, obwol ich ein mann bin und nich Traudl heiss. Naja, es macht ihm spass. Ich nenn ihn dann Mechthild.

Nachdem ich ausgeträumt hab (meine träume dauern nich mer so lange, und je mer ich einsee, wie wenig meine träume in erfüllung gen, desto weniger träum ich), muss alles ser schnell gen, vor dem erfrirungstod: schnell den nassen körper abtrocknen, in die unterhose hüpfen und ins warme zimmer rennen. Ich muss euch sagen, es is schon eine schwere enttäuschung, wenn man in eim kalten gang stet und eim klar wird, das der gast, sein eigener gast, die tür zugesperrt hat. Meine schlüssel hab ich leider in meiner hosentasche. Meine hosentasche, sowie die gesamte hose, ligen im zimmer. Die ausdrücke, die meim mund entkommen, passen nich in eine seriöse publikazion wie dise. Damit hätte warscheinlich sogar ein Playboy-redaktör schwirigkeiten.

Nachdem die puste aus is, muss überlegt werden. Krisenmanagement nennt man das heutzutage. Ja, da gibts nich vil. Zum nachbar gen, irgendwo muss ich mir was auslein zum drüberstülpen. Und ich brauch ein telefon. Ja, noch schöner: der mensch hat zwar ein handy, aber ich hab die nummer im computer, und der computer stet da drin. Der näxte nachbar is nich da. Der übernäxte auch nich. Da wirds jetz noch peinlicher, ich muss jetz den gang wexeln und die leute da drüben kenn ich kaum. In den andren etagen noch weniger. Aber manchmal is das so, das man ein unglück fürchtet, das eigentlich vil kleiner is, als das unglück, das uns tatsächlich ereilt. Wenn man das große unglück erlebt und überlebt, sent man sich nach dem kleinen unglück, das man gefürchtet hat. Es is nimand im haus. Im ganzen haus keine einzige sele, es is halt silvesta. Es sind immerhin 16 wonungen.

Natürlich, es wird eng. Wenn ich in disem gang bleib bis morgen, nur mit unterhose bekleidet, kann mich mein gast und freund (wobei ich das mit dem »freund« noch mal überlegen muss) an Langnese verkaufen. Ich muss auf die straße, es liegt sovil schnee auf der straße wie schon lange nich mer. Draussen kann ich nich um eine decke oder ein mantel betteln, die leute ham keine decken dabei und ire mäntel brauchen sie selber. Ich muss telefoniren, ein freund von mir hat ein schlüssel. Dafür brauch ich münzen. Die werd ich mir erbetteln müssen. Leider hab ich grade heute ein handtuch gehabt, die badetücher sind in der wäsche. So ein kleines handtuch is genug für ein halben minirock, also nur rechte oder linke seite.

Der hof is weiss, die straße is weiss, es schneit zu allem überfluss immer noch. Da kommt ein herr dick bemäntelt, er hat mich jetz geseen, es gab an seim gang eine plötzliche, fast unwarnembare stockung. Was soll er jetz machen? Die straße überqueren? Nein, das wär grade zu auffällig, vor allem fürt der gesteig gegenüber sozusagen ins lere, hat auch keine läden, es is einfach unlogisch das man von disem gesteig auf den gesteig gegenüber wexelt. Man hat ja jarelang trainiert: beim anblick von verrückten und perversen oder von irgendwelchen anderweitigen anormalitäten tut man immer so, als wär alles normal. Man hat doch schon so vil geseen, da kann ein mann in unterhosen im schnee ein auch nich mer beeindrucken.

Als ich ihn ansprech, weicht er etwas zurück, bereit zum springen und spurten, hoer adrenalinspigel. Ich brauch 30 pfennig fürs telefon, ich bin ausgesperrt! Nützt alles nix, er is schon wek, hat warscheinlich nur die 30 pfennig gehört, also den bettlern fällt nix mer ein, um das mitleid der mitmenschen zu erwecken. Hoffentlich holt er sich eine gescheite erkältung!

Bei der oma mach ich nur den mund auf, sie fängt an zu schimpfen. A echte unverschämtheit, ir glaubts ir kennts eich ois erlaum, i sogs eana, i ruaf de polizei, a frechheit is des. Die redet bis ich sie nich mer hören kann. Danach redet sie warscheinlich immer noch weiter.

Meine körpertemperatur is inzwischen auf 25 grad gesunken. Es is wirklich scheisskalt. Da vorn kommt eine türkin, mit kopftuch, oder so eine moslemerin, also wenigstens hat sie ein kopftuch und sit südländisch aus, von mir aus kann sie auch eine dunkle frirende deutsche sein. Liber von weitem ansprechen.

Ey ich muss telefoniren! Ich bin ausgesperrt worden! Ich muss telefoniren. Ich bin ausgesperrt worden!

Sie weiss nich ob ich wirklich sie gemeint hab, wärend ich sie anstarre. Als sie an mir vorbeikommt, widerhol ich den satz und frag ob sie 30 pfennig hat, sonst werd ich gleich erfriren. Obwol sie vil mer von meim ganzen körper sit als man normalerweise zu sen krigt, schaut sie mich nur ins gesicht. Sie kramt nach münzen, findet aber nur ein fünfmarkstück und ein zweimarkstück. Sie hat eine telefonkarte, blöderweise is das telefon da drüben ein münztelefon. Und wenn es ein kartentelefon wär, würde das auch nich vil nützen weil sie dann nur passende münzen hätte. Bevor ich erfrir, gibt sie mir die 2 mark. Ich renn zum telefon, aber wie's so is wenn mans braucht, er mag das zweimarkstück nich. So is das leben nich mer schön.

Der junge typ da drüben, der kann mir vileicht helfen, ich überquer wider die straße.

Ey ich muss telefoniren, ich bin ausgesperrt, kannst du mir 2 mark wexeln?

Nein, kann er nich, aber er hat 30 pfennig klein. Und die funkzioniren! Nur der freund is nich da, dafür sein anrufbeantworter, so werd ich wenigstens meine 30 pfennig los.

Jetz gibts nur noch Mechthild. Der hund, wie konnte er mich nur aussperren? Ich muss die auskunft anrufen, aber die 30 pfennig sind wek und die zwei mark mag das telefon nich. Inzwischen is meine körpertemperatur auf 12 grad gefallen. Ich muss wider wexeln und dann wider anrufen, aber in 5 minuten bin ich eine eisstatue.

Auf der andren straßenseite kommt keiner vorbei, auf meiner sowieso nich. Ja, schon wider eine alte oma, nur nich hinrennen, die kriegt noch ein herzcasperl. Also die straße so überqueren als wär alles normal und dann an der hauswand lenen. Alles ganz normal. Kein autofarer hupt hir. In Brasilien würde jeder hupen, einfach so. Halbnackter mann. Hupen.

Jetz is die oma nur noch ein par meter von mir, ich fang an laut zu reden, das gleiche nochmal, mit dem ausgesperrt sein. Oh, jetz kommt die polizei vorbei, die hat mich gar nich geseen. Doch, sie halten weiter vorn an, faren rükwärts. Gott sei dank, die müssen mir helfen. Ich hab nix zu verbergen, ausser der ganz gewönlichen spiessbürgerlichen kleinkriminalität, wie falschparken, ein bissi bei den steuern tricksen, usw. Sie steigen schon aus, ich ge liber hin, um zu zeigen, wie fro ich bin das sie da sind.

»Ja, Gott sei dank sind sie da! Ich kann alles erklären, aber kann ich ins auto rein? Mir is frisch!«

Ich se klar, das sie nich begeistert sind, inzwischen bin ich ja zimlich nass. Ein älterer polizist und eine junge polizistin sind das.

»Was is los?«

»Mein freund hat mich ausgesperrt. Mein badezimmer is im gang, und ich war in der badewanne, und mein freund is wekgegangen und hat die tür zugesperrt zu meiner wonung!«

»Ir freund …?«

Ja, was meint der jetz, meint er das so jemand kein freund sein kann oder – ach!

»Nein, ich bin nich schwul, ich bin kein perversling, ich kann nur nich in meine wonung rein! Lassen Sie mich bitte ins auto!«

»Können Sie sich ausweisen?«

Die macht der rutine is gewaltig.

»Mann, glauben Sie ich trag mein pass in der unterhose? Sen Sie, meine unterhose hat keine taschen! Scheisse, gell?«

Am schluss lassen die mich doch ins auto. Ah so schön warm. Sie fragen nach meim namen, adresse, rufen die zentrale an, nein, es liegt nix gegen mich vor. Das ich der Schlächter von Ingolstadt bin, kann ja keiner wissen. Sie wissen sichtlich nich so richtig was sie tun sollen, ich muss inen auf die beine helfen, inen klar machen, das ich ein hilfs- und kein ermittlungsbedürftiger bürger bin. Wobei jemand, dessen bad im gang is, höchstens als halber bürger gelten kann.

»Bitte, ham sie keine kleidung im revir, oder eine decke, irgendwas, glauben Sie mir, es is nich schön mit unterhose in disem schne ...«

Nach einer kurzen beratung beschliessen sie, ein schlüsseldienst zu rufen. Ich frag sie, ob sie mir nich davor ein handtuch und eine decke organisiren können. Ein schlüsseldienst kann ja eine stunde brauchen, bis er eintrifft. Bis dahin hab ich schon längst eine lungenentzündung. Ich zitter wie ein biber, oder besser gesagt, vil mer als ein biber, weil biber zittern eigentlich nich vil, die schwimmen in eisigem wasser und fülen sich pudelwol. Sie beschliessen, mich ins revir zu bringen. Kleidung ham sie natürlich keine, die sind ja keine butik, nur uniformen, die dürfen aber leute wie ich nich tragen.

Im revir sitzen ein par polizisten und ein etwas älteres eepar. Beide schweigen, die frau hat ein par dellen, offensichtlich wollte der typ mal wider zeigen, wer von beiden zu den herren der schöpfung gehört. Egal, es wird für mich ein badetuch und eine decke organisirt. Die beamten lächeln alle, der eine komentiert so en passant, »bissl frisch für die jareszeit, gell ...« Set ir, nich so schlimm, die polizei, wie ir ruf. Es is eine große freude, wider trocken und in eine decke gewickelt zu sein.

Ich erkläre inen, das ich die handynummer von meim gast brauch. Der beamte telefoniert ein bissl rum, die nummer is nich rauszukrigen. Warscheinlich hat Mechthild sein handy auf ein andren namen. Bei dem andren freund is immer noch keiner da. Das wird ein origineller silvestaabend! Also bleibt doch nix anders übrig als den schlüsseldienst anzurufen. Ein schlosser verdient pro stunde sicher besser als ein ministerpräsident. Der polizist erklärt dem schlüsseldienst, das ich erst in 10 minuten da sein werd. Jetz kommt die polizistin von vorher von eim andren raum und verabschidet sich. »Mein« beamter fragt sie, wenn sie schon in meiner richtung wont, ob sie mich nich schnell noch bei mir deponiren kann. Ich bin immerhin etwas weniger nackt als vorher. Ja ja, kann sie …

Als wir wekgegangen sind, ruft noch ein polizist hinterher, »bleib sauber!«, aber ich weiss nich ob er mich oder sie meint.

Die polizistin schaut eigentlich ganz nett aus. Etwas kompakt, irgendwie apetitlich. Wenn sie ein hund wär, würd ich sie sofort anfassen und streicheln, aber sie is kein hund sondern eine polizistin. Da is man vorsichtiger. Und sie get auch so grade, wie polizisten so gen. Würde man auch nich so richtig ernst nemen, wenn sie wie eine italienische sexbombe gen würde. Um das eis zu brechen, fängt sie an.

»Ja, blöd gelaufen, gell.«

Ich möchte was geistreiches dazu sagen, aber es fällt mir partu nix ein.

»Ja, blöd gelaufen …«

Naja, wenn es was geistreiches wär, hätt sie mich warscheinlich nich verstanden, sie is ja eine polizistin – nur ein scherz … Ich könnte sie fragen, wieso sie als frau zur polizistin geworden is, statt eine kariere anzustreben, die besser zu einer dame passt, wie sekretärin oder krankenschwester. Aber in meiner lage brauch ich eer freunde als feinde.

»Vil los heute, oder?«

»Ja, ein bisschen mer als sonst. Später wirds natürlich mer. Aber Gott sei dank hab ich feierabend.«

»Und, gest feiern, oder? Wo feierst du?«

O je, ich hab sie geduzt. Get ja nich, man kann dafür bestraft werden. Verstee ich nich so richtig: die definition von du is »anrede für verwandte, freunde, kinder, tire und ge-

genstände«. Das wir keine verwandte sind, liegt ja klar auf der hand. Sie is klein, ich bin groß. Das ich damit nich meine, das sie ein kind, ein tir oder ein gegenstand is, sollte auch klar sein. Also hab ich ein polizeimenschen ein freund genannt. Die polizei nennt sich mein freund und helfer, wenn ich aber das angebot anneem und sie als freund se, werd ich bestraft.

»Ich ge zu einer parti von freunden. Später schaun wir uns das feuerwerk von der Hochstraße an. Und was machen Sie?«

OK, sie hat mich nur zurechtgewisen. Immerhin keine geldstrafe. Oder is das ein fall für die Justizvollzugsanstalt? Freunde hat sie auch, nich nur die allgemeine bevölkerung, sondern auch private freunde, da schau her.

»Ich mach dasselbe. Ich ge zu einer parti von freunden, und dann um 12 schaun wir uns das feuerwerk von der Hochstraße an.«

»Echt?«

»Ja, vileicht sind es die gleichen freunde, oder? Wie heissen Ire gastgeber?«

»Is nur einer, er heisst Peter.«

»Ja, meiner heisst auch Peter! Was für ein nachname? Beckmann?«

»Nein, Krause.«

»Naja, immerhin auch Peter ...«

Eine pause entsteet. Ja was könnt ich sie noch fragen? One irgendwie was falsches zu sagen?

»Und wie is so das leben von eim polizisten?«

»Meistens ser langweilig. Oft is es nur papirkram ...«

»Und Sie hätten liber mer äkshen?«

»Nich unbedingt. Aber vileicht weniger papirkram.«

Weniger papirkram und mer schweinskram, wollt ich noch sagen, aber das is eine polizistin. Also ich riskir doch eine frage, die ir geschlecht mit irem beruf zusammenbringt.

»Hat man als polizistin mer probleme wie als polizist?«

»Mer probleme.«

Da denkt man, das da noch was kommt, kommt aber nix. Mer probleme. Das hab ich doch schon gewusst, ich wollte etwas detaillierter wissen, intimer, direkt vom fachmann. Fachfrau, in dem fall. Und dann hör ich eine plastiktüte hinter mir, dre mich um, am boden purzelt ein weisser sack.

»Is das salz oder koks?«

Sie schaut nach hinten.

»Ach die idioten! Die ham ein vergessen!«

»Was?«

»Also! Unglaublich!«

»Ja was denn?«

»Die ham eine tüte vergessen! Das waren 10, und die eine hams da ligen gelassen! Das is beweismaterial! Das is koks!«

»Naja, auf die eine tüte wird es nich mer drauf ankommen, oder?«

»Na, ich far jetz nich zurück! Wenn die so deppert sind, das sie ein beweisstück im auto vergessen!«

»Sie hams nich geseen! Ich auch nich ...«

Ah, jetz lächelt sie! Da öffnen sich ganz neue perspektiven! Obwol, so wie ich da sitz, mit einer unterhose bekleidet und mit einer decke umwickelt, geb ich keine wirklich gute figur ab.

PRRRASCHMPF!

Das andre auto hat einfach nich angehalten. Das heisst, ich hatte den eindruck, sie versuchte es mit allen kräften, aber die bremsen funktionierten nich. Oder was heisst das schon wider, die bremsen funktionierten eigentlich perfekt, aber der boden funktionierte nich. Die technik der natur steckt noch in den kinderschuen, im gegensatz zur technik der menschen, die nich einwandfrei aber doch einigermaßen das tut, was man von ir erwartet, ausser natürlich es handelt sich um ein Microsoft-produkt.

Unsere schüssel hat schon ganz schön geschaukelt, und jetz is eine staubwolke im auto entstanden. Komisch, sovil staub im winter. Lauter weisser staub. Nein! Es wird doch nich …? Die polizistin steigt aus.

Die farerin des andren autos is blutjung, also wie dise mädels von den schwedischen internaten, die man immer in disen berümten didaktischen streifen sit. Die farerin is relativ unterwürfig, ein unfall mit eim polizeiauto is immer unangeneem, man weiss immer das man im unrecht war, und wenn nich, dann wird es der polizist so aufschreiben. Schuld war in disem fall Gott, weil er disen ganzen schne runtergeschikt hat. Und wenn es kein Gott gibt, muss man anzeige gegen unbekannten erstatten.

Ja, und im auto is immer noch der ganze staub. Ich hab den eindruck, die polizistin macht es für sich schöner als es schon war, weil ich den eindruck hab, das sich jetz die andre farerin etwas eschofiert. Nun diskutir nich so rum, mädel, ich will nach hause, ich hab grade nich die passende kleidung für die jareszeit. Die polizistin is auch ser eschofiert, weil die farerin es wagt, mit ir eschofiert zu sein. O je, das wird noch eine längere geschichte. Die polizistin kommt ins auto und will ein par kolegen rufen, der scheissfunk get nich mer. Der schock hat warscheinlich die lebenssäfte der baterie durcheinander gebracht. Jetz diskutiren sie weiter, mein Gott, ich muss was tun. Ich steig aus, ge zu inen und mach meine decke auf,

»Sen Sie, meine damen, wollen sie das diser tolle körper erfriert? Das könnt ir mir nich antun!«

Natürlich is es kalt, aber liber eine erkältung als die pointe verschwenden. Die farerin meint warscheinlich, ich bin ein exibizionist oder gleich ein sex-maniac, das Monster von Gising, also auf alle fälle wirkt sie ein bisschen erschrocken.

Die polizistin lächelt erst und schickt mich dann zurück ins auto. Mei, was für tage sich die leute aussuchen, um auf einer straßenkreuzung zu diskutieren! Jetz bringt die polizi-

stin die farerin ins auto, dann steigt sie ein, versucht es
nochmal mit dem funk.

»Scheissfunk!«

»Sie tun so, als wär kein schne auf der straße!« blärrt die
andre von hinten. Die polizistin ignoriert sie vollends. Sie
schaut ins nix.

»Mann, so ein tag! Ach, ich bring Sie ins revir!«

»Nein, bitte nich. Nix revir. Ich will nach Hause! Ich
brauch ein heissen kafee! Vileicht noch ein schokoladen-
kuchen! Könnt ir auch mitessen!«

Die farerin is zuerst spitz: »Ham Sie 'n schokoladenku-
chen zuhause?«

»Aber logo! Für euch beide tu ich doch alles! Vorausge-
setzt, ir vertragt euch wider.«

»Aber *sie* meint ich hätt nich gebremst ...«

»Pssss! Wie gesagt: nur wenn ir euch wider vertragt. Wir
faren zu mir, trinken ein heissen und duftenden kafee und
ich servir euch ein schokokuchen, wirklich gut, hab ich selber gemacht, geheimrezept von meiner mutter, sie kochte
meistens brasilianisch aber immer wider war ein russischen
touch in it, weil ire vorfaren aus der russischen steppe kamen, warscheinlich is der kuchen ein geheimes schamanen-
rezept, schmeckt wie – schmeckt picco! Gell, was sagst du
dazu, meine süsse polizistin?«

Wärend ich das sage, massir ich ir schon die oberschenkel. Natürlich nich ofiziell. Ofiziell heisst es nur, von mir
aus könnten wir freunde sein. Gute freunde mein ich.

»Ja aber ich muss noch das protokoll schreiben und die
kollegen müssen kommen ...«

»Das regelt sich alles von alein. So is Deutschland ge-
baut, wenn ein teil nich richtig funktioniert, greift die kette
wider zu one das mangelnde glid. Es is ein land der 1001
möglichkeiten – wenn man sie erkennt!«

Sie lächelt mich an. Sie hat ire möglichkeiten erkannt ...
Natürlich hoff ich inbrünstig, das die konditorei um die
ecke offen hat, weil das mit dem selbstgebackenen kuchen,

das is eine lüge, ich hab kein krümmel kuchen zuhause, aber das kann ich denen beichten wenn wir schon praktisch da sind, wenn ich sie überzeugt hab. Jetz is noch eine entscheidungsfase, da muss man dise ungünstigen detais nich sofort auf dem tisch ausbreiten. Also ich leg noch eins drauf.

»Also mädels: ir entscheidet: schoko oder leiden?«

»Schoko!«

Hab ich mir grade gedacht, das die farerin da einsteigt. Aber das dann die polizistin »Schoko« sagt, wundert mich schon. Und dass sie dann losfärt, das wundert mich noch mer.

»Wo ham Sie nochmal gewont?«

Das wird sie den job kosten, aber es war wirklich für eine gute sache. Ein schokokuchen, kremig bis ins innerste. Wollen wir hoffen. Die frau färt ein bisschen komisch, bisschen grader wär nich schlecht. Ich mein, da sind ja überall autos.

Kurz davor muss ich inen beichten.

»Mädels, ich muss euch was beichten … versprecht ir das ir mir nich böse seid?«

»Wie würden wir es wagen, dir böse zu sein?« fragt die polizistin.

»Sag uns! Was für grossartige untugenden wolltest du uns verbergen?«

Also ich merk, das dise luft ire spuren hinterlässt. Dise fraun würden in eim normalen zustand so was nich einmal denken, geschweige denn aussprechen. Ach was, ich lass es drauf ankommen. Vileicht is der schlosser schon wider gegangen. Dann können wir sowieso nich rein, und dann muss ich mich nich blamiren. Ja, aber ich muss irgendwann – egal, ich muss jetz was sagen, die warten auf meine beichte.

»Ich bin kein mann der sich für jede frau interessiert. Ich bin eigentlich extrem selektiv. Aber von euch beiden bin ich wirklich angetan!«

Ich hätte noch zufügen können, das die fraun ebenso selektiv sind, was mich betrifft, ich werd immer wekselektiert, aber das is keine stunde für antiselbstpropaganda. Und mit dem schlosser, es kommt wie es kommen musste, der schlosser war schon da und hat ein zettel hinterlassen. Die polizistin will ihn vom telefon anrufen, aber ich sag ir, das is alles nich nötig.

»Nein, wir machen das ganz anders: wir kaufen ein schokokuchen in der konditorei um die ecke – is nich so gut wie meiner, aber auch nich schlecht, wirklich nich, und dann faren wir zu dir oder zu dir, wer von euch wont näer? Wo wonst du?«

Die farerin sagt, sie wont nich weit, aber sie hat ein mann und ein kind zuhause.

»Kommt nich in frage. Und du, wo wonst du?«

»Bei der Säbener Straße.«

Die blutjunge farerin hat mann und kind. Na so was, egal, sie schaut gut aus, hat etwas mer drauf als die polizistin, ich mein fleischmäßig.

»Und du wonst mit nimandem, oder wie?«

»Ich won alein.«

Da kann nix mer passiren. Jetz sind meine qualitäten gefragt, ich mein, mit disen 2 fraun, da muss mann schon was leisten, die konditorei muss auf ham, die torte muss die richtige kremigkeit ham.

»Schau dir das an, die ham auf!«

Ja, und sie ham eine schöne schokotorte, sie is so leicht wabbelig an der oberfläche, wie's sein muss, dennoch weiss man, das das innere fleisch fest is, so richtig schön zum packen.

»Mädels, ir müsst es zalen. Ir wisst ja, ich bin nich solvent momentan ...«

Bei ir angekommen, zi ich ein bademantel an und sie zin sich aus, die wonung is gut geheizt. Dann machen wir uns an die torte. Die polizistin hatte ein messer im bademantel, man weiss ja nie, und ich kann das werkzeug im weichen fleisch begraben. Die farerin komentiert lasziv:

»Hmmmm …«

»Hmmmm …«, echot die polizistin.

Das schaut geschriben gleich aus, aber sie war vil lauter als die farerin. In den pornoheften sagen die mädels immer ganze, korekt gramatikalische sätze, aber nur weil sie dazu gezwungen sind. Natürlich zeugen die sätze inhaltlich nich von großer inteligenz, und das is auch kein problem, weil nich der inteligente teil des hirns angesprochen werden soll. Wenn man keine kammera dabei hat, is alles nur grunzeln und murmeln, da kommt der steinzeitmensch wider ganz raus. Der steinzeithirnteil wusste, er kann alein nich in diser feindlichen welt reüssiren, da hat er sich das vordere logikzentrum geschaffen, trotzdem sollten wir uns im klaren sein, das der neue smartangezogene teil nur arbeitet, um dem alten hölenmensch zu dinen. Aber wir wollen uns nich in antropologie vertifen, sondern ins dunkle, warme, kremige fleisch.

Es wird allseits geschleckt, das sich die sinne vernebeln. Es saftet überall, die biologie in irer einfachsten und genialsten form. Dazwischen knabber ich an den härteren stellen, was die luststeigerung fördert. Man entdeckt immer neues, da gibt es rosinen von denen man nich geträumt hat. Rosinen, erdberen, äpfel, goldene melonen, der bäcker hat sich wirklich ins zeug gelegt.

Die mädels seufzen nur noch, eine wonne. Mir wird warm ums herz und heiss um die lende. Im rausch der sinne entledige ich mich aller accessoires, jetz gets aufs ganze, es wird nur noch mit händen und mundwerk gearbeitet.

»Komm, nackter held, gib uns deine milch!«

Ganz schön heiss dise polizistin.

»Aber sie is noch nich ganz heiss!«

Ich hab noch vor kurzem geprüft.

»Wir können nich länger warten!«

Na gut, ich geb sie inen, wenn sie wollen. Ich selber trink schwarz mit zucker. Die farerin findet, jetz is es zeit zu reiten. Reiten auf den wellen der lust. Die aromas und gerüche vermischen sich alle, wer hätte vor einer stunde geglaubt, das sich die wonung einer jungen polizistin in ein garten der lüste verwandelt? Inzwischen stocher ich wie wild mit dem werkzeug, der kuchen gibt nach, es is ein hartes werkzeug, alles kracht auseinander, alles explodiert, zwölf ur leute, schreie flitzen durch die luft, let it go, es is ein selisches aufgeben, und eine vereinigung im Nirwana.

Die zwei mädels, ich und die torte.

Wir erreichten den höepunkt, als die milch spritzte: die kanne war im caos umgekippt. Auch körperlich bliben wir zusammen, unter einer decke, ausgelaugt von diser kulinarischen extase, die mädels mit mir und die torte in uns.

Das war meine schönste schoko-vereinigung. Die torte war ganz wek.

Am näxten morgen wachte ich auf, als die polizistin ire nackten beine um mein hals gelegt hat. Da bin ich völlig errötet. Sie wird doch wol nich an sex gedacht ham? Man weiss ja nie, bei disen blutjungen polizistinen! Sie lesen ja womöglich Coupé, Praline oder eine diser bekannten zeitschriften, die eim den weg in die zukunft weisen.

Ein par tage später hab ich erfaren, das die polizistin vom dienst suspendiert wurde, wegen unerfüllter aufgabe. Dabei hat sie sich wirklich voll aufgegeben. Beide mädels wurden zusätzlich wegen farerflucht angezeigt, konnten aber geltend machen, das sie unter vollrausch standen, wenn von sten noch die rede sein konnte. Die farerin is eine woche später bei mir eingezogen, unter der prämisse, das ich mindestens 3 mal pro woche schokotorte kauf. Sie is frisösin und heisst Katja F. Das war vor 2 jaren. Vor 4 tagen zog auch der bua dazu, jetz muss ich zusätzlich immer ein nusszopf kaufen. Der gast, der mich ausgesperrt hatte, wont immer noch da und jetz is sein freund Mathilde ebenfalls eingezogen. Beide essen nur Baunti.

Die Autoren

Philip William Adam, 1962 als Sohn eines deutschen Botschafters und einer Engländerin in London geboren, wuchs unter anderem in Singapur, Mexiko City und Paris auf. Sein Kunststudium in Lausanne finanzierte er mit Modeljobs für Versace, Calvin Klein, Dolce & Gabbana. Nach Abschluß des Studiums arbeitete er in einem Atelier für Körpermalerei in Hollywood. Heute lebt er mit seiner Frau und seiner zweijährigen Tochter in seinem Elternhaus auf Norderney. Seine erste Kurzgeschichte »Wanderjahre« wurde beim Festival der Jung-Autoren in Timbuktu mit dem ersten Preis ausgezeichnet.

Jürgen Alberts, 1946 geboren, studierte Germanistik, Politik, Geschichte und lebt als freier Schriftsteller in Bremen. Seit 1969 zahlreiche Romane, darunter Krimis, für die er unter anderem mit dem Glauser, dem Deutschen Krimi-Preis und dem »Marlowe« der Raymond-Chandler-Gesellschaft ausgezeichnet wurde. Außerdem organisiert er das Bremer Krimifestival »Prime Time Crime Time« und hat Lehraufträge für Creative writing im In- und Ausland. www.juergen-alberts.de

Arthur Amminger, 1965 geboren, hat eine Lehre als Fotograf gemacht, danach Philosophie und Musik studiert. Er lebt in Hamburg und arbeitet als Journalist und Drehbuchautor. Er schreibt gerade an seinem ersten erotischen Roman.

Fred Breinersdorfer, 1946 geboren, studierte Jura und Soziologie. Nach langer Doppelexistenz als Anwalt und Schriftsteller ist er ganz ins schreibende Fach übergewechselt. Er ist jedoch seinem Metier treu geblieben mit den Romanen und später Fernsehdrehbüchern mit Anwalt Jean Abel. Inzwischen sind fünfzig Filme nach seinen Drehbüchern, auch zur Tatort-Serie und anderen Filmen, entstanden. Außerdem amtiert er seit 1997 als Vorsitzender des Verbandes Deutscher Schriftsteller (VS) und ist Mitglied des P. E. N. www.breinersdorfer.com

Franzobel, 1967 in Vöcklabruck/Oberösterreich geboren, arbeitete bis 1991 als bildender Künstler mit gelegentlichen Ausstellungen. Dann schrieb er Romane, Satiren und Theaterstücke, zuletzt den Roman »Scala Santa oder Josefine Wurznbachers Höhepunkt« und das Theaterstück »Mayerling«. Er wurde mehrfach ausgezeichnet, darunter 1995 mit dem Ingeborg-Bachmann-Preis und 1998 mit dem Kasseler Literaturpreis für grotesken Humor. Er lebt in Wien.

Frank Goosen, 1966 im Ruhrpott geboren, studierte Geschichte, Germanistik und Politik, begann mit Jochen Malmsheimer 1992 das Kneipen-Literaturkabarett »Tresenlesen«, das mehrfach ausgezeichnet wurde und bis 2000 existierte. Seit 1995 arbeitete er an einem Bochumer Theater und entwickelte sein erstes Soloprogramm »Always kill your Darlings«. 2000 erschien sein erster Roman, »Liegen lernen«, der über Nacht zum Bestseller wurde. www.frank-goosen.de

Paulo Graziotti, 1969 geboren, verbrachte die ersten Lebensjahre in Rom mit seiner Mutter, der venezianischen Bildhauerin Chiara Graziotti, und wuchs dann in Deutschland bei seinem Vater auf. Er studierte Musik und lebt heute als Komponist und Schriftsteller in München.

Radek Knapp, 1964 in Warschau geboren, lebt seit 1976 in Wien, wo er Philosophie studierte und sich als Tennislehrer, Saunaaufgießer und Würstchenverkäufer über Wasser hielt. Sein Erzählband »Franio« wurde 1994 mit dem Aspekte-Literaturpreis ausgezeichnet. Zuletzt veröffentlichte er den Roman »Herrn Kukas Empfehlungen«.

Michael Köhlmeier, 1949 geboren, wuchs in Hohenems/ Vorarlberg auf, wo er auch heute lebt. Für sein Werk wurde er unter anderem mit dem Manès-Sperber-Preis, dem Anton-Wildgans-Preis und dem Grimmelshausen-Preis ausgezeichnet. Zuletzt veröffentlichte der österreichische Bestsellerautor den Roman »Geh mit mir«, zwei Bände »Geschichten von der Bibel« und die neu erzählte Passionsgeschichte »Der Menschensohn«.

Michael Lösch, 1953 in Mortesdorf/Rumänien geboren, siedelte 1973 nach Deutschland über. Studium der Germanistik, Anglistik, Geschichte und Politologie. Er arbeitete bis 1991 als Lehrer und machte anschließend Karriere als DJ in München und Frankfurt, dann bei einem privaten Rundfunksender. Seit 1997 legt er nur bei geschlossenen Veranstaltungen auf. Er veröffentlichte zwei Bücher über Goethe; demnächst wird sein erster Roman erscheinen. www.michael-loesch.de

Hans Michaelsen, 1952 in Bremen geboren, studierte Psychologie und Philosophie, promovierte und ging Mitte der achtziger Jahre nach New York, wo er als Suchttherapeut arbeitete. Heute ist er Lektor und Übersetzer und lebt in Frankfurt am Main. In seiner Freizeit schreibt er Kurzgeschichten.

Sky Nonhoff, 1962 geboren, lebt als freier Schriftsteller in München und St. Davis, Wales. 1998 erschien sein Erzählungsband »Boy Meets Girl«.

Erstveröffentlichung in: Kennst du das Land, wo die Zitronen blühen? Balkongeschichten. Herausgegeben von Linda Walz. Kabel: München 2000.

Urs Richle, 1965 in Wattwil/Schweiz geboren. Schulbesuch und Lehrerseminar in Wattwil. 1989 bis 1992 Studium der Philosophie und Soziologie in Berlin. 1993 Abbruch des Studiums und Umzug nach Genf, wo er seither lebt und arbeitet. Er ist verheiratet und hat zwei Kinder. www.ursrichle.ch

Axel Schock, 1965 geboren, lebt und arbeitet in Berlin und Braunschweig als Autor und Kulturjournalist zu den Schwerpunkten Film, Kleinkunst und Literatur. Er veröffentlichte bisher rund ein Dutzend Bücher, zuletzt »Out! 600 berühmte Lesben, Schwule & Bisexuelle« und »Die Cazzo-Story« über schwule Pornografie in Deutschland.

Hermann Schulz, 1938 in Nkalinzi (Matiazo/Tansania) als Sohn eines deutschen Missionars geboren. Er lebt seit 1960 in Wuppertal und leitete von 1967 bis 2001 den Peter Hammer Verlag. Reisen führten ihn in mehr als sechzig Länder, vor allem in Afrika und Lateinamerika. Er veröffentlichte die Romane »Auf dem Strom«, »Iskender«, »Sonnennebel« und Kinderbücher. Er erhielt zahlreiche Auszeichnungen für sein verlegerisches und schriftstellerisches Werk.

Christoph Spielberg, 1947 in Berlin geboren, ist Facharzt für Innere Medizin und Herzspezialist. Er war lange Jahre Oberarzt in einem Berliner Klinikum, dann niedergelassener Kardiologe in Potsdam. Er ist heute freiberuflich als Arzt und Privatdozent tätig und lebt abwechselnd in Berlin und in den USA. Nach Fernsehdrehbüchern erschien 2001 sein erster Kriminalroman, »Die russische Spende«, er wird fürs Fernsehen verfilmt.

Burkhard Spinnen, 1956 geboren, lebt als Schriftsteller in Münster und wurde bekannt mit den Erzählungsbänden »Dicker Mann im Meer«, »Kalte Ente«, dem Roman »Langer Samstag« und dem großen Jugendbuch-Erfolg »Belgische Riesen«. Er ist unter anderem Jury-Mitglied des Ingeborg-Bachmann-Preises.

Erstveröffentlichung in »Mein heimliches Auge. Das Jahrbuch der Erotik«, Band 14, herausgegeben von Claudia Gehrke und Uve Schmidt, Tübingen 1999.

Henning Venske, 1939 geboren, veröffentlichte neben seiner Arbeit bei Theater, Rundfunk und Fernsehen satirische Bücher und Kinderbücher. Anfang der achtziger Jahre war er Chefredakteur von »Pardon«, von 1984 bis 1993 Mitglied und Hauptautor der »Münchner Lach- und Schießgesellschaft«. Er lebt heute als Schauspieler, Regisseur, Journalist und Autor in Hamburg. Zuletzt erschienen von ihm »Gerhard Schröders geheimes Tagebuch« und »Briefe aus dem Regierungslager«.

Lutz Walther, 1961 in Heilbronn geboren, promovierte an der Universität Mainz in den Fächern Amerikanistik, Hispanistik, Pädagogik/Philosophie. Nach langjährigem Aufenthalt in den USA lebt er seit 2000 als freier Publizist und Übersetzer in Köln.

Klaus Wienert, 1947 in Berlin geboren, studierte Musikwissenschaft und Publizistik in Berlin, machte ein Zeitungsvolontariat und sich anschließend selbständig mit dem Medien-Pressedienst »Tele special«. Er arbeitet unter anderem für die »Frankfurter Rundschau« und »Süddeutsche Zeitung«, schreibt Fernsehspiele und bildet seit 1999 ein Team mit Ursula Haucke (»Papa, Charly hat gesagt ...«).

Zé do Rock, 1956 in Brasilien geboren, bereiste dreizehn Jahre lang die Welt und lebt heute als Kabarettist und

Schriftsteller in München. Er verfolgt konsequent seine eigene Rechtschreibung, »ultradoitsh« mit einigen Varianten, und propagiert sie mit großem Publikumserfolg. Er veröffentlichte »fom winde ferfeelt«, ein Bericht seiner Weltumrundung, und »ufo in der Küche«, ein autobiografischer seiens-fikschen. Für seine Geschichte »Silvesta mit un pocco di fiesta« wurde er mit dem Pfefferbeißer-Preis ausgezeichnet. www.homepages.fbmev.de

Frank T. Zumbach, 1953 geboren, studierte Anglistik, Kunstgeschichte und Philosophie. Er arbeitet seit 1982 als freier Schriftsteller, Übersetzer, Herausgeber und Journalist. 1987 veröffentlichte er die erste umfassende deutsche Biographie über Edgar Allan Poe. Er lebt in Olching bei München.

Jorge Amado

Die Abenteuer des Kapitäns Vasco Moscoso
Roman. Aus dem brasilianischen Portugiesisch von Curt Meyer-Clason. 348 Seiten. SP 1187

Die Auswanderer vom São Francisco
Roman. Aus dem brasilianischen Portugiesisch von Andreas Klotsch. 330 Seiten. SP 1910

Dona Flor und ihre zwei Ehemänner
Eine Geschichte von Moral und Liebe. Roman. Aus dem brasilianischen Portugiesisch von Curt Meyer-Clason. 478 Seiten. SP 666

Jorge Amado erzählt ironisch und voller Phantasie, wie Dona Flor in einer erotischen Ménage à trois die Gesellschaft an der Nase herumführt – und glücklich dabei ist.

Die Geheimnisse des Mulatten Pedro
Roman. Aus dem brasilianischen Portugiesisch von Kristina Hering. 377 Seiten. SP 1504

Jubiabá
Roman. Aus dem brasilianischen Portugiesisch von Andreas Klotsch. 355 Seiten. SP 687

Leute aus Bahia
Zwei Romane. Aus dem brasilianischen Portugiesisch von Johannes Klare. 271 Seiten. SP 1596

Nächte in Bahia
Roman. Aus dem brasilianischen Portugiesisch von Curt Meyer-Clason. 443 Seiten. SP 411

»Ich habe Bahia durch Jorge Amado kennengelernt, aber auch Brasilien kenne ich durch ihn.«
Pablo Neruda

Tieta aus Agreste
Roman. Aus dem brasilianischen Portugiesisch von Ludwig Graf Schönfeldt. 581 Seiten. SP 926

Tote See
Roman. Aus dem brasilianischen Portugiesisch von Erhard Engler. 371 Seiten. SP 697

Das Verschwinden der heiligen Barbara
Roman. Aus dem brasilianischen Portugiesisch von Kristina Hering. 469 Seiten. SP 1568

Viva Teresa
Roman. Aus dem brasilianischen Portugiesisch von Ludwig Graf von Schönfeld. 452 Seiten. SP 2098

»Wahrscheinlich muß man in Lateinamerika leben, um so ungebrochene Lebensfreude, so hemmungslose Lust am Fabulieren zu produzieren, wie Jorge Amado.«
Mannheimer Morgen

Anita Shreve

Die Frau des Piloten

Roman. Aus dem Amerikanischen von Christine Frick-Gerke. 277 Seiten. SP 3049

Für Kathryn war klar, daß sie zu niemandem auf der Welt ein so inniges, so vertrautes Verhältnis hatte wie zu ihrem Ehemann Jack. Bis zu seinem plötzlichen Unfalltod: denn nun tut sich für sie ein Abgrund an schrecklichen Vermutungen und Gewißheiten auf.

Eigentlich war ihre Ehe glücklich, ja sogar leidenschaftlich gewesen. Ihre Geschichte hatte begonnen in jenem Haus am Meer, mit seinen hohen Fenstern, durch die man den blaugrünen Atlantik sehen kann. Eines Tages hatte Jack ihr dieses Haus tatsächlich geschenkt – als Besiegelung ihrer großen Liebe.

Unfaßbar ist für Kathryn daher die Nachricht seines plötzlichen Todes – Jack, Pilot bei einer großen amerikanischen Fluggesellschaft, ist mit einer vollbesetzten Passagiermaschine vor der irischen Küste abgestürzt. Die Medien munkeln von Selbstmord – aber Kathryn will es einfach nicht glauben. Was könnte ihr Mann vor ihr verborgen haben? Eine rätselhafte Londoner Telefonnummer, die sie in einem seiner Kleidungsstücke findet, weckt einen furchtbaren Verdacht in ihr ...

Verschlossenes Paradies

Roman. Aus dem Amerikanischen von Heinz Nagel. 348 Seiten. SP 2897

Die Nachbarskinder Andrew und das Adoptivkind Eden verband zuerst eine tiefe Freundschaft und dann innige, fast mystische Liebe. Doch ein entsetzliches Verbrechen, das Eden für immer zeichnete, setzte ihrer unbeschwerten Jugendzeit ein jähes Ende. Siebzehn Jahre später, die beiden haben sich inzwischen aus den Augen verloren, kehrt Andrew an den Ort des Geschehens zurück, eine ländliche Kleinstadt unweit von New York. Und erst jetzt beginnt er, diese unheilvolle, seltsam magische Liebesbeziehung zu entschlüsseln. Als die gespenstische Wahrheit über Edens Vergangenheit zur Gewißheit wird, erkennt Andrew die Gründe seiner Beziehung zu diesem Mädchen aus verlorener Zeit. Ein meisterhaft komponierter, poetischer Roman voll tiefgründiger Spannung.

SERIE PIPER

PIPER

Karin Fossum
Stumme Schreie

Roman. Aus dem Norwegischen von Gabriele Haefs.
318 Seiten. Geb.

Ihre zarten, dunkelhäutigen Füße stecken in goldenen
Sandalen, und ihr langes Haar liegt im Gras wie eine
schwarze Schlange. Es gibt nur wenige Stellen auf dem
seidigen Stoff ihres blaugrünen Kleides, die nicht von Blut
getränkt sind – und trotz all seiner Erfahrung fällt es
Kommissar Konrad Sejer schwer, beim Anblick der Leiche
die Fassung zu bewahren.
Aber niemand hier scheint die Tote zu kennen. Was hatte
sie in diesem abgelegenen Flecken Elvestad verloren, und
warum ist sie so schrecklich mißhandelt worden? Eine
Mauer des Schweigens umgibt Sejer, bis jemand den ersten
Fehler macht: Einar Sund, der unbemerkt einen fremden
Koffer in dem dunklen Wasser eines Waldsees verschwin-
den lassen will ...
Karin Fossums scharfsichtiger, wortkarger Kommissar
Konrad Sejer untersucht den aufwühlenden Fall der toten
Inderin Poona Bai. Warum mußte die junge Frau aus
Bombay sterben – keine zwölf Stunden, nachdem sie zum
ersten Mal in ihrem Leben norwegischen Boden betreten
hatte?